MINISTÈRE DES COLONIES

NOMENCLATURE GÉNÉRALE

PROVISOIRE

DU MATÉRIEL DU SERVICE DE SANTÉ

AUX COLONIES

PARIS

IMPRIMERIE NATIONALE

1910

MINISTÈRE DES COLONIES

NOMENCLATURE GÉNÉRALE

PROVISOIRE

DU MATÉRIEL DU SERVICE DE SANTÉ

AUX COLONIES

PARIS

IMPRIMERIE NATIONALE

1910

NOMENCLATURE GÉNÉRALE PROVISOIRE

DU MATÉRIEL DU SERVICE DE SANTÉ AUX COLONIES.

NOTE PRÉLIMINAIRE.

Ce travail a pour but de poser les principes généraux et d'indiquer les grandes divisions d'une nomenclature du matériel du service de santé, qui ne pourra être mise définitivement au point que lorsque les diverses colonies auront établi un classement, suivant leur nature et leur destination et en conformité des indications qui leur sont fournies ci-après, des instruments, médicaments, matériels, effets et objets existant actuellement, tant en service qu'en approvisionnement, dans les diverses formations sanitaires, magasins et laboratoires de nos diverses possessions.

Le matériel du service de santé est réparti dans cette nomenclature, entre les vingt numéros sommaires prévus par la nomenclature annexée à l'Instruction générale du 16 janvier 1905.

Le matériel aurait pu être groupé, tout d'abord, d'après les usages auxquels il est destiné; mais il a dû être classé par numéro sommaire, d'après la nature des matières et objets, conformément aux règlements en vigueur sur la comptabilité des matières.

D'autre part, il y a lieu de faire remarquer que les unités collectives figurent sous le numéro sommaire 11 de la nomenclature provisoire, bien que les articles dont elles sont composées relèvent de numéros sommaires différents.

C'est ainsi, par exemple, que les musettes, les havresacs, les paniers à pansement qui renferment des médicaments, des pansements, des fournitures de bureau et du matériel divers, ont été groupés sous ledit numéro sommaire 11.

Dans chaque numéro sommaire, les objets sont répartis par subdivisions, désignées chacune par une lettre et par une appellation qui définit la nature ou l'usage des articles entrant dans leur composition, et qui sont destinées à faciliter les recherches.

De plus, les matières et objets sont classés, dans chaque subdivision, par numéros en suivant autant que possible l'ordre alphabétique.

L'ordre de classement des matières, effets et objets compris dans la présente nomenclature ainsi que les dénominations et les prix ministériels doivent être rigoureusement suivis et appliqués à toutes les écritures.

Pour certaines subdivisions, on s'est borné à énoncer l'appellation; la colonne des numéros, ainsi que celle des dénominations spéciales à chaque article, ne porte pas d'inscriptions. Il a paru, en effet, préférable de laisser à chaque colonie le soin d'établir la nomenclature des objets qui doivent y trouver place et dont il était impossible, par avance, de prévoir le nombre exact, les désignations précises, le prix de revient, etc.

Il n'est pas prévu de nomenclature pour les bibliothèques scientifiques et pour les bibliothèques des malades en raison des modifications constantes dont elles sont susceptibles; elles figurent sous le numéro sommaire 15 avec les lettres A et B.

Dans un but de simplification, il importera de comprendre sous le même numéro d'ordre de la subdivision, les articles de même nom qui ne diffèrent entre eux que par des détails de construction, de dimensions, et dont le prix d'achat ne varie pas ou ne varie que dans des limites peu étendues. C'est ainsi qu'on a réuni sous un seul numéro plusieurs catégories de drains, sous un autre même numéro, des soies de grosseurs différentes, sous un autre encore, des gouttières de cuisse, de jambe ou de bras dont les unes doivent servir spécialement pour le côté droit et les autres pour le côté gauche, etc.

Cette simplification ne devra surtout pas être perdue de vue, dans les colonies, pour les inscriptions complémentaires à faire en ce qui concerne les objets de couchage, de lingerie, d'habillement, pour le matériel affecté à des usages spéciaux, etc.

Les approvisionnements existant actuellement comprennent de nombreux articles employés aux mêmes usages, mais qui ne sont pas toujours semblables et dont les prix peuvent présenter quelquefois d'assez grands écarts. C'est ainsi qu'il y a des couchettes en fer de longueur et de largeur différentes; des sommiers métalliques de systèmes divers; des draps de lit de longueur et de largeur variables; des armoires, des chaises, des tables, des glaces de toutes qualités et de toutes dimensions, et dont les prix n'ont entre eux qu'une concordance assez éloignée.

La nomenclature de tout ce matériel prendrait des proportions trop considérables si on était tenu d'y faire figurer chaque article sous un numéro spécial. Il y a tout avantage à grouper les objets de même nature qui ne présentent entre eux que des écarts de prix assez limités; la perte ou le gain résultant de cette opération seront régularisés dans les formes ordinaires.

Si nous prenons comme exemple les armoires, les tables, elles pourront être divisées, pour chaque espèce de bois, en trois catégories : grandes, moyennes, petites, à chacune desquelles sera affecté un prix moyen. On portera dans la colonne « Observations » les dimensions moyennes pour chacune de ces catégories (exemple : armoires en chêne, grandes, hauteur : 2 mètres à 2 m. 50, profondeur 0 m. 50 à 0 m. 60, largeur 1 mètre à 1 m. 25, etc.). Il en sera de même pour les glaces, les buffets, etc.

A l'occasion du classement qui sera fait, dans chaque colonie, pour l'établissement de la nomenclature provisoire, il y aura lieu d'adresser au Département des renseignements précis (dimensions, poids, forme, etc.) au sujet des articles les plus courants, tels que lits pour officiers, lits pour malades, lits pour indigènes, matelas, draps de lit, couvertures, etc., en vue de fournir les éléments du descriptif des modèles types à adopter dans la nomenclature définitive.

Le Directeur du service de santé de chaque groupe établira dans le plus bref délai et, au plus tard, avant le 1er juillet 1911, une nomenclature unique qui sera adressée au Département accompagnée des explications nécessaires concernant les nouvelles inscriptions.

La présente nomenclature entrera en vigueur à compter du 1er janvier 1911. En ce qui concerne les articles qui n'y figurent pas, il y aura lieu de leur appliquer provisoirement, dans chaque groupe, la moyenne des prix d'unification déterminés au 31 décembre 1910 dans les conditions prévues par l'article 32 de l'instruction du 16 janvier 1905 sur la comptabilité des matières appartenant à l'État au compte du Département des Colonies.

Les demandes de médicaments et de matériel à adresser à la métropole ne devront comprendre que des articles figurant sur ladite nomenclature.

Les objets hors nomenclature devront être portés sur une demande spéciale qui sera appuyée soit d'observations motivées, soit d'un rapport, suivant le cas.

TABLEAU

DES NUMÉROS SOMMAIRES DE LA NOMENCLATURE.

NUMÉROS SOMMAIRES et LIBELLÉS.	SUBDIVISIONS.
2. — Vivres	A. Assaisonnements et épices. B. Café, chocolat, sucre et thé. C. Denrées diverses, fruits, légumes. D. Gibiers, poissons, viandes et volailles. E. Liquides et spiritueux.
3. — Fourrages	A. Foins et pailles. B. Graines fourragères.
4. — Combustibles et luminaires	A. Chauffage. B. Éclairage.
5. — Effets d'habillement et d'équipement	A. Habillement, linge et chaussure. B. Lingerie de service.
6. — Campement	A. Matériel divers. B. Outils de parc et outils portatifs. C. Tentes et accessoires.
7. — Harnachement et pansage	A. Sellerie, matériel d'attache et de pansage.
8. — Literie et couchage	A. Objets de couchage.
9. — Meubles et objets d'ameublement	A. Objets pour le service de la cuisine. B. Objets pour le service de la dépense et de la cave. C. Objets et vaisselle pour les repas. D. Matériel de chauffage et d'éclairage. E. Horlogerie et garniture de cheminée. F. Meubles. G. Objets mobiliers et ustensiles en bois. H. Objets mobiliers et ustensiles en métal. I. Objets mobiliers et ustensiles en terre, en pierre, en verre. J. Rideaux, housses et accessoires. K. Tapis et nattes au mètre courant. L. Tapis et nattes au mètre carré.
10. — Drogues et médicaments	A. Produits chimiques médicinaux, produits pharmaceutiques. B. Produits chimiques purs pour laboratoire de chimie et de bactériologie. C. Produits chimiques industriels et désinfectants. D. Droguerie, herboristerie et articles divers. E. Sels de quinine et quinquinas (poudre et écorce). F. Comprimés. G. Bromures et iodures. H. Eaux minérales diverses, sels de Vichy. I. Spécialités pharmaceutiques et sérums.

NUMÉROS SOMMAIRES et LIBELLÉS.	SUBDIVISIONS.
11. — Outillage, instruments et appareils divers.....................	A. Objets pour le service de santé en campagne (caisses, musettes, havresacs, paniers, etc.). AA. Caisses et trousses pour la chirurgie vétérinaire. B. Instruments de chirurgie. C. Bougies, sondes, canules et autres instruments en gomme et en caoutchouc. D. Appareils de radiographie et de radiothérapie, d'électrothérapie, de mécanothérapie, de massothérapie, etc. E. Matériel de désinfection. F. Filtres et stérilisateurs pour l'eau. G. Matériel d'amphithéâtre. H. Instruments pour chirurgie vétérinaire. I. Objets de pansements. J. Linge à pansements. K. Catguts, crins de Florence, drains et soies. L. Appareils et objets pour fractures. M. Objets accessoires pour pansement. N. Bandages herniaires. O. Appareils de prothèse. P. Lunettes et accessoires. Q. Vases et ustensiles de pharmacie et de chimie. R. Microscopes et accessoires. S. Matériel de bactériologie. T. Enregistreurs météorologiques et accessoires. U. Matériel de physique et de chimie. V. Objets spéciaux à l'usage des malades. W. Objets spéciaux pour le service des bains. X. Objets pour le service de la buanderie. Y. Objets et ustensiles pour ateliers. Z. Objets et ustensiles pour jardinier. A¹. Objets et ustensiles pour perruquier. B¹. Machines. C¹. Matériel roulant. D¹. Balances, poids et mesures.
14. — Matières et objets destinés aux travaux.	A. Aiguilles, boutons, fils, rubans, tresses, etc. B. Bois. C. Draps, toiles et étoffes. D. Matières de couchage. E. Métaux. F. Quincaillerie. G. Peinture, vitrerie, ingrédients et objets divers.
15. — Ouvrages de bibliothèques, de sciences et arts, matériel d'enseignement, fournitures diverses............	A. Bibliothèque scientifique. B. Bibliothèque des malades. C. Fournitures de bureau, imprimés divers. D. Objets de bureau.
16. — Animaux vivants	A. Animaux de basse-cour. B. Animaux de boucherie. C. Animaux de trait et de bât. D. Animaux de laboratoire.
17. — Tabacs, semences et plants..........	A. Graines potagères et plants. B. Graines à fleurs et plants. C. Tabacs.
19. — Caisses d'emballage, récipients divers, cadeaux et objets d'échange et objets non classés précédemment.......	A. Boîtes, caisses, bidons, fûts, etc., pour emballage. B. Jeux. C. Matériels divers.
20. — Matières, denrées et objets destinés à être vendus.................	

DÉNOMINATION ET CLASSIFICATION DES MATIÈRES ET OBJETS.				ESPÈCE des UNITÉS.	PRIX MINISTÉRIELS.	OBSERVA-TIONS.
PAR UNITÉ SOMMAIRE.		**PAR SUBDIVISION.**				
Numéro et libellé.	Subdivision.	Nu-méros.	Dénominations.			
		1	Ail.	Kilogr.		
		2	Beurre frais	Idem.		
		3	Beurre salé	Idem.		
		4	Cannelle	Idem.		
		5	Citron.	Nombre.		
		6	Clous de girofle	Kilogr.		
		7	Graisse de Normandie	Idem.		
		8	Huile d'olives	Idem.		
		9	Huile de table.	Idem.		
	A ASSAISONNEMENTS ET ÉPICES.	10	Karry	Flacon.		
		11	Laurier	Kilogr.		
		12	Moutarde	Idem.		
		13	Muscade	Idem.		
		14	Oignon	Idem.		
		15	Piment	Idem.		
		16	Poireau	Idem.		
		17	Poivre	Idem.		
		18	Saindoux	Idem.		
		19	Sel	Idem.		
		20	Thym	Idem.		
		21	Vanille	Idem.		
		22	Vinaigre	Litre.		
		1	Café vert	Kilogr.		
		2	Chocolat	Idem.		
2 Vivres.	**B** CAFÉ, CHOCOLAT, SUCRE ET THÉ.	3	Sucre cassonade	Idem.		
		4	Sucre cristallisé	Idem.		
		5	Sucre en pain	Idem.		
		6	Sucre en poudre	Idem.		
		7	Sucre scié	Idem.		
		8	Thé noir	Idem.		
		9	Thé vert	Idem.		
		10	Thé (fleurs de)	Idem.		
	C DENRÉES DIVERSES, FRUITS ET LÉGUMES.		Biscuits secs — A la cuillère	Idem.		
			Biscuits secs — Champagne	Idem.		
			Biscuits secs — Gaufrette	Idem.		
			Biscuits secs — Demi-lune	Idem.		
			Biscuits secs — Masse-pain	Idem.		
			Confitures variées	Idem.		
			Conserves de fruits — Abricots	Idem.		
			Conserves de fruits — Cerises	Idem.		
			Conserves de fruits — Ananas	Idem.		
			Conserves de fruits — Pêches	Idem.		
			Conserves de fruits — Poires	Idem.		
			Conserves de fruits — Prunes	Idem.		

DÉNOMINATION ET CLASSIFICATION DES MATIÈRES ET OBJETS.				ESPÈCE des UNITÉS.	PRIX MINISTÉRIELS.	OBSERVA-TIONS.
PAR UNITÉ SOMMAIRE.		**PAR SUBDIVISION.**				
Numéro et libellé.	Subdivision.	Numéros.	Dénominations.			
		Conserves de légumes	Asperges	Kilogr.		
			Câpres	Idem.		
			Choucroute	Idem.		
			Champignons	Idem.		
			Haricots verts fins	Idem.		
			Haricots verts moyens	Idem		
			Petits pois fins	Idem.		
			Petits pois moyens	Idem.		
			Petits pois au jambon	Idem.		
			Olives vertes	Idem.		
			Tomates (sauce)	Idem.		
			Farine de froment	Idem.		
			Farine de mil (couscous)	Idem.		
		Fromages	Camembert	Idem.		
			Gruyère	Idem.		
			Hollande	Idem.		
			Pâte grasse	Idem.		
			Roquefort	Idem.		
		Fruits frais	Ananas	Nombre.		
			Bananes	Idem.		
			Oranges	Idem.		
			Mangues	Idem.		
2 Vivres.	C DENRÉES DIVERSES, FRUITS ET LÉGUMES.		Melons	Idem.		
			Pêches	Kilogr.		
			Poires	Idem.		
			Pommes	Idem.		
			Raisin	Idem.		
			Autres fruits coloniaux	Idem.		
		Fruits secs	Amandes	Idem.		
			Figues	Idem.		
			Noisettes	Idem.		
			Noix	Idem.		
			Pruneaux	Idem.		
			Raisin	Idem.		
		Légumes frais	Aubergines	Idem.		
			Choux	Idem.		
			Pommes de terre	Idem.		
			Tomates	Idem.		
			Autres légumes frais et racines	Idem.		
		Légumes secs	Haricots blancs	Idem.		
			Haricots flageolets	Idem.		
			Haricots Soissons	Idem.		
			Haricots rouges	Idem.		
			Lentilles	Idem.		
			Pois cassés	Idem.		
			Œufs	Idem.		
			Pain	Idem.		
		Pâtes alimentaires	Nouilles	Idem.		
			Macaroni	Idem.		
			Pâtes d'Italie	Idem.		
			Semoule	Idem.		
			Tapioca	Idem.		
			Vermicelle	Idem.		
			Riz glacé	Idem.		
			Riz ordinaire	Idem.		

DÉNOMINATION ET CLASSIFICATION DES MATIÈRES ET OBJETS.				ESPÈCE des UNITÉS.	PRIX MINISTÉRIELS.	OBSERVA-TIONS.
PAR UNITÉ SOMMAIRE.		PAR SUBDIVISION.				
Numéro et libellé.	Subdivision.	Nu-méros.	Dénominations.			
			Conserves de viande — de bœuf......................	Kilogr.		
			Charcuterie... Andouille.......	Idem.		
			Charcuterie... Boudin.........	Idem.		
			Charcuterie... Saucisson.......	Idem.		
			Jambon......................	Idem.		
			Lard........................	Idem.		
			Petit-salé....................	Idem.		
			Poissons et crusta-cés.......... Homard......................	Idem.		
			Langouste...................	Idem.		
			Morue salée ou séchée..........	Idem.		
			Poisson frais.................	Idem.		
	D GIBIERS, POISSONS, VIANDES ET VOLAILLES.		Sardines aux achards...........	Idem.		
			Sardines à l'huile.............	Idem.		
			Sardines aux tomates..........	Idem.		
			Thon mariné.................	Idem.		
			Viandes fraîches.. de bœuf......................	Idem.		
			de gros gibiers................	Idem.		
			de mouton....................	Idem.		
			de porc......................	Idem.		
			de veau......................	Idem.		
2 Vivres.			Volailles........ Canard......................	Nombre.		
			Dinde.......................	Idem.		
			Lapin........................	Idem.		
			Oie.........................	Idem.		
			Petits gibiers.................	Idem.		
			Pigeon.......................	Idem.		
			Pintade......................	Idem.		
			Poule.......................	Idem.		
			Bière.........................	Bouteille.		
			Cidre.........................	Idem.		
	E LIQUIDES ET SPIRITUEUX.		Lait,.......... condensé................	Kilogr.		
			frais...................	Litre.		
			stérilisé.................	Idem.		
			Rhum........................	Idem.		
			Tafia........................	Idem.		
			Vins........... de Banyuls..................	Idem.		
			de Bordeaux.................	Idem.		
			de Champagne...............	Bouteille.		
			de Champagne...............	Demi-bout.		
			blanc ordinaire..............	Litre.		
			blanc vieux.................	Idem.		
			rouge ordinaire..............	Idem.		
			rouge vieux.................	Idem.		

2.

DÉNOMINATION ET CLASSIFICATION DES MATIÈRES ET OBJETS.				ESPÈCE des UNITÉS.	PRIX MINISTÉRIELS.	OBSERVA-TIONS.
PAR UNITÉ SOMMAIRE.		PAR SUBDIVISION.				
Numéro et libellé.	Subdivision.	Nu-méros.	Dénominations.			
	A FOINS ET PAILLES.	1	Foin..........................	Kilogr.		
		2	Herbe fraîche.................	Idem.		
		3	Luzerne.......................	Idem.		
		4	.....			
		5	Paille d'arachides............	Idem.		
		6	Paille de riz.................	Idem.		
3 Four-rages.		7	Paille litière...............	Idem.		
	B GRAINES FOURRAGÈRES.	1	Avoine........................	Kilogr.		
		2	Maïs..........................	Idem.		
		3	Mil..........................	Idem.		
		4	Orge..........................	Idem.		
		5	Paddy.........................	Idem.		
		6	Son..........................	Idem.		

DÉNOMINATION ET CLASSIFICATION DES MATIÈRES ET OBJETS.				ESPÈCE des UNITÉS.	PRIX MINISTÉRIELS.	OBSERVA- TIONS.
PAR UNITÉ SOMMAIRE.		PAR SUBDIVISION.				
Numéro et libellé.	Subdivision.	Nu- méros.	Dénominations.			
4 Combus- tibles et lumi- naires.	A CHAUFFAGE.	1	Braise de four...............................	Kilogr.		
		2	Briquettes....................................	Idem.		
		3	Bois à brûler................................	Idem.		
		4	Charbon de bois..............................	Idem.		
		5	Charbon de terre en roches..................	Idem.		
		5	Charbon de terre de forge..................	Idem.		
		7	Coke...	Idem.		
		8	Tourbe.......................................	Idem.		
	B ÉCLAIRAGE.	1	Allumettes...................................	Grosse.		
		2	Bougie.......................................	Kilogr.		
		3	Chandelle....................................	Idem.		
		4	Essence......................................	Litre.		
		5	Huile à brûler...............................	Kilogr.		
		6	Mèches pour lampe...........................	Idem.		
		7	Pétrole......................................	Litre.		

DÉNOMINATION ET CLASSIFICATION DES MATIÈRES ET OBJETS.				ESPÈCE des UNITÉS.	PRIX MINISTÉRIELS.		OBSERVATIONS.
PAR UNITÉ SOMMAIRE.		PAR SUBDIVISION.					
Numéro et libellé.	Subdivision.	Numéros.	Dénominations.		fr.	c.	
5 — Effets d'habillement et d'équipement.	A — HABILLEMENT, LINGE ET CHAUSSURES.		Blouse toile grise pour corvée	Nombre.	4	70	
			Bonnet de coton	Idem.	0	40	
			Bonnet en toile jaune pour corvée	Idem.	0	40	
			Bretelles	Idem.		"	
			Caleçon en cretonne de coton	Idem.		"	
			Capote en drap bleu pour officier	Idem.	28	50	
			Capote en drap beige pour soldat	Idem.	22	00	
			Capote en molleton blanc léger pour officier	Idem.	12	30	
			Capote en molleton gris léger pour soldat	Idem.	5	00	
			Ceinture de molleton	Idem.		"	
			Ceinture de flanelle	Idem.		"	
			Chaussettes de coton (paire de)	Idem.	0	90	
			Chaussettes de laine (paire de)	Idem.	1	20	
			Chemise en calicot blanc renforcé pour officier	Idem.	3	10	
			Chemise en cretonne blanche pour soldat	Idem.	2	90	
			Chemise en toile blanche fine pour officier	Idem.	4	65	
			Chemise en toile jaune écrue pour soldat	Idem.	4	15	
			Chemise de jour pour femme	Idem.		"	
			Chemise de nuit pour femme	Idem.		"	
			Chemise d'enfant	Idem.		"	
			Corset de force en treillis	Idem.	18	60	
			Cravate de couleur en mérinos	Idem.	1	50	
			Cravate de coton	Idem.		"	
			Couche pour enfant	Idem.		"	
			Culottes anglaises	Idem.		"	
			Jupon d'enfant	Idem.		"	
			Gilet de flanelle avec manches pour officier	Idem.	5	00	
			Gilet de flanelle avec manches pour soldat	Idem.	5	00	
			Gilet de flanelle sans manches pour officier	Idem.	8	90	
			Gilet de flanelle sans manches pour soldat	Idem.	3	90	
			Gilet en molleton blanc	Idem.	8	65	
			Lange en piqué	Idem.		"	
			Lange en molleton	Idem.		"	
			Manches à pansement en toile de coton (paire de)	Idem.	1	25	
			Mauresque en flanelle blanche légère	Idem.	7	60	
			Mauresque en molleton gris léger	Idem.	3	10	
			Mauresque en toile blanche fine pour officier	Idem.	4	00	
			Mauresque en toile demi-blanche pour soldat	Idem.	3	85	
			Mauresque en indienne fine à dessins pour officier	Idem.	3	20	
			Mauresque en coton bleu quadrillé pour soldat	Idem.	3	20	
			Pantalon molleton blanc	Idem.	9	00	
			Pantalon molleton blanc léger pour soldat	Idem.	7	60	
			Pantalon en drap bleu pour officier	Idem.	13	80	
			Pantalon en drap beige pour soldat	Idem.	9	60	
			Pantalon en toile jaune pour soldat	Idem.	4	35	
			Pantoufles en cuir avec contrefort pour soldat (paire de)	Idem.	5	90	
			Pantoufles en moquette pour officier (paire de)	Idem.	6	00	
			Peignoir en toile de lin jaune	Idem.	6	15	
			Peignoir en coton écru	Idem.	3	65	
			Peignoir en indienne pour femme	Idem.		"	
			Porte-bébé	Idem.		"	
			Robe de chambre en indienne pour officier	Idem.	6	05	

DÉNOMINATION ET CLASSIFICATION DES MATIÈRES ET OBJETS.				ESPÈCE des UNITÉS.	PRIX MINISTÉRIELS.	OBSERVA- TIONS.
PAR UNITÉ SOMMAIRE.		PAR SUBDIVISION.				
Numéro et libellé.	Subdivision.	Nu- méros.	Dénominations.		fr. c.	
5 Effets d'habille- ment et d'équipe- ment.	**A** HABILLEMENT, LINGE ET CHAUSSURES. (Suite.)		Robe de chambre en indienne pour soldat............	Nombre.	6 05	
			Robe de chambre en toile blanche.	Idem.	7 50	
			Robe d'enfant en flanelle.......................	Idem.	//	
			Robe d'enfant en indienne......................	Idem.	//	
			Robe d'enfant en piqué.........................	Idem.	//	
			Sandales en cuir pour malades (paire de)...........	Idem.	5 60	
			Sarreau en tissu de coton croisé pour médecin........	Idem.	6 90	
			Tablier en lustrine noire à bavette pour médecin.......	Idem.	1 75	
			Tablier en toile blanche fine avec poche.............	Idem.	3 20	
			Tablier en toile jaune à bavette pour infirmier........	Idem.	1 90	
			Tablier en toile blanche à bavette.................	Idem.	5 65	
			Tablier en toile de coton écru sans bavette...........	Idem.	4 50	
			Vareuse molleton blanc pour officier................	Idem.	10 65	
			Vareuse molleton gris léger pour soldat.............	Idem.	10 40	
	B LINGERIE DE SERVICE.		Essuie-mains en toile..........................	Nombre.	1 25	
			Essuie-mains en coton..........................	Idem.	0 75	
			Mouchoirs en toile.	Idem.	0 85	
			Nappe en toile, grande.........................	Idem.	12 35	
			Nappe en toile, petite..........................	Idem.	7 50	
			Nappe en toile damassée, grande..................	Idem.	25 80	
			Nappe en toile damassée, petite	Idem.	15 40	
			Serviettes en toile pour la table..................	Idem.	1 25	
			Serviettes en coton pour la toilette................	Idem.	//	
			Serviettes éponges pour la toilette................	Idem.	//	
			Torchons en toile jaune.........................	Idem.	0 95	

| DÈNOMINATION ET CLASSIFICATION DES MATIÈRES ET OBJETS. | | | | ESPÈCE des UNITÉS. | PRIX MINISTÉRIELS. | OBSERVA-TIONS. |
| PAR UNITÉ SOMMAIRE. | | PAR SUBDIVISION. | | | | |
Numéro et libellé.	Subdivision.	Nu-méros.	Dénominations.			
					fr. c.	
			Brancard palanquin avec deux toiles de fond..........	Nombre.	170 00	
			Brancards Franck-Grall........................	Idem.		
			Bidons de campement, 5 litres....................	Idem.		
	A		Bidons de campement, 10 litres...................	Idem.		
			Bidons carré pour cantine.......................	Idem.		
	MATÉRIEL DIVERS.		Gobelet en fer battu..........................	Idem.		
			Marmite de campement, 4 hommes................	Idem.		
			Marmite de campement, 8 hommes................	Idem.		
			Plats de campement, 4 hommes..................	Idem.		
			Plats de campement, 8 hommes..................	Idem.		
			Seau à distribution............................	Idem.		
			Seau en toile...............................	Idem.		
			Tonnelet métallique...........................	Idem.		
8 Campement.	**B** OUTILS DE PARC ET OUTILS PORTATIFS.					
	C TENTES ET ACCESSOIRES.		Chambre d'isolement..........................	Nombre.		
			Tentes d'ambulance..........................	Idem.		
			Tentes d'ambulance pliante.....................	Idem.		
			Tentes d'hôpital, grande.......................	Idem.		
			Tentes d'hôpital, petite........................	Idem.		
			Tente pour opération..........................	Idem.	1,700 00	
			Toiles de fond Franck-Grall....................	Idem.		

DÉNOMINATION ET CLASSIFICATION DES MATIÈRES ET OBJETS.				ESPÈCE des UNITÉS.	PRIX MINISTÉRIELS.	OBSERVA- TIONS.
PAR UNITÉ SOMMAIRE.		PAR SUBDIVISION.				
Numéro et libellé.	Subdivision.	Nu- méros.	Dénominations.			
			Bât............ pour âne......................	Nombre.		
			pour bœuf.....................	Idem.		
			pour chameau..................	Idem.		
			pour cheval ou mulet...........	Idem.		
			Bride.......... pour âne......................	Idem.		
			pour chameau..................	Idem.		
			pour cheval ou mulet...........	Idem.		
			Bidon d'abreuvoir. pour âne....................	Idem.		
			pour cheval ou mulet...........	Idem.		
7	A		Collier d'attache.. pour âne.....................	Idem.		
Harna- chement et pansage.	SELLERIE MATÉRIEL D'ATTACHE ET DE PANSAGE.		pour chameau..................	Idem.		
			pour cheval ou mulet...........	Idem.		
			Ciseaux pour tondre.......................	Idem.		
			Collier pour cheval ou mulet de trait..............	Idem.		
			Entraves...............................	Idem.		
			Étrilles................................	Idem.		
			Fouet de charretier.......................	Idem.		
			Fouet de voiture.........................	Idem.		
			Genouillères..:.........................	Idem.		
			Guides simples..........................	Idem.		
			Guides doubles..........................	Idem.		
			Harnachement simple pour timonier.............	Idem.		
			Harnachement double......................	Idem.		
			Harnachement pour âne.....................	Idem.		
			Harnachement de devant....................	Idem.		
			Joug pour bœuf..........................	Idem.		
			Licol..................................	Idem.		
			Longe.................................	Idem.		
			Musette mangeoire........................	Idem.		
			Musette à pansage........................	Idem.		
			Longe.................................	Idem.		
			Sangles................................	Idem.		
			Selle pour chameau.......................	Idem.		
			Selle pour cheval.........................	Idem.		
			Tapis de selle...........................	Idem.		
			Tondeuse pour chevaux....................	Idem.		

3

| DÉNOMINATION ET CLASSIFICATION DES MATIÈRES ET OBJETS. | | | | ESPÈCE des UNITÉS. | PRIX MINISTÉRIELS. | OBSERVA- TIONS. |
| PAR UNITÉ SOMMAIRE. | | PAR SUBDIVISION. | | | | |
Numéro et libellé.	Subdivision.	Nu- méros.	Dénominations.		fr. é.	
8 Literie et cou- chage.	A Objets de couchage.		Bercelonnette.	Nombre.	//	
				Idem.	//	
				Idem.	//	
			Couverture laine blanche pour officier.	Idem.	//	
				Idem.	//	
				Idem.	'	
			Couverture laine grise.	Idem.	//	
				Idem.	//	
				Idem.	//	
			Couverture en piqué anglais.	Idem.	//	
				Idem.	//	
				Idem.	//	
			Couverture en coton, blanche.	Idem.	//	
				Idem.	//	
				Idem.	//	
			Couvre-pieds laine blanche pour officier.	Idem.	//	
				Idem.	//	
				Idem.	//	
			Couvre-pieds laine grise.	Idem.	//	
				Idem.	//	
				Idem.	//	
			Couvre-pieds en piqué anglais.	Idem.	//	
				Idem.	//	
				Idem.	//	
			Descente de lit en moquette française ($1,65 \times 0,68$).	Idem.	12 30	
				Idem.	//	
				Idem.	//	
			Descente de lit en moquette chinée, bordures rouges $1,60 \times 0,68$).	Idem.	11 00	
				Idem.	//	
				Idem.	//	
			Descente de lit en moquette nuances rouges ou vertes ($1,45 \times 0,70$).	Idem.	8 60	
				Idem.	//	
				Idem.	//	
			Drap de lit, toile blanche, fil de lin ($3,30 \times 1,80$) pour officier.	Idem.	15 00	
				Idem.	//	
				Idem.	//	
			Drap de lit, toile crémée, fil de lin ($3,30 \times 1,80$) pour soldat.	Idem.	11 00	
				Idem.	//	
				Idem.	//	
			Drap de lit, toile grise, fil de lin ou de chanvre ($3,30 \times 1,50$) pour homme de troupe.	Idem.	9 50	
				Idem.	//	
				Idem.	//	
			Drap de lit en coton ($3,30 \times 1,50$) pour indigène.	Idem.	6 50	
				Idem.	//	
				Idem.	//	
			Drap de lit d'enfant, toile blanche de lin ($2,00 \times 1,20$).	Idem.	//	
				Idem.	//	
				Idem.	//	

DÉNOMINATION ET CLASSIFICATION DES MATIÈRES ET OBJETS.				ESPÈCE des UNITÉS.	PRIX MINISTÉRIELS.	OBSERVA-TIONS.
PAR UNITÉ SOMMAIRE.		PAR SUBDIVISION.				
Numéro et libellé.	Subdivision.	Nu-méros.	Dénominations.			
					fr. c.	
			Drap de berceau..............................	Nombre.	//	
			.....	Idem.	//	
			.....	Idem.	//	
			Enveloppe à matelas, toile rayée bleue et blanc, pour officier (2,18 × 1,05 épaisseur comprise)...........	Idem.	8 50	
			.....	Idem.	//	
			.....	Idem.	//	
			Enveloppe à matelas, toile grise, fil de lin (2,18 × 1,05 épaisseur comprise)...................	Idem.	8 50	
			.....	Idem.	//	
			.....	Idem.	//	
			Enveloppe à matelas, toile grise, fil de lin (2,08 × 0,86 épaisseur comprise).......................	Idem.	7 50	
			.....	Idem.	//	
			.....	Idem.	//	
			Enveloppe pour oreiller, toile grise, fil de lin (0,63 × 0,64)	Idem.	2 25	
			.....	Idem.	//	
			.....	Idem.	//	
			Enveloppe pour oreiller, en coutil (0,63 × 0,64)........	Idem.	2 25	
			.....	Idem.	//	
			.....	Idem.	//	
			Enveloppe à paillasse, toile grise, fil de lin (2,08 × 0,86).	Idem.	6 50	
			.....	Idem.	//	
			.....	Idem.	//	
8 Literie et cou-chage.	A OBJETS DE COUCHAGE. (Suite.)		Enveloppe pour traversin, toile grise, fil de lin. 0,90 cir. 0,800...................................	Idem.	2 00	
			.....	Idem.	//	
			.....	Idem.	//	
			Enveloppe pour traversin, en coutil, 0,90 cir. 0,800....	Idem.	2 00	
			.....	Idem.	//	
			.....	Idem.	//	
			Lit de troupe en fer avec sommier métallique et baldaquin	Idem.	50 00	
			.....	Idem.	//	
			.....	Idem.	//	
			Lit d'hôpital de troupe, en fer, avec sommier métallique et baldaquin..............................	Idem.	72 00	
			.....	Idem.	//	
			.....	Idem.	//	
			Lit d'hôpital pour officier, en fer, avec sommier métallique et baldaquin..............................	Idem.	75 00	
			.....	Idem.	//	
			.....	Idem.	//	
			Lit d'enfant avec cadre et baldaquin................	Idem.	//	
			.....	Idem.	//	
			.....	Idem.	//	
			Moustiquaire pour lit d'hôpital, officier, tulle blanc, ciel calicot...................................	Idem.	19 50	
			.....	Idem.	//	
			.....	Idem.	//	
			Moustiquaire pour lit d'hôpital, troupe, tulle écru, ciel cretonne écru..............................	Idem.	18 00	
			.....	Idem.	//	
				Idem.		
			.....	Idem.	//	

3.

| DÉNOMINATION ET CLASSIFICATION DES MATIÈRES ET OBJETS. | | | | ESPÈCE des UNITÉS. | PRIX MINISTÉRIELS. | OBSERVA-TIONS. |
| PAR UNITÉ SOMMAIRE. | | PAR SUBDIVISION. | | | | |
Numéro et libellé.	Subdivision.	Nu-méros.	Dénominations.			
					fr. c.	
			Moustiquaire pour lit de troupe et pour indigène, tulle écru, ciel coton écru.	Nombre.	16 50	
			.....	Idem.	//	
			.....	Idem.	//	
			Matelas.	Idem.	//	
			.....	Idem.	//	
			.....	Idem.	//	
8 Literie et cou-chage.	A OBJETS DE COUCHAGE. (Suite.)		Oreillers.	Idem.	//	
			.....	Idem.	//	
			.....	Idem.	//	
			Sac à paille en toile de lin.	Idem.	1 75	
			.....	Idem.	//	
			.....	Idem.	//	
			Taie d'oreiller, toile blanche, fil de lin, pour officier (0,70 × 0,70).	Idem.	3 05	
			.....	Idem.	//	
			.....	Idem.	//	
			Taie d'oreiller, toile crémée ou jaune, fil de lin (0,70 × 0,70).	Idem.	2 00	
			.....	Idem.	//	
			.....	Idem.	//	
			Traversins.	Idem.	//	
			.....	Idem.	//	
			.....	Idem.	//	

DÉNOMINATION ET CLASSIFICATION DES MATIÈRES ET OBJETS.				ESPÈCE des UNITÉS.	PRIX MINISTÉRIELS.	OBSERVA- TIONS.
PAR UNITÉ SOMMAIRE.		PAR SUBDIVISION.				
Numéro et libellé.	Subdivision.	Nu- méros.	Dénominations.			
9 Meubles et objets d'ameuble- ment.	A Objets pour le service de la cuisine.		Appareil à distribution en hêtre ou en sapin..........	Nombre.		
			Bassine à distribution, en cuivre, grande ($0^m 62 \times 0^m 43 \times 0^m 11$)....	Idem.		
			Bassine à distribution, en cuivre, moyenne ($0^m 52 \times 0^m 37 \times 0^m 11$)..........	Idem.		
			Bassine à distribution, en fer battu étamé ($0^m 44 \times 0^m 32 \times 0^m 11$)..........	Idem.		
			Bassine à fond plat avec couvercle en cuivre.......... de 30 litres.......	Idem.		
			............(de 15 —	Idem.		
			Bassine en fer battu étamé, de 10 litres............	Idem.		
			— — de 8 —	Idem.		
			— — de 5 —	Idem.		
			Billot de cuisine............................	Idem.		
			Boîte à sel, en hêtre.......................	Idem.		
			Bouilloire en cuivre, de 2 litres...................	Idem.		
			— — de 1 litre..................	Idem.		
			Cafetière à filtre en fer-blanc, de 40 litres...........	Idem.		
			— — — de 30 —	Idem.		
			— — — de 20 —	Idem.		
			— — — de 10 —	Idem.		
			— — — de 4 —	Idem.		
			— — — de 2 —	Idem.		
			— — — de 1 —	Idem.		
			Casserole creuse avec couvercle, en cuivre, de 20 litres....	Idem.		
			— — — de 15 —	Idem.		
			— — — de 10 —	Idem.		
			— — — de 8 —	Idem.		
			— — — de 6 —	Idem.		
			— — — de 4 —	Idem.		
			— — — de 3 —	Idem.		
			— — — de 2 —	Idem.		
			— — — de 1 —	Idem.		
			— — — de 0,50 cent..	Idem.		
			Casserole en fer battu étamé, avec couvercle, de 10 litres..	Idem.		
			— — — de 5 — ..	Idem.		
			— — — de 4 — ..	Idem.		
			— — — de 3 — ..	Idem.		
			— — — de 2 — ..	Idem.		
			— — — de 1 — ..	Idem.		
			Casserole plate, en cuivre, de 10 litres...............	Idem.		
			— — de 6 —	Idem.		
			— — de 4 —	Idem.		
			— — de 3 —	Idem.		
			— — de 2 —	Idem.		
			— — de 1 —	Idem.		
			Chocolatière en cuivre de 15 litres.................	Idem.		
			— — de 10 —	Idem.		
			— — de 5 —	Idem.		
			— — de 2 —	Idem.		
			Coquille à rôtir...........................	Idem.		
			Couperet (grand), $0^m 24$....................	Idem.		
			— (petit), $0^m 185$....................	Idem.		
			Couteau de boucher.........................	Idem.		

| DÉNOMINATION ET CLASSIFICATION DES MATIÈRES ET OBJETS. | | | | ESPÈCE des UNITÉS. | PRIX MINISTÉRIELS. | OBSERVATIONS. |
| PAR UNITÉ SOMMAIRE. | | PAR SUBDIVISION. | | | | |
Numéro et libellé.	Subdivision.	Numéros.	Dénominations.			
			Couteau de cuisine à abattre.	Nombre.		
			— à émincer (grand).	Idem.		
			— — (moyen).	Idem.		
			— — (petit).	Idem.		
			— à éplucher les légumes.	Idem.		
			— pour ouvrir les boîtes de conserves.	Idem.		
			Crochet de boucherie.	Idem.		
			Cuiller à bouillon, en cuivre, de 3 litres.	Idem.		
			— — — de 2 —	Idem.		
			— — — de 1 —	Idem.		
			— — en fer battu de 0,50 centilitres.	Idem.		
			Cuiller à distribution en fer battu étamé.	Idem.		
			— à ragoût en fer battu étamé.	Idem.		
			Écumoire en cuivre (grande).	Idem.		
			— — (moyenne).	Idem.		
			— en fer battu étamé (grande).	Idem.		
			— — (moyenne).	Idem.		
			Égouttoir en fer battu étamé.	Idem.		
			Fourchette à distribution.	Idem.		
			— de cuisine, en fer battu étamé (grande).	Idem.		
			— — — (moyenne).	Idem.		
			— — — (petite).	Idem.		
9 Meubles et objets d'ameublement.	A OBJETS POUR LE SERVICE DE LA CUISINE. (Suite.)		Fusil de boucher.	Idem.		
			Garde manger en tôle galvanisée.	Idem.		
			Gril à côtelettes (grand), 14 barres.	Idem.		
			— (moyen), 11 —	Idem.		
			— (petit), 8 —	Idem.		
			Hachoir double.	Idem.		
			— simple.	Idem.		
			Lardoire.	Idem.		
			Lèchefrite en fer battu étamé.	Idem.		
			Marmite ou chaudière avec couvercle, en cuivre, de 500 litres.	Idem.		
			— — — de 400 —	Idem.		
			— — — de 300 —	Idem.		
			— — — de 200 —	Idem.		
			— — — de 100 —	Idem.		
			— — — de 75 —	Idem.		
			— — — de 50 —	Idem.		
			Marmite ou chaudière en fer battu étamé, avec couvercle. { de 300 litres	Idem.		
			de 200 —	Idem.		
			de 100 —	Idem.		
			de 50 —	Idem.		
			de 30 —	Idem.		
			de 20 —	Idem.		
			Panier à salade.	Idem.		
			— en osier, pour les assiettes.	Idem.		
			Passoire en cuivre (grande), 0m 29 × 0m 15.	Idem.		
			— — (moyenne), 0m 235 × 0m 135.	Idem.		
			— — (petite), 0m 20 × 0m 11.	Idem.		
			— en fer battu étamé, de 3 litres.	Idem.		
			— en fer-blanc (petite).	Idem.		
			Pilon pour presse-purée.	Idem.		

DÉNOMINATION ET CLASSIFICATION DES MATIÈRES ET OBJETS.				ESPÈCE des UNITÉS.	PRIX MINISTÉRIELS.	OBSERVA- TIONS.
PAR UNITÉ SOMMAIRE.		PAR SUBDIVISION.				
Numéro et libellé.	Subdivision.	Nu- méros.	Dénominations.			
	A Objets POUR LE SERVICE DE LA CUISINE. (Suite.)		Planchette à hacher	Nombre.		
			— à pâtisserie	Idem.		
			Poissonnière avec grille, en cuivre (grande)	Idem.		
			— — — (petite)	Idem.		
			Râpe demi-cylindrique en fer-blanc	Idem.		
			Rôtissoire en fer battu étamé	Idem.		
			Seau à assiettes avec couvercle, pour le transport des ali- ments	Idem.		
			Seau à bouillon avec couvercle, de 15 litres	Idem.		
			— — de 10 —	Idem.		
			Sorbetière de 2 litres	Idem.		
			— de 1 —	Idem.		
			Tablier de cuisine (toile bleue)	Idem.		
			Tamis toile métallique pour bouillon	Idem.		
			Tourne-broche à mouvement d'horlogerie	Idem.		
			Tourtière en cuivre	Idem.		
			Turbotière en cuivre (grande)	Idem.		
			— (petite)	Idem.		
9 Meubles et objets d'ameu- ble- ment.			Broc cerclé en fer, de 10 litres	Nombre.		
			Brûloir à café, de 4 kilogrammes	Idem.		
			— — de 2 —	Idem.		
			Burette pour huile à brûler ou pour pétrole, 6 litres	Idem.		
			— — — 4 —	Idem.		
			— — — 2 —	Idem.		
			Chevalet à scier le bois	Idem.		
			Claie à charbon	Idem.		
			Chantier de cave de 6 mètres	Idem.		
			— de 5 —	Idem.		
			— de 4 —	Idem.		
			— de 3 —	Idem.		
			— de 2 —	Idem.		
	B Objets POUR LE SERVICE DE LA DÉPENSE ET DE LA CAVE.		— de 1 —	Idem.		
			Coffre à denrées en sapin, à 10 compartiments	Idem.		
			— — 3 —	Idem.		
			— — 1 —	Idem.		
			Corbeille à distribution pour le pain	Idem.		
			Entonnoir en bois	Idem.		
			Entonnoir ordinaire en fer-blanc, de 3 litres	Idem.		
			— — de 2 —	Idem.		
			— — de 1 —	Idem.		
			— — de 0,50 centilitres	Idem.		
			— — de 0,25 —	Idem.		
			Font de tonnelier	Idem.		
			Machine à couper le pain de soupe	Idem.		
			Main à denrées en fer-blanc (grande)	Idem.		
			— — (petite)	Idem.		
			Moulin à café en fonte de fer	Idem.		
			— à poivre	Idem.		
			Panier à bouteilles en fer battu galvanisé, à 6 places	Idem.		
			— — 4 —	Idem.		
			Panier pour le pain de soupe	Idem.		

DÉNOMINATION ET CLASSIFICATION DES MATIÈRES ET OBJETS.				ESPÈCE des UNITÉS.	PRIX MINISTÉRIELS.	OBSERVA-TIONS.
PAR UNITÉ SOMMAIRE.		**PAR SUBDIVISION.**				
Numéro et libellé.	Subdivision.	Nu-méros.	Dénominations.			
	B OBJETS POUR LE SERVICE DE LA DÉPENSE ET DE LA CAVE. (Suite.)		Porte-bouteilles pour 750 places.....................	Nombre.		
			— 500 —	Idem.		
			— 300 —	Idem.		
			— 200 —	Idem.		
			— 100 —	Idem.		
			Réservoir pour huile à brûler, en tôle galvanisée.	Idem.		
			Robinet en cuivre, de 0ᵐ 028 de diamètre............	Idem.		
			— de 0ᵐ 025 —	Idem.		
			— de 0ᵐ 0225 —	Idem.		
			— de 0ᵐ 011 —	Idem.		
9 **Meubles et objets d'ameu-ble-ment.**			Assiette à dessert en faïence......................	Nombre.		
			— — en porcelaine....................	Idem.		
			—, creuse pour officier....................	Idem.		
			— — pour soldat......................	Idem.		
			— plate pour officier....................	Idem.		
			— — pour soldat....................	Idem.		
			Assiette spéciale au seau pour le transport des aliments, creuse ou plate.....................	Idem.		
			Bol en porcelaine.....................	Idem.		
			Bouteille en verre noir ou blanc, de 1 litre...........	Idem.		
			— — de 0,50 centilitres.....	Idem.		
			Carafe en cristal.....................	Idem.		
	C OBJETS ET VAISSELLE POUR LES REPAS.		— en verre renforcé.	Idem.		
			Carafon en verre de 0 lit. 25...............	Idem.		
			Casse-noisette nickelé....................	Idem.		
			Compotier.....................	Idem.		
			Coquetier.....................	Idem.		
			Couteau à découper.....................	Idem.		
			— à dessert....................	Idem.		
			— de table pour officier....................	Idem.		
			— — soldat.....................	Idem.		
			Couvert à salade, en buis....................	Idem.		
			Cuiller à café argentée....................	Idem.		
			— à potage argentée....................	Idem.		
			— à ragoût argentée....................	Idem.		
			— à soupe argentée....................	Idem.		
			— à soupe en fer battu étamé....................	Idem.		
			Dessous de plat.....................	Idem.		
			Dessous de bouteille et de carafes en verre...........	Idem.		
			— — — en métal	Idem.		
			— — — en carton........	Idem.		
			Fourchette à découper.....................	Idem.		
			— ordinaire argentée....................	Idem.		
			— — en fer battu étamé....................	Idem.		
			Huilier complet.....................	Idem.		
			Manche à gigot.....................	Idem.		
			Moutardier.....................	Idem.		
			Plat ovale (grand).....................	Idem.		
			— (moyen).....................	Idem.		
			— (petit).....................	Idem.		
			Plat rond (grand).....................	Idem.		
			— (moyen).....................	Idem.		

DÉNOMINATION ET CLASSIFICATION DES MATIÈRES ET OBJETS.				ESPÈCE des UNITÉS.	PRIX MINISTÉRIELS.	OBSERVA- TIONS.
PAR UNITÉ SOMMAIRE.		PAR SUBDIVISION.				
Numéro et libellé.	Subdivision.	Nu- méros.	Dénominations.			
			Plat rond (petit)............................	Nombre.		
			Plateau en tôle vernissée....................	Idem.		
			Ravier.....................................	Idem.		
			Rond de serviette...........................	Idem.		
			Saladier (grand)............................	Idem.		
			— (moyen)........................	Idem.		
			— (petit).........................	Idem.		
			Salière....................................	Idem.		
			Saucière...................................	Idem.		
	C		Sonnette pour salle à manger................	Idem.		
	Objets et vaisselle pour les repas. (Suite.)		Soucoupe..................................	Idem.		
			Soupière avec couvercle, de 12 couverts........	Idem.		
			— 6 —	Idem.		
			— 3 —	Idem.		
			— 1 —	Idem.		
			Sucrier....................................	Idem.		
			Tasse à café...............................	Idem.		
			— à thé..............................	Idem.		
			Verre à boire ordinaire, à pied..............	Idem.		
			— — rond....................	Idem.		
9			— demi-cristal, à pied.................	Idem.		
Meubles et objets d'ameuble- ment.			Verre à liqueur, à pied......................	Idem.		
			— à bordeaux, à pied.................	Idem.		
			— à champagne (coupe)................	Idem.		
			Abat-jour pour lampe (complet)...............	Nombre.		
			Ampoules pour lampes électriques............	Idem.		
			Applique pour lampe veilleuse avec réflecteur........	Idem.		
			Bac à charbon, en bois......................	Idem.		
			Balai de crin pour foyer.....................	Idem.		
			Bougeoir en cuivre.........................	Idem.		
			Chandelier en cuivre........................	Idem.		
			Chenets de cheminée (paire de)...............	Idem.		
			Ciseaux à lampe............................	Idem.		
			Fourneau de cuisine (grand).................	Idem.		
	D		— — (moyen).................	Idem.	à décompter au prix d'achat.
	Matériel de chauffage et d'éclairage.		— — (petit)..................	Idem.		
			— de pharmacie (grand).................	Idem.		
			— — (moyen).................	Idem.		
			— — (petit).................	Idem.		
			Godet de veilleuse en porcelaine ou verre............	Idem.		
			Lampe à alcool à crémaillère avec sa bouilloire........	Idem.		
			— à pétrole, à main......................	Idem.		
			— — avec modérateur..................	Idem.		
			— — de bureau.....................	Idem.		
			Lanterne d'applique avec lampe et réflecteur..........	Idem.		
			— carrée portative avec lampe ou porte-bougie....	Idem.		
			— ronde — — —	Idem.		
			Lyre avec abat-jour en fer (suspension)..............	Idem.		
			Photophore................................	Idem.		
			Pelle à charbon, emmanchée..................	Idem.		
			— à feu pour cheminée.....................	Idem.		
			— à main pour charbon, en tôle..............	Idem.		

DÉNOMINATION ET CLASSIFICATION DES MATIÈRES ET OBJETS.				ESPÈCE des UNITÉS.	PRIX MINISTÉRIELS.	OBSERVA- TIONS.
PAR UNITÉ SOMMAIRE.		PAR SUBDIVISION.				
Numéro et libellé.	Subdivision.	Nu- méros.	Dénominations.			
	D MATÉRIEL DE CHAUFFAGE ET D'ÉCLAIRAGE. (Suite.)		Pelle pour fourneau............................	Nombre.		
			Pincette pour cheminée........................	Idem.		
			— pour fourneau........................	Idem.		
			Plaque en tôle pour poêle (grande, moyenne ou petite)...	Idem.		
			Poêle ordinaire en fonte (grand)................	Idem.		
			— — (moyen)................	Idem.		
			— — (petit)................	Idem.		
			Réchaud ordinaire de table.....................	Idem.		
			Réverbères divers............................	Idem.		
			Seau à charbon en tôle........................	Idem.		
			Soufflet de cheminée..........................	Idem.		
			Suspension pour lampe modérateur avec contre-poids....	Idem.		
			— — ordinaire.................	Idem.		
			Tisonnier....................................	Idem.		
			Trépier rond (grand)..........................	Idem.		
			— (moyen)...........................	Idem.		
			— (petit)............................	Idem.		
			Trépied triangulaire..........................	Idem.		
			Tuyau de poêle coudé..........................	Idem.		
			— droit, longueur de 0m 66...........	Idem.		
			— — — de 0m 33.............	Idem.		
			— en T..........................	Idem.		
9 Meubles et objets d'ameuble-ment.	**E** HORLOGERIE ET GARNITURE DE CHEMINÉE.		Candélabres (paire de).........................	Nombre.		
			Coupes en marbre (paire de)....................	Idem.		
			Flambeaux (paire de)..........................	Idem.		
			Pendule dite œil-de-bœuf.......................	Idem.		
			— en marbre (grande)...................	Idem.		
			— — (petite)....................	Idem.		
	F MEUBLES.		Armoire à un ou deux battants, en chêne (grande)......	Nombre.		
			— — — (moyenne).....	Idem.		
			— — — (petite).......	Idem.		
			— — en noyer (grande).....	Idem.		
			— — — (moyenne)....	Idem.		
			— — — (petite)......	Idem.		
			— — en pitchpin (grande)....	Idem.		
			— — — (moyenne)...	Idem.		
			— — — (petite).....	Idem.		
			— — en sapin (grande)......	Idem.		
			— — — (moyenne).....	Idem.		
			— — — (petite).......	Idem.		
			Armoire à trois battants, en chêne (grande)...........	Idem.		
			— — — (moyenne).........	Idem.		
			— — en noyer (grande)...........	Idem.		
			— — — (moyenne)........	Idem.		
			— — en pitchpin (grande).........	Idem.		
			— — — (moyenne).......	Idem.		
			— — en sapin (grande)..........	Idem.		
			— — — (moyenne)........	Idem.		

DÉNOMINATION ET CLASSIFICATION DES MATIÈRES ET OBJETS.				ESPÈCE des UNITÉS.	PRIX MINISTÉRIELS.	OBSERVA-TIONS.
PAR UNITÉ SOMMAIRE.		PAR SUBDIVISION.				
Numéro et libéllé.	Subdivision.	Nu-méros.	Dénominations.			
			Banc à dossier, en chêne (grand).....................	Nombre.		
			— — — (petit).....................	Idem.		
			— de jardin, armature en fer...................	Idem.		
			— ordinaire, en chêne (grand).................	Idem.		
			— — — (petit).................	Idem.		
			— — en pitchpin (grand)...............	Idem.		
			— — — (petit)...............	Idem.		
			— — en sapin (grand).................	Idem.		
			— — — (petit).................	Idem.		
			Berceuse en rotin.....................	Idem.		
			— en bois courbé, foncure cannée.............	Idem.		
			Bibliothèque à double corps, en acajou...............	Idem.		
			— — en noyer.................	Idem.		
			— — en chêne...............	Idem.		
			— vitrée, quatre battants, en acajou........	Idem.		
			— — — en noyer.........	Idem.		
			— — — en chêne.........	Idem.		
			Buffet de salle à manger, en chêne..................	Idem.		
			— — en pitchpin...............	Idem.		
			— — en sapin.................	Idem.		
			— de cuisine ou d'office, en chêne..............	Idem.		
			— — en pitchpin...............	Idem.		
			— — en sapin.................	Idem.		
9			Bureau en acajou, plat, à caisse...................	Idem.		
Meubles et objets d'ameu-ble-ment.	F MEUBLES. (Suite.)		— en chêne, plat à caisse...................	Idem.		
			Canapé en acajou recouvert de velours...............	Idem.		
			— — recouvert de reps..................	Idem.		
			— en bois courbé, foncure cannée.............	Idem.		
			Chaise en acajou recouverte de velours.............	Idem.		
			— en chêne recouverte en cuir................	Idem.		
			— en frêne verni, foncée en canne ou en paille.....	Idem.		
			— en bois courbé, foncée canne...............	Idem.		
			— tournante, foncée en canne.................	Idem.		
			Chaise-longue bois courbé, recouverte moleskine.......	Idem.		
			— recouverte moleskine................	Idem.		
			Chaise à porteur......................	Idem.		
			Chaise-percée avec vase inodore...................	Idem.		
			Commode en chêne, dessus marbre.................	Idem.		
			— en pitchpin, dessus marbre.............	Idem.		
			— ordinaire plaquée en noyer...............	Idem.		
			Commode-lavabo en chêne.....................	Idem.		
			Escabeau...........................	Idem.		
			Fauteuil-brancard pour transport des malades........	Idem.		
			Fauteuil de bureau en chêne, recouvert en cuir........	Idem.		
			— en acajou, recouvert en velours......	Idem.		
			— à bascule foncé en canne..........	Idem.		
			— tournant...............	Idem.		
			— frêne verni, foncé en canne ou en paille.	Idem.		
			Fauteuil en chêne, recouvert en maroquin...........	Idem.		
			— en bois courbé, foncé en canne.............	Idem.		
			— dit « Gibraltar »......................	Idem.		
			Filanzane...........................	Idem.		

DÉNOMINATION ET CLASSIFICATION DES MATIÈRES ET OBJETS.				ESPÈCE des UNITÉS.	PRIX MINISTÉRIELS.	OBSERVA-TIONS.
PAR UNITÉ SOMMAIRE.		PAR SUBDIVISION.				
Numéro et libellé.	Subdivision.	Nu-méros.	Dénominations.			
			Garniture pour rideaux..........................	Nombre.		
			Glace Saint-Gobain, cadre doré.....................	Idem.		
			Glace ordinaire (grande).........................	Idem.		
			— (moyenne).........................	Idem.		
			— (petite).........................	Idem.		
			Glace, cadre faux-bois (moyenne)...................	Idem.		
			— — (petite)...................	Idem.		
			— cadre façon bambou (moyenne)...........	Idem.		
			— — (petite).............	Idem.		
			Palanquin...........................	Idem.		
			Paravent de 6 feuilles.........................	Idem.		
			— de 5 —	Idem.		
			— de 4 —	Idem.		
			— de 3 —	Idem.		
			Pupitre pour écrire debout.....................	Idem.		
			Rayon en glace sans tain.....................	Idem.		
			Secrétaire en noyer.....................	Idem.		
9 Meubles et objets d'ameu-ble-ment.	F MEUBLES. (Suite.)		Table à jeux.....................	Idem.		
			Table de cuisine ou de boucherie, en hêtre (grande).....	Idem.		
			— — — (moyenne)...	Idem.		
			— — (petite)......	Idem.		
			Table de tisanerie recouverte en étain (grande)........	Idem.		
			— — (moyenne).......	Idem.		
			— — (petite).........	Idem.		
			Table de salle à manger ronde, en chêne.............	Idem.		
			— ovale, —	Idem.		
			Table égouttoir.....................	Idem.		
			Table ordinaire en chêne poli.....................	Idem.		
			— —	Idem.		
			— —	Idem.		
			— —	Idem.		
			— en sapin.....................	Idem.		
			— —	Idem.		
			— —	Idem.		
			— —	Idem.		
			— en pitchpin.....................	Idem.		
			— —	Idem.		
			— —	Idem.		
			— —	Idem.		
			Table de nuit en noyer, dessus marbre.............	Idem.		
			— en pitchpin, dessus marbre...........	Idem.		
			— en chêne verni.....................	Idem.		
			— en fer, pour soldat.....................	Idem.		
			Table de toilette en noyer, dessus marbre...........	Idem.		
			— en pitchpin, dessus marbre.........	Idem.		
			— en chêne verni.....................	Idem.		
			Tabouret recouvert en velours.....................	Idem.		
			— recouvert en reps.....................	Idem.		
			— recouvert en paille.....................	Idem.		

DÉNOMINATION ET CLASSIFICATION DES MATIÈRES ET OBJETS				ESPÈCE des UNITÉS.	PRIX MINISTÉRIELS.	OBSERVA-TIONS.
PAR UNITÉ SOMMAIRE.		PAR SUBDIVISION.				
Numéro et libellé.	Subdivision.	Nu-méros.	Dénominations.			
			Baquet cerclé de fer (grand), o^m 55 × o^m 23..........	Nombre.		
			— — (petit), o^m 5o × o^m 27..........	Idem.		
			Bâton à cirer.....................	Idem.		
			Boîte à ficelle....................	Idem.		
			Brosse à habits...................	Idem.		
			Chevalet pour tableau à démonstration...........	Idem.		
			Civière de magasin..................	Idem.		
			Coffre à linge, bois blanc (grand), 2^m oo × o^m 9o × 1^m oo)	Idem.		
			— — (moyen), 1^m oo × o^m 75 × o^m 8o)	Idem.		
			Crachoir en bois doublé en zinc............	Idem.		
			Echelle double de 4 mètres...............	Idem.		
			— — de 3 —	Idem.		
			— — de 2 —	Idem.		
			— simple de 4 —	Idem.		
			— — de 3 —	Idem.		
			— — de 2 mètres........	Idem.		
			Hampe pour drapeau tricolore............	Idem.		
			Manne à linge....................	Idem.		
			Planchette à consigne................	Idem.		
9 Meubles et objets d'ameumentble-	G OBJETS MOBILIERS ET USTENSILES EN BOIS.		Porte-manteau à 8 champignons............	Idem.		
			— à 6 —	Idem.		
			— à 4 —	Idem.		
			— à 3 —	Idem.		
			Seau en bois cerclé de fer..............	Idem.		
			— — pour urinoir.........	Idem.		
			Séchoir à linge....................	Idem.		
			Soufflet pour poudre de pyrèthre...........	Idem.		
			Souricière......................	Idem.		
			Support de buste...................	Idem.		
			Tableau pour démonstration.............	Idem.		
			Tréteau de table...................	Idem.		
			Van en osier.....................	Idem.		
			Banquette en chêne.................	Mèt. carré.		
			Barrière à claire-voie en sapin............	Idem.		
			Boisserie en chêne..................	Idem.		
			— en pitchpin..................	Idem.		
			— en sapin....................	Idem.		
			Casier en chêne...................	Idem.		
			— en pitchpin..................	Idem.		
			— en sapin....................	Idem.		
			Étagère pleine en chêne...............	Idem.		
			— en pitchpin..............	Idem.		
			— en sapin................	Idem.		
			Étagère à claire-voie en chêne............	Idem.		
			— en pitchpin..............	Idem.		
			— en sapin................	Idem.		
			Store pour croisée..................	Idem.		

DÉNOMINATION ET CLASSIFICATION DES MATIÈRES ET OBJETS.				ESPÈCE des UNITÉS.	PRIX MINISTÉRIELS.	OBSERVA-TIONS.
PAR UNITÉ SOMMAIRE.		PAR SUBDIVISION.				
Numéro et libellé.	Subdivision.	Numéros.	Dénominations.			
			Arrosoir de 3 litres, en fer-blanc....................	Nombre.		
			— 2 — —	Idem.		
			Boîte aux lettres en tôle galvanisée................	Idem.		
			Broc avec couvercle granité, en zinc................	Idem.		
			— ordinaire sans couvercle, en zinc................	Idem.		
			— avec couvercle, émaillé................	Idem.		
			— sans couvercle, émaillé................	Idem.		
			Cadenas avec clef (grand), 0^m08....................	Idem.		
			— — (moyen), 0^m07....................	Idem.		
			— — (petit), 0^m05....................	Idem.		
			Chaîne en fer pour cloche................	Idem.		
			Ciseaux (grands) [paire de]................	Idem.		
			— (moyens) —	Idem.		
			— (petits) —	Idem.		
			Cloche pour le service intérieur................	Idem.		
			Coffre-fort en fer (grand)................	Idem.		
			— — (petit)................	Idem.		
9 Meubles et objets d'ameublement.	H OBJETS MOBILIERS ET USTENSILES EN MÉTAL.		Crachoir en fonte émaillée (grand)................	Idem.		
			— — (petit)................	Idem.		
			— — sur pied................	Idem.		
			Cruche en tôle émaillée avec couvercle................	Idem.		
			Cuvette en tôle émaillée................	Idem.		
			Essuie-pieds métallique................	Idem.		
			Fontaine avec couvercle et cuvette de 10 litres, en cuivre.	Idem.		
			Fontaine avec couvercle et cuvette de 10 litres, tôle émaillée................	Idem.		
			Jeu de chiffres à jour, en cuivre................	Idem.		
			— de lettres à jour, en cuivre................	Idem.		
			Numéros en tôle forte émaillée................	Idem.		
			— en zinc pour les effets des entrants................	Idem.		
			Pelle à main en tôle forte................	Idem.		
			Piège à rats................	Idem.		
			Piton de tringle................	Idem.		
			Porte-chapeau en métal nickelé................	Idem.		
			Porte-parapluie................	Idem.		
			Poulie double en cuivre................	Idem.		
			— — en fer................	Idem.		
			— — en bois................	Idem.		
			— simple en cuivre................	Idem.		
			— — en fer................	Idem.		
			— — en bois................	Idem.		
			Seau hygiénique en cuivre................	Idem.		
			— — en tôle émaillée................	Idem.		
			— granité avec couvercle en zinc................	Idem.		
			— tôle émaillée avec couvercle................	Idem.		
			— ordinaire sans couvercle, fer battu (15 litres).....	Idem.		
			— — — — (10 —).....	Idem.		
			— — — zinc (15 —).....	Idem.		
			— — — — (10 —).....	Idem.		
			— gradué, sans couvercle, fer battu (15 litres)......	Idem.		
			— — — — (10 —).....	Idem.		
			Tire-bouchons................	Idem.		
			Tringle de croisée (grande), en fer forgé................	Idem.		
			— (petite), en fil de fer fort................	Idem.		
			— en fer cuivré................	Idem.		

DÉNOMINATION ET CLASSIFICATION DES MATIÈRES ET OBJETS.				ESPÈCE des UNITÉS.	PRIX MINISTÉRIELS.	OBSERVATIONS.
PAR UNITÉ SOMMAIRE.		PAR SUBDIVISION.				
Numéro et libellé.	Subdivision.	Numéros.	Dénominations.			
	I OBJETS MOBILIERS ET USTENSILES EN TERRE, PIERRE ET VERRE.		Boîte à brosses en porcelaine............	Nombre.		
			— à savon............	Idem.		
			Bol à éponge ou à savon en porcelaine............	Idem.		
			Cruche en grès............	Idem.		
			Cruchon en grès............	Idem.		
			Cuvette en porcelaine............	Idem.		
			Fontaine filtrante en pierre, de 100 litres............	Idem.		
			— — de 50 —	Idem.		
			Pot à eau en porcelaine............	Idem.		
			— en grès............	Idem.		
			Terrine en grès, de 15 litres............	Idem.		
			— de 10 —	Idem.		
			— de 5 —	Idem.		
			— de 3 —	Idem.		
			— de 2 —	Idem.		
			— de 1 —	Idem.		
			Verres de lampe (divers)............	Idem.		
			Verre de toilette............	Idem.		
			Verrines pour photophore............	Idem.		
9 Meubles et objets d'ameublement.			Cordon de sonnette à gland,............	Nombre.		
			Drapeau tricolore en laine............	Idem.		
			— de neutralité............	Idem.		
			Embrasse pour rideaux, en coton............	Idem.		
			— — en laine............	Idem.		
			Housse pour canapé............	Idem.		
			— pour chaise............	Idem.		
			— pour fauteuil............	Idem.		
	J RIDEAUX, HOUSSES ET ACCESSOIRES.		Rideau en coton écru en deux lés.......... { au-dessus de 3 mètres.......	Idem.		
			de 2^m 01 à 3 mètres........	Idem.		
			de 2 mètres et au-dessous....	Idem.		
			Rideau en coton écru en un lé........... { au-dessus de 3 mètres.......	Idem.		
			de 2^m 01 à 3 mètres........	Idem.		
			de 2 mètres et au-dessous....	Idem.		
			Rideau en coton teint en bleu, en deux lés.... { au-dessus de 3 mètres.......	Idem.		
			de 2^m 01 à 3 mètres........	Idem.		
			de 2 mètres et au-dessous....	Idem.		
			Rideau en coton teint en bleu, en un lé..... { au-dessus de 3 mètres.......	Idem.		
			de 2^m 01 à 3 mètres........	Idem.		
			de 2 mètres et au-dessous....	Idem.		
			Rideau en laine en deux lés........... { au-dessus de 3 mètres.......	Idem.		
			de 2^m 01 à 3 mètres........	Idem.		
			de 2 mètres et au-dessous....	Idem.		
			Rideau en laine en un lé, { au-dessus de 3 mètres.......	Idem.		
			de 2^m 01 à 3 mètres........	Idem.		
			de 8 mètres et au-dessous....	Idem.		
			Rideau en mousseline en 1^m 20 pour vitrage... { au-dessus de 3 mètres.......	Idem.		
			de 2^m 01 à 3 mètres........	Idem.,		
			de 2 mètres et au-dessous....	Idem.		
			Rideau en mousseline en 1 mètre pour vitrage. { au-dessus de 3 mètres.......	Idem.		
			de 2^m 01 à 3 mètres........	Idem.		
			de 2 mètres et au-dessous....	Idem.		

DÉNOMINATION ET CLASSIFICATION DES MATIÈRES ET OBJETS.				ESPÈCE des UNITÉS.	PRIX MINISTÉRIELS.	OBSERVATIONS.
PAR UNITÉ SOMMAIRE.		PAR SUBDIVISION.				
Numéro et libellé.	Subdivision.	Numéros.	Dénominations.			
9 **Meubles et objets d'ameublements.**	**J** RIDEAUX, HOUSSES ET ACCESSOIRES. (Suite.)		Rideau en mousseline en 0m 80 pour vitrage .. — au-dessus de 3 mètres	Nombre.		
			— de 2m 01 à 3 mètres	Idem.		
			— de 2 mètres et au-dessous	Idem.		
			Rideau en percale rouge de 1m 20 — au-dessus de 3 mètres	Idem.		
			— de 2m 01 à 3 mètres	Idem.		
			— de 2 mètres et au-dessous	Idem.		
			Rideau en lustrine verte de 1m 20 — au-dessus de 3 mètres	Idem.		
			— de 2m 01 à 3 mètres	Idem.		
			— de 2 mètres et au-dessous	Idem.		
			Rideau pour couchette à baldaquin (A) — en coton écru	Idem.		
			— en coton teint en bleu	Idem.		
			— en lustrine verte	Idem.		
	K TAPIS ET NATTES AU MÈTRE COURANT.		Tapis en fibre de coco, pour les salles	Mèt. cour\(^t\).		
			— en linoléum, pour escaliers et corridors	Idem.		
			— en moquette pour les salles	Idem.		
	L TAPIS ET NATTES AU MÈTRE CARRÉ.		Tapis en drap vert	Mèt. carré.		
			— en linoléum pour carrelage et parquet	Idem.		
			— en moquette à fleurs	Idem.		
			— en serge rouge	Idem.		
			— en serge verte	Idem.		
			Toile cirée pour table	Idem.		

(A) Chaque rideau de couchette à baldaquin est composé de :

Rideaux de	2m 15 de hauteur / 3m 00 de largeur	2
Rideaux de	2m 15 de hauteur / 1m 50 de largeur	2
Rideaux de	2m 15 de hauteur / 2m 00 de largeur	1
Tour de lit	5m 00 de longueur / 0m 45 de largeur	1
Ciel de lit	2m 10 de longueur / 1m 00 de largeur	1

DÉNOMINATION ET CLASSIFICATION DES MATIÈRES ET OBJETS				ESPÈCE des UNITÉS.	PRIX MINISTÉRIELS.	OBSERVA-TIONS.
PAR UNITÉ SOMMAIRE.		PAR SUBDIVISION.				
Numéro et libellé.	Subdivision.	Numéros.	Dénominations.			
					fr c.	
10 Drogues et médicaments.	A PRODUITS CHIMIQUES MÉDICINAUX. — PRODUITS PHARMACEUTIQUES.	1	Acétate d'ammoniaque (ou acétate ammonique liquide). D. = 1,036	Kilogr.	1 55	
		2	Acétate de cuivre (cuivrique) neutre (verdet en cristaux).	Idem.	5 40	
		3	Acétate (sous-) de cuivre (cuivrique) bibasique (vert de gris).	Idem.	5 40	
		4	Acétate mercurique cristallisé	Idem.	19 80	
		5	— de morphine	Idem.	450 00	
		6	— neutre de plomb (plombique) pur (sel de Saturne).	Idem.	1 80	
		7	Acétate (sous-) basique de plomb liquide (triplombique) [extrait de Saturne].	Idem.	1 45	
		8	Acétate de potasse (potassique) sec	Idem.	4 80	
		9	— de soude cristallisé (sodique) purifié	Idem.	3 00	
		10	Acide acétique de commerce à D = 1.060 (acide pyroligneux purifié).	Idem.	2 25	
		11	Acide acétylsalicylique dit aspirine	Idem.	14 40	
		12	— arsénieux (oxyde blanc d'arsenic) pulvérisé	Idem.	1 20	
		13	— azotique officinal (purifié) 40° Bᵉ	Idem.	1 80	
		14	— benzoïque par voie humide	Idem.	8 20	
		15	— borique cristallisé, pur	Idem.	1 20	
		16	— borique pulvérisé pur	Idem.	1 25	
		17	— chlorhydrique officinal (pur). P = 1,17 à 15°	Idem.	1 50	
		18	— chromique	Idem.	7 30	
		19	— chrysophanique	Idem.	48 00	
		20	— citrique, cristallisé (exempt de plomb)	Idem.	6 80	
		21	— gallique cristallisé	Idem.	9 60	
		22	— lactique concentré pur. D = 1.24 à 20°	Idem.	7 30	
		23	— phosphorique médicinal	Idem.	6 80	
		24	— salicylique (cristallisé blanc)	Idem.	6 80	
		25	— sulfurique officinal pur monohydraté. D = 1.84	Idem.	1 95	
		26	— tartrique cristallisé, d'un beau blanc, et complètement exempt de plomb.	Idem.	4 60	
		27	Aconitine blanche (cristallisée)	Idem.	2,400 00	
		28	Adrénaline, solution au 1/1000ᵉ	Flacon.	6 60	
		29	Adrénaline solide (tube de 15 centigr.)	Tubes.	8 40	
		30	Alun de potasse (sulfate d'alumine et de potasse) cristallisé, officinal.	Kilogr.	0 75	
		31	Alun desséché, calciné (sulfate d'alumine et de potasse)..	Idem.	1 95	
		32	Ammoniaque liquide officinale (pure). D = 0.925	Idem.	1 65	
		33	Antipyrine (analgésine)	Idem.	31 20	
		34	Aristol (dithymol biiodé)	Idem.	54 00	
		35	Arséniate de soude	Idem.	3 60	
		36	Azotate d'aconitine cristallisé	Idem.	4,200 00	
		37	— d'ammoniaque ordinaire	Idem.	2 70	
		38	— d'argent (ou argentique) cristallisé	Idem.	114 00	
		39	— d'argent fondu (pierre infernale)	Idem.	114 00	
		40	— (sous-) de bismuth (sous-nitrate de bismuth).	Idem.	30 00	
		41	— mercurique liquide (nitrate acide de mercure)...	Gramme.	6 00	
		42	— de pilocarpine (nitrate de pilocarpine)	Kilogr.	1 70	
		43	— de potasse (nitrate de potasse, nitre raffiné)....	Idem.	1 50	
		44	— de soude	Idem.	1 10	
		45	Benzine rectifiée	Idem.	1 50	
		46	Benzo-naphtol	Idem.	10 20	

DÉNOMINATION ET CLASSIFICATION DES MATIÈRES ET OBJETS				ESPÈCE des UNITÉS.	PRIX MINISTÉRIELS.	OBSERVA-TIONS.
PAR UNITÉ SOMMAIRE.		PAR SUBDIVISION.				
Numéro et libellé.	Subdivision.	Nu-méros.	Dénominations.		fr. c.	
		47	Benzoate de lithine	Kilogr.	21 60	
		48	— de mercure	Idem.	30 00	
		49	— de soude	Idem.	8 40	
		50	Bisulfite de soude cristallisé	Idem.	1 80	
		51	Borate de soude officinal	Idem.	0 90	
		52	— de soude (per)	Idem.	0 60	
		53	Bromhydrate d'ésérine	Gramme.	4 80	
		54	Cacodylate de soude	Kilogr.	60 50	
		55	Caféine	Idem.	66 00	
		56	Caoutchouc en dissolution	Idem.	7 00	
		57	Carbonate (sesqui-) d'ammoniaque	Idem.	2 10	
		58	— de chaux précipité, pur	Idem.	1 05	
		59	— de fer (sous-) [safran de mars apéritif]	Idem.	1 50	
		60	— de lithine	Idem.	21 60	
		61	— de magnésie blanche ou anglaise)	Idem.	1 10	
		62	— de potasse (sel de tartre)	Idem.	0 90	
		63	— de soude, cristallisé	Idem.	60	
		64	— (bi-) de soude en poudre	Idem.	0 55	
		65	Chloral hydraté (hydrate de chloral) cristallisé	Idem.	10 20	
10 Drogues et médica-ments.	A PRODUITS CHIMIQUES MÉDICINAUX. PRODUITS PHARMACEUTIQUES. (Suite.)	66	Chlorhydrate d'ammoniaque (sel ammoniac, chlorure d'ammonium) blanc	Idem.	1 95	
		67	Chlorhydrate de cocaïne	Idem.	552 00	
		68	— de morphine	Idem.	450 00	
		69	— de pilocarpine	Gramme.	1 80	
		70	Chloroforme du commerce	Kilogr.	5 40	
		71	Chlorure (proto-) d'antimoine (beurre d'antimoine) concret	Idem.	9 60	
		72	Chlorure d'éthyle	Tube.	3 00	
		73	— ferrique (sesqui-) ou perchlorure de fer sec	Kilogr.	4 80	
		74	— ferrique dissous ou perchlorure de fer liquide	Idem.	2 05	
		75	— (proto) mercureux, calomel à la vapeur	Idem.	10 80	
		76	— mercureux précipité (précipité blanc)	Idem.	10 80	
		77	— mercurique (bichlorure de mercure, sublimé corrosif)	Idem.	8 40	
		78	— de zinc (ou zincique) pur, solide	Idem.	5 05	
		79	Citrate de fer ammoniacal	Idem.	8 40	
		80	— de magnésie vrai	Idem.	7 20	
		81	Codéine cristallisée	Idem.	696 00	
		82	Collodion	Idem.	4 50	
		83	— élastique	Idem.	4 50	
		84	Cyanure mercurique cristallisé	Idem.	26 40	
		85	— de mercure (oxycyanure)	Idem.	26 40	
		86	Dermatol	Idem.	30 00	
		87	Digitaline amorphe (Codex)	Gramme.	4 20	
		88	Digitaline cristallisée	Idem.	38 40	
		89	Diméthyl amidopyrine, dit Pyramidon	Kilogr.	74 40	
		90	Eau de Rabel	Idem.	3 00	
		91	Ergotinine cristallisée	Gramme.	43 00	
		92	Fer réduit par l'hydrogène	Kilogr.	0 60	
		93	Fer en limaille porphyrisée	Idem.	3 00	

DÉNOMINATION ET CLASSIFICATION DES MATIÈRES ET OBJETS				ESPÈCE des UNITÉS.	PRIX MINISTÉRIELS.	OBSERVA-TIONS.
PAR UNITÉ SOMMAIRE.		PAR SUBDIVISION.				
Numéro et libellé.	Subdivision.	Nu-méros.	Dénominations.		fr. c.	
		94	Gaïacol cristallisable	Kilogr.	26 40	
		95	— en capsules de 20 centigrammes	Idem.	21 60	
		96	Glycérophosphate de chaux	Idem.	18 00	
		97	Hypophosphite de chaux	Idem.	10 60	
		98	— de soude	Idem.	10 60	
		99	Kermès surfin (oxysulfure d'antimoine hydraté, par voie humide, kermès officinal)	Idem.	13 60	
		100	Kermès par voie sèche (des vétérinaires)	Idem.	15 60	
		101	Lactate ferreux (lactate de fer)	Idem.	6 00	
		102	Liqueur de Villate	Idem.	1 80	
		103	Magnésie calcinée	Idem.	4 10	
		104	Menthol cristallisé	Idem.	42 00	
		105	Mercure du commerce	Idem.	7 80	
		106	Naphtaline sublimée	Idem.	0 75	
		107	Naphtol β	Idem.	5 75	
		108	Oxyde de mercure (bi) rouge ou jaune	Idem.	12 00	
		109	Oxyde de zinc par voie sèche (fleur de zinc)	Idem.	1 80	
		110	Permanganate de potasse (caméléon violet)	Idem.	2 65	
		111	Phénacétine (acét. phénétidine)	Idem.	15 00	
		112	Phosphate bi-calcique (ph. neutre de chaux)	Idem.	3 60	
		113	Phosphate tri-calcique (ph. basiq., ph. de chaux, ph. des os)	Idem.	2 10	
10 Drogues et médica-ments.	**A** PRODUITS CHIMIQUES MÉDICINAUX. — PRODUITS PHARMACEUTIQUES. (Suite.)	114	Phosphate de soude (ou sodique) cristallisé	Idem.	1 20	
		115	Phosphore blanc	Idem.	13 20	
		116	Plomb laminé de 1 millimètre d'épaisseur	Idem.	1 70	
		117	Potasse caustique à la chaux (hydrate de potasse impure, pierre à cautère)	Idem.	3 60	
		118	Résorcine	Idem.	15 00	
		119	Salicylate de bismuth	Idem.	30 60	
		120	— d'ésérine	Tube.	3 00	
		121	— de lithine	Kilogr.	21 60	
		122	— de méthyle	Idem.	6 00	
		123	— de soude cristallisé	Idem.	9 60	
		124	Salol	Idem.	9 60	
		125	Santonine cristallisée	Idem.	54 00	
		126	Silicate de potasse dissous, liqueur de cailloux D = 1,359 à 15°	Idem.	0 75	
		127	Silicate de soude dissous	Idem.	0 60	
		128	Soude caustique à la chaux (hydrate de soude impur)	Idem.	3 00	
		129	Soufre sublimé et lavé (fleur de soufre)	Idem.	0 60	
		130	Strophantine	Gramme.	2 70	
		131	Sucre de lait pur cristallisé	Kilogr.	2 65	
		132	**Sulfate** d'atropine	Gramme.	0 90	
		133	— de chaux (plâtre à mouler) fin	Kilogr.	0 90	
		134	— de Duboisine	Gramme.	7 20	
		135	— d'ésérine	Idem.	3 60	
		136	— ferreux purifié (sulfate ferreux officinal)	Kilogr.	0 50	
		137	— de magnésie (sel de Sedlitz, sel d'Epsom)	Idem.	0 35	
		138	— mercurique (sulfate de bioxyde de mercure)	Idem.	7 70	
		139	— de morphine neutre	Idem.	450 00	
		140	— de soude purifiée (sel de Glauber)	Idem.	0 35	
		141	— de spartéine	Gramme.	0 20	

DÉNOMINATION ET CLASSIFICATION DES MATIÈRES ET OBJETS				ESPÈCE des UNITÉS.	PRIX MINISTÉRIELS.	OBSERVATIONS.
PAR UNITÉ SOMMAIRE.		PAR SUBDIVISION.				
Numéro et libellé.	Subdivision.	Nu-méros.	Dénominations.			
					fr. c.	
		142	Sulfate de strychnine..............................	Kilogr.	132 00	
		143	— de zinc officinal (sulfate de zinc pur)..........	Idem.	1 50	
		144	Sulfonal (acétone diéthylsulfone)..................	Idem.	42 00	
		145	Sulfure de carbone purifié et désinfecté.............	Idem.	1 80	
		146	— ferreux par voie sèche (protosulfure de fer fondu en plaques)............................	Idem.	1 00	
		147	— mercurique (bisulfure de mercure) [vermillon]..	Idem.	12 00	
		148	— (tri) de potassium solide (sulfure de potasse. Polysulfure de potassium. Foie de soufre)....	Idem.	0 75	
		149	Tannin officinal (acide tannique, acide gallotannique)....	Idem.	8 40	
		150	Tartrate d'antimoine et de potasse (émétique) pulvé-risé............................	Idem.	4 60	
		151	Tartrate de potasse acide (bitartrate de potasse. Crème de tartre)............................	Idem.	2 40	
		152	Tartrate borico-potassique en paillettes..............	Idem.	5 40	
		153	— ferrico-potassique en paillettes..............	Idem.	7 20	
		154	— de potasse neutre.....................	Idem.	3 60	
10 Drogues et médica-ments.	A PRODUITS CHIMIQUES MÉDICINAUX. — PRODUITS PHARMACEUTIQUES. (Suite.)	155	— de potasse et de soude (sel de Seignette) en cris-taux incolores.....................	Idem.	3 00	
		156	--- Tartrate de soude.....................	Idem.	3 25	
		157	Terpine........................	Idem.	6 60	
		158	Théobromine.....................	Idem.	114 00	
		159	Thymol (acide thymique).................	Idem.	40 80	
		160	Trinitrine.......................	Idem.	36 60	
		161	Trional........................	Idem.	84 00	
		162	Uréthane (carbonate d'éthyle)...............	Idem.	42 00	
		163	Valérianate de zinc	Idem.	27 50	
		164	Vératrine.......................	Idem.	300 00	
		165	Alcool à 95° centésimaux.................	Idem.	1 25	
		166	— amylique rectifié..................	Idem.	7 20	
		167	— camphré (Codex)...................	Idem.	4 40	
		168	Alcoolat de cochléaria composé (antiscorbutique).......	Idem.	4 80	
		169	— de Fioraventi (baume de)...............	Idem.	4 80	
		170	— de mélisse composé (eau de mélisse des Carmes).	Idem.	5 40	
		171	— de menthe.....................	Idem.	5 40	
		172	— vulnéraire.....................	Idem.	5 40	
		173	Alcoolature d'aconit (racine)...............	Idem.	5 40	
		174	Antimoine diaphorétique lavé...............	Idem.	6 00	
		175	Axonge........................	Idem.	3 60	
		176	— benzoïnée.....................	Idem.	3 60	
		177	Baudruche gommée (adhésive)..............	Le mètre.	1 10	
		178	Baume opodeldoch (alcoolé au savon composé) solide...	Kilogr.	7 20	
		179	Baume tranquille (élœolé narcotique)...........	Idem.	3 00	
		180	Capsules d'apiol....................	Idem.	54 00	
		181	— de copahu.....................	Idem.	10 80	
		182	— de créosote de hêtre	Idem.	13 15	
		183	— de goudron....................	Idem.	7 20	
		184	— d'essence de térébenthine.............	Idem.	9 60	
		185	— d'huile de Chaulmoogra..............	Idem.	19 20	
		186	— d'huile de foie de morue créosotée..........	Idem.	12 00	
		187	— — — — non créosotée........	Idem.	8 40	
		188	— de santal à 0 gr. 05.................	Idem.	42 00	
		189	Caustique de Vienne (poudre de Vienne)...........	Idem.	4 80	
		190	Charbon de Belloc....................	Flacon.	2 65	

DÉNOMINATION ET CLASSIFICATION DES MATIÈRES ET OBJETS				ESPÈCE des UNITÉS.	PRIX MINISTÉRIELS.	OBSERVA-TIONS.
PAR UNITÉ SOMMAIRE.		PAR SUBDIVISION.				
Numéro et libellé.	Suddivision.	Numéros.	Dénominations.		fr. c.	
		191	.....			
		192	Diastase du Codex.............	Kilogr.	66 00	
		193	Eau distillée.............	Idem.	0 25	
		194	— (hydrolat) de fleur d'oranger triple.........	Idem.	1 20	
		195	— — de laurier cerise.........	Idem.	1 35	
		196	— — de menthe.........	Idem.	1 35	
		197	— — de roses.........	Idem.	1 20	
		198	— de Pagliari.........	Idem.	1 80	
		199	— purgative de Hunyadi Janos.........	Nombre.	1 20	
		200	Emplâtre diachylon gommé (stéaraté de).........	Kilogr.	4 80	
		201	— mercuriel (emplâtre de Vigo *cum mercurio*, stéaraté, rétinolé).........	Idem.	9 60	
		202	— vésicatoire.........	Idem.	15 60	
		203	Essence de pétrole pour thermocautère. D = 0.740.....	Idem.	1 80	
10 Drogues et médica-ments.	**A** PRODUITS CHIMIQUES MÉDICINAUX. — PRODUITS PHARMACEUTIQUES. (Suite.)	204	Éther acétique (acétate d'éthyle).........	Idem.	6 60	
		205	— officinal (éther sulfurique pur). D = 0.720 à 15°..	Idem.	3 25	
		206	— pour inhalations (éther sulfurique). D = 0.713 à 15°.........	Idem.	6 00	
		207	— de pétrole. D = 0.650 distillant en entier entre 40 et 70°.........	Idem.	1 80	
		208	Eucalyptol pur cristalisable.........	Idem.	16 80	
		209	Extrait de belladone (avec le suc).........	Idem.	19 20	
		210	— de cachou purifié.........	Idem.	16 80	
		211	— de gentiane.........	Idem.	10 80	
		212	— alcoolique d'ipécacuanha repris.........	Idem.	288 00	
		213	— de jusquiame alcoolique (feuilles sèches).........	Idem.	30 00	
		214	— alcoolique de noix vomique.........	Idem.	50 40	
		215	— d'opium gommeux.........	Idem.	150 00	
		216	— alcoolique de quinquina repris par l'eau.........	Idem.	30 00	
		217	— de ratanhia sec, en paillettes.........	Idem.	50 40	
		218	— de réglisse en bâton (suc).........	Idem.	3 25	
		219	— de seigle ergoté (ergotine).........	Idem.	90 00	
		220	— alcoolique de valériane.........	Idem.	21 60	
		221	Glycyrrhyzine ammoniacale en paillettes.........	Idem.	9 60	
		222	Gouttes amères de Baumé.........	Idem.	10 20	
		223	Granules d'ergotinine de 1 milligramme.........	Flacon.	3 00	
		224	— d'acide arsénieux à un milligramme.........	Idem.	1 90	
		225	— de digitaline cristallisée à 1/4 de milligramme..	Idem.	3 00	
		226	Huile de camomille.........	Kilogr.	3 60	
		227	— camphrée (liniment camphré).........	Idem.	4 20	
		228	Laudanum (œnolé) de Sydenham.........	Idem.	26 40	
		229	Liqueur de Fowler.........	Idem.	2 40	
		230	Onguent basilicum.........	Idem.	3 60	
		231	— œgyptiac.........	Idem.	6 00	
		232	— populeum.........	Idem.	4 20	
		233	— de styrax (rétinolé de).........	Idem.	4 80	
		234	— vésicatoire vétérinaire.........	Idem.	8 40	
		235	Pain azyme en feuilles carrées de 12 centimètres.......	Mille.	4 50	
		236	Pancréantine (Codex).........	Kilogr.	66 00	
		237	Pepsine médicinale (pepsine amylacée).........	Idem.	10 80	
		238	Peptone peptique sèche.........	Idem.	26 40	
		239	Pilules d'extrait d'opium à 5 centigrammes.........	Idem.	90 00	

DÉNOMINATION ET CLASSIFICATION DES MATIÈRES ET OBJETS				ESPÈCE	PRIX	OBSERVA-
PAR UNITÉ SOMMAIRE.		PAR SUBDIVISION.		des		
Numéro et libellé.	Subdivision.	Nu-méros.	Dénominations.	UNITÉS.	MINISTÉRIELS.	TIONS.
					fr. c.	
		240	Pilules d'iodure mercureux opiacées à 5 centigrammes...	Kilogr.	60 00	
		241	— de podophylline à 1 centigramme.............	Idem.	39 60	
		242	— de Vallet (de carbonate ferreux)...............	Idem.	9 60	
		243	Pommade antipsorique (pommade d'Helmerich)........	Idem.	3 60	
		244	— belladonée.............	Idem.	7 80	
		245	— mercurielle belladonée................	Idem.	9 00	
		246	— mercurielle à parties égales (onguent mercuriel double, onguent napolitain).............	Idem.	7 20	
		247	— mercurielle faible (onguent mercuriel simple, onguent gris)..............	Idem.	4 20	
		248	Poudre pour le diascordium (opiacée).............	Idem.	15 00	
		249	— de Dower........................	Idem.	18 60	
		250	Savon animal....................	Idem.	3 60	
		251	— arsenical.................	Idem.	3 00	
		252	— médicinal (savon amygdalin)........	Idem.	4 80	
		253	Savons antiseptiques au goudron, au sublimé, au thymol, à l'acide borique ou à l'acide phénique.............	Idem.	5 40	
		254	Sirop de baume de Tolu..................	Idem.	2 40	
		255	— d'écorce d'orange amère...........	Idem.	2 40	
		256	— diacode (sirop d'opium faible).............	Idem.	2 40	
		257	— de Gibert..................	Idem.	4 20	
		258	— d'iodure de fer.................	Idem.	4 20	
		259	— d'ipéca....................	Idem.	7 80	
		260	— de morphine...............	Idem.	5 40	
10 Drogues et médica-ments.	**A** PRODUITS CHIMIQUES MÉDICINAUX. — PRODUITS PHARMACEUTIQUES. (Suite.)	261	Solution d'ergotine d'Yvon..................	Flacon.	3 00	
		262	Sparadrap au cantharidate de soude..... Larg. 0m 20.	Mètre.	4 45	
		263	— caoutchouté .... Idem.	Idem.	1 80	
		264	— diachylon gommé.......... Idem.	Idem.	0 90	
		265	— mercuriel (sparadrap de Vigo). Idem.	Idem.	2 70	
		266	— de thapsia................. Idem.	Idem.	2 70	
		267	— vésicant................. Idem.	Idem.	3 60	
		268	Suc de citron....................	Kilogr.	2 40	
		269	Tablettes de chlorate de potasse..................	Idem.	3 00	
		270	— de kermès.................	Idem.	4 20	
		271	— de santonine du Codex..................	Idem.	6 00	
		272	— de soufre..................	Idem.	2 70	
		273	Teinture d'aconit (de racine)..................	Idem.	3 60	
		274	— d'aloès simple (vétérinaire).................	Idem.	3 60	
		275	— d'arnica..................	Idem.	3 60	
		276	— de belladone..................	Idem.	3 60	
		277	— de benjoin.................	Idem.	4 80	
		278	— de boldo	Idem.	3 60	
		279	— de cannelle..................	Idem.	6 00	
		280	— de cantharides..................	Idem.	7 20	
		281	— de coaltar saponiné..................	Idem.	3 60	
		282	— de coca	Idem.	4 80	
		283	— de colchique (semences).............	Idem.	4 80	
		284	— de colombo.................	Idem.	4 80	
		285	— de digitale (feuilles).................	Idem.	4 20	
		286	— d'écorces d'oranges amères........	Idem.	5 40	
		287	— d'extrait d'opium.................	Idem.	18 00	
		288	— de gentiane.................	Idem.	3 60	
		289	— d'hamamelis virginica	Idem.	5 40	

DÉNOMINATION ET CLASSIFICATION DES MATIÈRES ET OBJETS				ESPÈCE des UNITÉS.	PRIX MINISTÉRIELS.	OBSERVA-TIONS.
PAR UNITÉ SOMMAIRE.		PAR SUBDIVISION.				
Numéro et libellé.	Subdivision.	Numéros.	Dénominations.			
					fr. c.	
	A Produits chimiques médicinaux. — Produits pharmaceutiques. (Suite.)	290	Teinture d'iode	Kilogr.	9 60	
		291	— de jalap composée (eau-de-vie allemande)	Idem.	4 80	
		292	— de kola	Idem.	4 20	
		293	— de lobélie	Idem.	4 80	
		294	— de noix vomique	Idem.	4 80	
		295	— ou élixir parégorique	Idem.	7 20	
		296	— de quinquina gris	Idem.	4 20	
		297	— de quinquina jaune	Idem.	4 20	
		298	— de scille	Idem.	3 60	
		299	Térébenthine (oléorésine) cuite	Idem.	4 80	
		300	Vinaigre de scille	Idem.	3 00	
10 **Drogues et médicaments.**	**B** Produits chimiques purs pour laboratoires de chimie et de bactériologie.	1	Acétate d'alumine pur	Kilogr.	4 20	
		2	— de baryum cristallisé pur	Idem.	18 00	
		3	— d'urane cristallisé pur	Idem.	95 00	
		4	— de zinc chimiquement pur cristallisé	Idem.	16 80	
		5	Acétone pur, incolore, 58°	Idem.	4 20	
		6	Acide acétique pur cristallisable. D = 1,063, fusible à 17°.	Idem.	7 20	
		7	— acétique anhydre pur	Idem.	26 15	
		8	— chlorhydrique pur D = 1.18	Idem.	1 50	
		9	— fluorhydrique pur, liquide à 28°	Idem.	26 15	
		10	— hydrofluosilicique pur	Idem.	18 00	
		11	— molybdique	Idem.	22 80	
		12	— nitrique pur fumant à 48°	Idem.	6 00	
		13	— osmique pur cristallisé	Tube.	4 80	
		14	— oxalique chimiquement pur cristallisé	Kilogr.	7 20	
		15	— perchlorique pur à 30°	Idem.	49 20	
		16	— phosphorique pur, anhydre	Idem.	14 25	
		17	— phosphotungstique cristallisé	Idem.	48 00	
		18	— picrique	Idem.	6 00	
		19	— pyrogallique cristallisé	Idem.	30 00	
		20	— rosolique pur (aurine)	Idem.	30 00	
		21	— sulfanilique	Idem.	18 00	
		22	— sulfurique pur bouilli D = 1.843 (Codex)	Idem.	3 25	
		23	— — fumant de Nordhausen	Idem.	2 40	
		24	— trichloracétique	Idem.	33 00	
		25	Agar-agar (gélose)	Idem.	7 55	
		26	Alcool absolu éthylique	Idem.	4 80	
		27	— isobutylique	Idem.	9 60	
		28	— méthylique pur	Idem.	10 80	
		29	Aldéhydate d'ammoniaque pur et sec	Gramme.	0 75	
		30	Aldéhyde pyromucique (furfurol) pur	Idem.	0 20	
		31	Aluminium en fils	Kilogr.	14 40	
		32	— en lames	Idem.	9 50	
		33	Alun de fer	Idem.	13 20	
		34	Ammoniaque pure D = 0,925	Idem.	3 60	
		35	Aniline pure fine incolore	Idem.	10 80	
		36	Antimoine métallique	Idem.	5 40	
		37	Antimoniate (bi-métal) de potasse pur	Idem.	54 00	
		38	Argent de coupelle (fin)	Idem.	192 00	
		39	— (Rognures d')	Idem.	192 00	

DÉNOMINATION ET CLASSIFICATION DES MATIÈRES ET OBJETS				ESPÈCE des UNITÉS.	PRIX MINISTÉRIELS.	OBSERVATIONS.
PAR UNITÉ SOMMAIRE.		PAR SUBDIVISION.				
Numéro et libellé.	Subdivision.	Nu-méros.	Dénominations.			
					fr. c.	
		40	Aurantia de Grübler....................................	Kilogr.	186 00	
		41	Azotate d'ammoniaque chimiquement pur.............	Idem.	9 50	
		42	— de baryte pur cristallisé.....................	Idem.	5 40	
		43	— de cobalt cristallisé.........................	Idem.	32 40	
		44	— mercureux cristallisé.........................	Idem.	12 00	
		45	— de plomb pur.................................	Idem.	4 20	
		46	— de strontiane pur.............................	Idem.	5 40	
		47	— d'urane pur cristallisé........................	Idem.	81 60	
		48	Azotite d'amyle pur.....................................	Idem.	15 60	
		49	— d'argent pur cristallisé.......................	Idem.	132 00	
		50	— de potasse pur...............................	Idem.	9 50	
		51	— de soude pur................................	Idem.	7 20	
		52	Baume du Canada..	Idem.	24 00	
		53	— — au Xylol..........................	Idem.	32 40	
		54	Benzine bouillant à 80°...................................	Idem.	3 00	
		55	Bitume de Judée...	Idem.	2 40	
10 Drogues et médica-ments.	B PRODUITS CHIMIQUES PURS POUR LABORATOIRES DE CHIMIE ET DE BACTÉRIOLOGIE. (Suite.)	56	Bleu azur I de Grübler...................................	Gramme.	8 40	
		57	Bleu azur II de Grübler..................................	Idem.	4 80	
		58	Bleu C 4 B Poirier......................................	Kilogr.	48 00	
		59	— de méthylène B X de Mayer.....................	Idem.	192 00	
		60	— — médicinal..........................	Idem.	62 40	
		61	— de toluidine de Grübler........................	Idem.	182 40	
		62	Brome pur..	Idem.	14 40	
		63	Brucine cristallisée pure.................................	Idem.	182 40	
		64	Brun Bismarck de Grübler...............................	Idem.	84 00	
		65	Carbonate d'ammoniaque pur sublimé.....................	Idem.	12 00	
		66	— de baryte précipité pur.......................	Idem.	15 60	
		67	— (Bi) de potasse pur...........................	Idem.	6 00	
		68	— de potasse cristalisé pur......................	Idem.	6 60	
		69	— de soude chimiquement pur desséché........	Idem.	6 60	
		70	Carmin n° 40...	Idem.	60 00	
		71	— d'indigo de Grübler...........................	Idem.	186 00	
		72	Charbon animal lavé aux acides..........................	Idem.	15 60	
		73	Chaux de marbre, exempte de chlore.....................	Idem.	3 60	
		74	— sodée chimiquement pure......................	Idem.	38 40	
		75	Chlorhydrate d'aniline pur...............................	Idem.	67 20	
		76	— d'ammoniaque chimiquement pur........	Idem.	6 00	
		77	— de métaphénylène diamine pur..........	Idem.	336 00	
		78	— de phénylhydrazine...................	Idem.	31 20	
		79	Chloroforme pur, D = 1,5...............................	Idem.	10 80	
		80	Chlorure de baryum pur cristallisé.	Idem.	3 00	
		81	— de calcium pur fondu.........................	Idem.	6 00	
		81 bis.	— de carbone (tétra)............................	Idem.	4 80	
		82	— (sesqui) de cobalt............................	Idem.	36 00	
		83	— (bi) d'étain..................................	Idem.	13 20	
		84	— de magnésium pur et sec......................	Idem.	7 20	
		85	— de nickel....................................	Idem.	18 00	
		86	— d'or pur, 50 p. 100 de métal.................	Gramme.	3 00	
		87	— d'or et de potassium.........................	Idem.	3 00	
		88	— d'or et de sodium (aurosodique)...............	Idem.	6 60	
		89	— de paladium.................................	Idem.	5 40	
		90	— de platine...................................	Idem.	4 35	

DÉNOMINATION ET CLASSIFICATION DES MATIÈRES ET OBJETS.				ESPÈCE des UNITÉS.	PRIX MINISTÉRIELS.		OBSERVA-TIONS.
PAR UNITÉ SOMMAIRE.		PAR SUBDIVISION.					
Numéro et libellé.	Subdivision.	Nu-méros.	Dénominations.				
					fr.	c.	
		91	Chlorure (bi) de platine	Gramme.	4	35	
		92	— sodium (chimiquement pur)	Kilogr.	6	60	
		93	— sodium fondu blanc	Idem.	5	40	
		94	— stanneux pur	Idem.	16	20	
		95	— de strontium	Idem.	4	75	
		96	— de zinc pur (distillé)	Idem.	18	60	
		97	Chromate neutre de potasse pur	Idem.	18	00	
		98	— (bi) de potasse pur	Idem.	6	00	
		99	— de strontium	Idem.	10	80	
		100	Citrate d'ammoniaque	Idem.	19	20	
		101	Cuivre laminé pur	Idem.	6	60	
		102	— rouge, limaille et tournure	Idem.	5	40	
		103	Cyanure de potassium pur	Idem.	38	40	
		104	— (ferri) de potassium cristallisé pur	Idem.	10	80	
		105	— (ferro) de potassium cristallisé pur	Idem.	8	40	
		106	— (ferro) ferrique (cyanure ferroso-ferrique) ¶ bleu de Prusse soluble Ranvier pour histologie)	Idem.	103	20	
		107	Diastase de Merck	Idem.	384	00	
		108	Éosine à l'alcool cristallisée de Grübler	Idem.	150	00	
		109	— à l'eau de Grübler	Idem.	120	00	
		110	Essence de girofle	Idem.	32	40	
		111	Étain en lames ou grenaille, pur	Idem.	14	40	
	B PRODUITS CHIMIQUES PURS POUR LABORATOIRES DE CHIMIE ET DE BACTÉRIOLOGIE. (Suite.)	112	Éther pur anhydre distillé sur le sodium	Idem.	8	40	
		113	Fer en fil pur, (clavecin)	Idem.	4	75	
10 Drogues et médica-ments.		114	Fluorescéine de Grübler	Idem.	102	00	
		115	Fluorure de calcium naturel pulvérisé	Idem.	1	20	
		116	Fuchsine ordinaire	Idem.	26	40	
		117	— rubine de Grübler	Idem.	144	00	
		118	Gélatine blanche purifiée ordinaire	Idem.	7	80	
		119	— extra, solidifiable à 24°, stérilisable à 110°	Idem.	14	40	
		120	Glucose pure	Idem.	32	50	
		121	Glycérine pure à 3o° Baumé	Idem.	3	00	
		122	Héliantine (orangé Poirier n° 3)	Idem.	54	00	
		123	Hélioxantine (orangé Poirier n° 4)	Idem.	38	40	
		124	Hématéine pure de Grübler	Gramme.	1	90	
		125	Hématoxyline purissime de Grübler	Idem.	0	60	
		126	Hydrate de baryte cristallisé	Idem.	5	40	
		127	Hydroquinone blanche	Idem.	26	40	
		128	Hyposulfite de soude chimiquement pur	Gramme.	3	60	
		129	Indigo Bengale	Kilogr.	44	40	
		130	Indigotine cristallisée	Idem.	0	85	
		131	Iodure de zinc pur	Idem.	72	00	
		132	Lackmoïde	Idem.	93	60	
		133	Liqueur de Bareswill	Idem.	7	20	
		134	— de Fehling	Idem.	6	60	
		135	— de Giemsa	Idem.	66	00	
		136	— hydrotimétrique	Idem.	4	80	
		137	Lithine caustique	Idem.	66	00	
		138	Magnésium en rubans	Idem.	102	00	
		139	Molybdate d'ammoniaque pur	Idem.	24	00	
		140	Naphtylamine α	Idem.	90	00	
		141	Nitro-prussiate de soude	Idem.	84	00	

DÉNOMINATION ET CLASSIFICATION DES MATIÈRES ET OBJETS.				ESPÈCE des UNITÉS.	PRIX MINISTÉRIELS.	OBSERVA-TIONS.
PAR UNITÉ SOMMAIRE.		PAR SUBDIVISION.				
Numéro et libellé.	Subdivision.	Nu-méros.	Dénominations.			
					fr. c.	
		142	Orangé G de Grübler............................	Kilogr.	90 00	
		143	Oxalate d'ammoniaque chimiquement pur............	Idem.	12 00	
		144	— ferreux.....................	Idem.	5 40	
		145	— de potasse neutre.....................	Idem.	4 20	
		146	Oxyde de baryum caustique pur..................	Idem.	19 20	
		147	— (bi) de baryum....................	Idem.	3 60	
		148	— noir de cuivre (bioxyde)..................	Idem.	15 60	
		149	— puce de plomb pur....................	Idem.	19 20	
		150	— (proto) de plomb (litharge pure)...........	Idem.	10 60	
		151	Papier de tournesol bleu ou rouge..............	Feuille.	0 20	
		152	Paraffine dure, fusible à 60°-62°..............	Kilogr.	6 00	
		153	— ordinaire, fusible à 48°..............	Idem.	4 20	
		154	Permanganate de potasse pur..................	Idem.	5 40	
		155	Phénacétoline............................	Idem.	192 00	
		156	Phlorizine..............................	Idem.	360 00	
		157	Phosphate d'ammoniaque pur..................	Idem.	18 00	
		158	— de potasse bibasique pur..............	Idem.	8 40	
		159	— de soude et d'ammoniaque pur............	Idem.	12 00	
		160	Phosphotungstate de soude pur cristallisé............	Idem.	75 50	
		161	Phtaléine du phénol......................	Idem.	54 00	
		162	Platine en fil..........................	Gramme.	7 20	
		163	— laminé.................	Idem.	7 20	
10 Drogues et médica-ments.	**B** PRODUITS CHIMIQUES PURS POUR LABORATOIRES DE CHIMIE ET DE BACTÉRIOLOGIE. (Suite.)	164	— en mousse.....................	Idem.	7 20	
		165	— en toile pour brûleur de saccharimètre........	Idem.	7 20	
		166	Plomb en lame pur......................	Kilogr.	4 80	
		167	Potasse pure du sulfate....................	Idem.	32 40	
		168	Potassium............................	Idem.	198 00	
		169	Protéinate d'argent (protargol)..............	Idem.	180 00	
		170	Résazurine............................	Idem.	1 10	
		171	Rouge magenta de Grübler..................	Idem.	144 00	
		172	Safranine de Grübler......................	Idem.	156 00	
		173	Sodium..............................	Idem.	14 40	
		174	Soude à l'alcool........................	Idem.	7 20	
		175	Soude pure du sulfate....................	Idem.	33 00	
		176	Succinate d'ammoniaque..................	Idem.	33 00	
		177	Sulfate d'alumine pur....................	Idem.	5 10	
		178	— d'ammoniaque pur..................	Idem.	5 40	
		179	— de baryte précipité pur................	Idem.	7 20	
		180	— de cuivre pur....................	Idem.	4 80	
		181	— de fer pur (ferreux)................	Idem.	0 90	
		182	— de fer pur (ferrique)................	Idem.	12 00	
		183	— de fer et d'ammoniaque pur..............	Idem.	6 60	
		184	— (bi) de nickel exempt de cobalt.............	Idem.	39 60	
		185	— (bi) de potasse....................	Idem.	7 80	
		186	Sulfhydrate d'ammoniaque pur..............	Idem.	6 00	
		187	Sulfocyanure d'ammoniaque pur..............	Idem.	10 80	
		188	— de potassium pur....................	Idem.	12 00	
		189	Sulfure de carbone pur bi rectifié............	Idem.	5 10	
		190	— (Mono) de sodium cristallisé............	Idem.	14 40	
		191	Tannin à l'éther........................	Idem.	10 20	
		192	Tartrate de potasse neutre pur..............	Idem.	14 40	
		193	— de soude pur cristallisé..................	Idem.	10 20	
		194	Terre d'infusoires........................	Idem.	1 50	

DÉNOMINATION ET CLASSIFICATION DES MATIÈRES ET OBJETS				ESPÈCE des UNITÉS.	PRIX MINISTÉRIELS.	OBSERVATIONS.
PAR UNITÉ SOMMAIRE.		PAR SUBDIVISION.				
Numéro et libellé.	Subdivision.	Nu-méros.	Dénominations.			
					fr. c.	
	B PRODUITS CHIMIQUES PURS POUR LABORATOIRES DE CHIMIE ET DE BACTÉRIOLOGIE. (Suite.)	195	Thionine de Merck............................	Gramme.	0 60	
		196	Toluène pur de 110 à 112°....................	Kilogr.	10 20	
		197	— ordinaire........................	Idem.	3 00	
		198	Tournesol d'orcine cristallisé.................	Gramme.	0 95	
		199	Tropéoline................................	Kilogr.	108 00	
		200	Urée cristallisée pure.......................	Idem.	42 00	
		201	Vaniline.................................	Idem.	102 00	
		202	— malachite....................	Idem.	156 00	
		203	— de méthyle cristallisé de Grübler...........	Idem.	192 00	
		204	Vésuvine de Grübler.......................	Idem.	102 00	
		205	Violet dahlia de Grübler.....................	Idem.	108 00	
		206	— de gentiane de Grübler.................	Idem.	108 00	
		207	— de méthylaniline de Grübler.................	Idem.	162 00	
		208	— de méthyle de Grübler....................	Idem.	144 00	
		209	Xylol pur de 136 à 140°.....................	Idem.	12 00	
		210	Zinc en grenailles ou en lames exempt d'arsenic........	Idem.	14 40	
10 Drogues et médica-ments.	**C** PRODUITS CHIMIQUES INDUSTRIELS ET DÉSINFECTANTS.	1	Acide chlorhydrique ordinaire du commerce D = 1,17...	Kilogr.	0 40	
		2	Acide nitrique ou azotique ordinaire du commerce D = 1,39............................	Idem.	1 00	
		3	Acide oxalique ordinaire...................	Idem.	1 95	
		4	— phénique cristallisé neigeux, naturel ou synthétique, soluble dans l'eau........................	Idem.	3.30	
		5	— phénique liquide brut....................	Idem.	0 90	
		6	— sulfurique ordinaire du commerce D = 1,84.....	Idem.	0 60	
		7	Aldéhyde formique (solution à 40 p. 100).............	Idem.	0 95	
		8	Alun d'ammoniaque.......................	Idem.	0 65	
		9	— de chrome.......................	Idem.	0 65	
		10	— de potasse........................	Idem.	0 75	
		11	Ammoniaque liquide ordinaire du commerce D = 0,915.	Idem.	0 90	
		12	Borate de soude ordinaire pulvérisé..................	Idem.	0 90	
		13	Carbonate de chaux (blanc d'Espagne ou de Meudon)...	Idem.	0 45	
		14	— de plomb (plombique, blanc de céruse)......	Idem.	0 75	
		15	— de potasse d'Amérique....................	Idem.	1 35	
		16	— de potasse du commerce.................	Idem.	1 15	
		17	— de soude sec du commerce (sel de soude des-séché à 70°; 90 p. 100 de carbonate de soude pur).........................	Idem.	0 50	
		18	— de strontiane naturel pulvérisé.............	Idem.	1 15	
		19	Charbon animal ordinaire (noir d'os, noir animal pul-vérisé).....................	Idem.	0 80	
		20	Chlorate de potasse.......................	Idem.	2 05	
		21	Chlorhydrate d'ammoniaque pour piles.............	Idem.	1 50	
		22	— — en roche pour soudures.....	Idem.	2 10	
		23	Chlorure de calcium cristallisé..................	Idem.	0 90	
		24	— — desséché..............	Idem.	0 90	
		25	— de chaux sec (hypochlorite de chaux) à 90°....	Idem.	0 55	
		26	— de potassium......................	Idem.	1 50	
		27	— de sodium blanc......................	Idem.	0 75	
		28	— de zinc liquide pour désinfections D = 1,45...	Idem.	0 80	
		29	— de zinc solide brut, pour désinfections.......	Idem.	3 15	
		30	Chromate (Bi-) d'ammoniaque....................	Idem.	3 90	

DÉNOMINATION ET CLASSIFICATION DES MATIÈRES ET OBJETS.				ESPÈCE des UNITÉS.	PRIX MINISTÉRIELS.	OBSERVA-TIONS.
PAR UNITÉ SOMMAIRE.		**PAR SUBDIVISION.**				
Numéro et libellé.	Subdivision.	Nu-méros.	Dénominations.			
		31	Chromate (Bi-) de potasse (chromate rouge de potasse)..	Kilogr.	1 80	
		32	— de potasse neutre.....................	Idem.	3 60	
		33	Crésyl (crésyline)........................	Idem.	0 90	
		34	Cyani-ferrure de potassium (prussiate rouge) ordinaire..	Idem.	6 60	
		35	Cyano-ferrure de potassium (prussiate jaune) ordinaire..	Idem.	3 00	
		36	Cyanure de potassium ordinaire....................	Idem.	4 45	
		37	Hypochlorite de potasse (eau de javelle forte 18° Baumé).	Idem.	0 60	
		38	— de soude (liqueur de Labarraque)........	Idem.	0 95	
		39	Hyposulfite de soude....................	Idem.	0 75	
		40	Lessive de potasse ordinaire....................	Idem.	1 05	
	C	41	— de soude ordinaire à 36° (eau seconde)........	Idem.	0 75	
	PRODUITS	42	Lysol..........................	Idem.	3 00	
	CHIMIQUES	43	Nitrate ou azotate de baryte ordinaire.............	Idem.	1 10	
	INDUSTRIELS	44	— — de plomb............	Idem.	1 70	
	ET	45	— — de potasse ordinaire (salpêtre).......	Idem.	1 20	
	DÉSINFECTANTS.	46	— — de soude ordinaire purifié..........	Idem.	0 90	
	(Suite.)	47	— — de strontiane ordinaire............	Idem.	1 45	
		48	Oxalate de potasse (sel d'oseille).....................	Idem.	2 30	
		49	Oxyde (bi-) de maganèse (peroxyde).............	Idem.	0 90	
		50	— (proto-) de plomb (litharge)............	Idem.	1 20	
		51	— rouge de plomb fondu (deutoxyde de plomb, mi-nium).	Idem.	1 45	
10		52	Oxylithe (peroxyde de sodium).....................	Idem.	5 40	
Drogues		53	Soufre en canons........................	Idem.	0 55	
et		54	— en poudre (fleur de soufre)....................	Idem.	0 55	
médica-		55	Sulfate de cuivre ordinaire (couperose bleue)..........	Idem.	1 20	
ments.		56	— de fer ordinaire (couperose verte).............	Idem.	0 20	
		57	— de potasse........................	Idem.	1 50	
		58	— de strontiane naturel pulvérisé.............	Idem.	1 20	
		59	— de zinc ordinaire (vitriol blanc)............	Idem.	0 75	
		60	Sulfure d'antimoine (cristallisé du commerce).........	Idem.	3 30	
		61	— d'arsenic (bisulfure d'arsenic, réalgar).........	Idem.	2 10	
		62	— de carbone ordinaire...........	Idem.	1 35	
		1	Agaric de chêne (amadou), agaric amadouvier choisi...	Idem.	0 70	
		2	Aloès du Cap, *dit* Succotrin, pur.................	Idem.	2 45	
		3	Amidon (en aiguilles) premier blanc...............	Idem.	1 20	
		4	Amidon en poudre, n° 1.....................	Idem.	1 20	
		5	Anis étoilé (badiane).....................	Idem.	4 20	
		6	— vert (fruit *dit* semence)....................	Idem.	2 45	
	D	7	Arnica (fleurs)......................	Idem.	2 15	
	DROGUERIE,	8	Assa fœtida (en larmes)...................	Idem.	4 35	
	HERBORISTERIE	9	Baume de Tolu, très odorant, 1re qualité, translucide...	Idem.	7 60	
	ET	10	Belladone (feuilles)...................	Idem.	2 70	
	ARTICLES DIVERS.	11	Benjoin amygdaloïde de Sumatra, n° 1.............	Idem.	8 35	
		12	Beurre de cacao....................	Idem.	7 65	
		13	Boldo (feuilles).....................	Idem.	3 90	
		14	Bourgeons de sapin....................	Idem.	4 85	
		15	Camphre du Japon ordinaire, raffiné, sans papier......	Idem.	9 10	
		16	Camomille (fleurs) de Paris, extra..............	Idem.	7 65	
		17	Cannelle de Ceylan (écorce).................	Idem.	10 65	
		18	Carbonate de chaux, marbre blanc concassé..........	Idem.	0 60	

DÉNOMINATION ET CLASSIFICATION DES MATIÈRES ET OBJETS.				ESPÈCE des UNITÉS.	PRIX MINISTÉRIELS.	OBSERVA-TIONS.
PAR UNITÉ SOMMAIRE.		PAR SUBDIVISION.				
Numéro et libellé.	Subdivision.	Nu-méros.	Dénominations.		fr. c.	
		19	Cire d'abeilles, blanche pure (cire vierge en plaques)....	Kilogr.	7 65	
		20	— d'abeilles, jaune..........................	Idem.	6 65	
		21	Coca (feuilles)............................	Idem.	7 25	
		22	Cochenille entière........................	Idem.	10 00	
		23	Colchique (semence récente)................	Idem.	9 40	
		24	Colle de poisson (ichthyocolle en feuilles)...........	Idem.	50 90	
		25	Colombo (racine).........................	Idem.	2 45	
		26	Colophane...............................	Idem.	1 00	
		27	Copahu solidifiable (oléo-résine de, baume de)........	Idem.	9 70	
		28	Créosote de goudron de hêtre (officinale) incolore......	Idem.	16 35	
		29	Curcuma (racine).........................	Idem.	1 30	
		30	Datura.................................	Idem.	3 00	
		31	Dextrine blanche.........................	Idem.	1 45	
		32	Digitale pourprée (feuilles mondées)................	Idem.	2 45	
		33	Elixir de Bonjean (petit flacon)..................	Flacon.	3 65	
		34	Emeri porphyrisé (tous numéros).................	Kilogr.	2 10	
		35	Ergot de seigle (seigle ergoté nouveau)..............	Idem.	7 60	
		36	Fécule de pomme de terre......................	Idem.	0 95	
		37	Genévrier (baies).........................	Idem.	1 10	
		38	Gentiane (racine coupée).....................	Idem.	1 30	
		39	Gélatine en feuille concassée pour bains..............	Idem.	2 45	
		40	Glycérine officinale, D = 1,242....................	Idem.	3 00	
		41	Gomme adragante en plaques blanches..............	Idem.	12 20	
	D	42	— ammoniaque en larmes.....................	Idem.	6 10	
10 Drogues et médica-ments.	DROGUERIE, HERBORISTERIE ET ARTICLES DIVERS. (Suite.)	43	— arabique du Sénégal (blonde)................	Idem.	3 00	
		44	— gutte................................	Idem.	17 60	
		45	Goudron de houille (coaltar).....................	Idem.	0 95	
		46	— végétal.............................	Idem.	1 00	
		47	Houblon (cône)............................	Idem.	4 85	
		48	Huile d'amandes douces vraie...................	Idem.	10 30	
		49	— de cade vraie...........................	Idem.	2 75	
		50	— de chaulmoogra.........................	Idem.	16 95	
		51	— de croton tiglium pure.....................	Idem.	19 40	
		52	— empyreumatique (huile de cade vétérinaire)......	Idem.	2 45	
		53	— de foie de morue brune ou blonde.............	Idem.	2 15	
		54	— de lin................................	Idem.	2 45	
		55	— de naphte rectifiée incolore.................	Idem.	2 95	
		56	— de pavot (œillettes)......................	Idem.	3 05	
		57	— de ricin exprimée à froid, blanche extra........	Idem.	2 45	
		58	— de vaseline médicinale....................	Idem.	3 35	
		59	— volatile d'amande amère (véritable)............	Idem.	66 70	
		60	— — d'anis vert............................	Idem.	44 90	
		61	— — de citron............................	Idem.	27 90	
		62	— — d'eucalyptus..........................	Idem.	17 05	
		63	— — de lavande fine........................	Idem.	48 50	
		64	— — de menthe (anglaise) surfine.............	Idem.	151 55	
		65	— — de romarin fine.......................	Idem.	18 20	
		66	— — de térébenthine vraie rectifiée............	Idem.	1 80	
		67	— — de thym (blanche).....................	Idem.	22 45	
		68	Ichthyol................................	Idem.	50 95	
		69	Ipéca (ou ipécacuanha) officinal (Rio sauvage) racine triée extra...................................	Idem.	36 50	
		70	Jaborandi (feuilles)........................	Idem.	5 75	

| DÉNOMINATION ET CLASSIFICATION DES MATIÈRES ET OBJETS. | | | | ESPÈCE | PRIX | OBSERVA- |
| PAR UNITÉ SOMMAIRE. | | PAR SUBDIVISION. | | des | | |
Numéro et libellé.	Subdivision.	Nu-méros.	Dénominations.	UNITÉS.	MINISTÉRIELS.	TIONS.
					fr. c.	
		71	Jalap officinal (résine de) blanche extra...............	Kilogr.	109 15	
		72	Jalap (racine de) lourd, triée.....................	Idem.	4 15	
		73	Kola (noix concassée, torrifiée)...................	Idem.	3 65	
		74	Laminaria digitata (tiges assorties)...............	Nombre.	0 60	
		75	Lanoline anhydre pure.....................	Kilogr.	12 15	
		76	Lin (semences mondées)...................	Idem.	0 85	
		77	Lycopode tamisée.....................	Idem.	12 15	
		78	Manne en larmes, blanche, nouvelle..............	Idem.	13 35	
		79	Mastic en larmes...................	Idem.	10 90	
		80				
		81	Miel blanc fin...................	Idem.	2 05	
		82	— jaune..............	Idem.	1 70	
		83	Moutarde noire (semence)...................	Idem.	1 10	
		84	Noix vomiques entières...................	Idem.	1 45	
		85	Opium de Smyrne, *naturel*...............	Idem.	72 75	
		86	Oranges amères (écorce d')...................	Idem.	2 75	
		87	Orge perlé...................	Idem.	1 10	
		88	Pavot blanc ou officinal (capsules entières et moyennes)..	Le cent.	0 05	
		89	Podophilline (résine)...................	Kilogr.	60 65	
		90	Poix blanche (poix de Bourgogne purifiée)...........	Idem.	1 10	
		91	— noire...................	Idem.	1 00	
		92	Poudre de belladone (feuilles)...................	Idem.	4 36	
10	**D**	93	Poudre de cannelle de Ceylan...................	Idem.	12 15	
Drogues	Droguerie,	94	— de cantharides...................	Idem.	21 85	
et	herboristerie	95	— de cascara sagrada...................	Idem.	4 85	
médica-	et	96	— de charbon de peuplier, léger...................	Idem.	1 50	
ments.	articles divers.	97	— de colombo...................	Idem.	3 65	
	(Suite.)	98	— de cubèbe (poudre de poivre cubèbe)...........	Idem.	9 70	
		99	— de digitale (feuilles)...................	Idem.	4 25	
		100	— de gentiane (racines)...................	Idem.	3 05	
		101	— de gomme adragante, Syrie, 1er blanc............	Idem.	15 15	
		102	— de gomme arabique...................	Idem.	5 45	
		103	— de graine de lin (farine de lin)...............	Idem.	0 95	
		104	— d'ipécacuanha [poudre d'ipéca]...............	Idem.	41 25	
		105	— de jalap...................	Idem.	6 05	
		106	— de moutarde déshuilée pour l'usage vétérinaire...	Boîte.	1 70	
		107	— de moutarde noire...................	Kilogr.	1 45	
		108	— de noix vomique...................	Idem.	3 30	
		109	— de pyrèthre (fleurs)...................	Idem.	6 70	
		110	— de réglisse (ratissée)...................	Idem.	3 35	
		111	— de rhubarbe (de Chine)...................	Idem.	8 50	
		112	— de scammonée (résine)...................	Idem.	94 60	
		113	— de scille (squames)...................	Idem.	4 20	
		114	— de semen-contra...................	Idem.	4 80	
		115	— de valériane...................	Idem.	3 90	
		116	Quassia amara (en copeaux)...................	Idem.	1 70	
		117	Quillaya saponaria (écorces)...................	Idem.	2 15	
		118	Réglisse (racine)...................	Idem.	1 20	
		119	Rhubarbe de Chine, entière (1er choix)...............	Idem.	7 90	
		120	Safran du Gâtinais, nouveau...................	Idem.	163 70	
		121	Salsepareille (racine fendue et coupée)...............	Idem.	4 55	

DÉNOMINATION ET CLASSIFICATION DES MATIÈRES ET OBJETS.				ESPÈCE des UNITÉS.	PRIX MINISTÉRIELS.	OBSERVA- TIONS.
PAR UNITÉ SOMMAIRE.		PAR SUBDIVISION.				
Numéro et libellé.	Subdivision.	Nu- méros.	Dénominations.			
		122	Savon vert (savon noir) 45 p. 100 d'eau.............	Kilogr.	0 90	
		123	Scammonée d'Alep, haut titre.....................	Idem.	84 90	
		124	Scammonée (résine de) blanche extra................	Idem.	85 95	
		125	Semen-contra...................................	Idem.	3 65	
		126	Sené Palthe (feuilles mondées).....................	Idem.	3 65	
		127	— — (follicules mondées)...................	Idem.	4 20	
		128	Simarouba (racine de)...........................	Idem.	4 20	
		129	Sinapismes (feuilles)............................	Nombre.	1 05	
		130	Térébentine de Venise...........................	Kilogr.	4 80	
		131	Thé noir (suchong) sans poussière, débris, ni tigelles, extra....	Idem.	7 20	
		132	Thé vert (hiswen) sans poussière, débris, ni tigelles, extra....	Idem.	7 80	
		133	Tilleul avec bractées............................	Idem.	5 75	
		134	Tournesol en pains..............................	Idem.	3 65	
		135	Tourteaux de farine de graine de lin................	Idem.	0 65	
		136	Turbith (racine)................................	Idem.	4 85	
		137	Valériane officinale (racine).......................	Idem.	1 80	
		138	Vaseline blanche (pétroléine inodore)................	Idem.	3 65	
		139	Vaseline blonde................................	Idem.	3 00	
		140	Vernis incolore pour étiquettes....................	Litre.	8 40	
		141	Boîtes à pilules assorties (carton)..................	Cent.	9 70	
		142	— carrées à tiroirs, assorties de grandeur........	Idem.	10 90	
		143	Boîtes dites du Tyrol, différents numéros............	Idem.	4 80	
10 Drogues et médica- ments.	D DROGUERIE, HERBORISTERIE ET ARTICLES DIVERS. (Suite.)	144	Bouchons pour bocaux de 6 à 15 centimètres..........	Idem.	18 00	
		145	— à bonde, pour col droit....................	Idem.	15 75	
		146	— pour bouteilles de 2 à 3 litres..............	Idem.	3 85	
		147	— à bouteilles, fins........................	Idem.	2 40	
		148	— à demi-bouteille, fins.....................	Idem.	1 80	
		149	— à dame-jeanne..........................	Idem.	13 20	
		150	— à eaux minérales, fins, légèrement coniques...	Idem.	3 00	
		151	— à litre, fins, légèrement coniques...........	Idem.	2 40	
		152	— à demi-litre, fins, légèrement coniques.......	Idem.	1 80	
		153	— à rouleau, fins.........................	Idem.	1 35	
		154	— à topette, fins..........................	Idem.	1 10	
		155	Cacheteur Limousin	Nombre.	30 30	
		156	Cachets, Enazyme n° 0...........................	Mille.	3 30	
		156 bis	— — n° 1................. ...	Idem.	3 30	
		157	— — n° 2................. ...	Idem.	3 30	
		158	— — n° 3................. ...	Idem.	3 30	
		159	— — n° 4................. ...	Idem.	3 30	
		160	Cartes blanches................................	Kilogr.	3 00	
		161	Carton en feuilles, pour fractures, format raisin.......	Idem.	1 00	
		162	Cire à cacheter les bouteilles (toutes couleurs)........	Idem.	1 55	
		163	Cire Golaz....................................	Idem.	8 40	
		164	Cornes à lanternes..............................	Nombre.	1 30	
		165	Doigtiers en caoutchouc..........................	Idem.	0 60	
		166	Éponges communes de l'espèce dite Gerbis, 1re qualité, dépouillées de tout sable.	Kilogr.	66 70	
		167	Éponges fines, dépouillées de tout sable, assorties, de 5 à 30 grammes.	Idem.	109 15	
		168	Étain laminé en feuilles minces (papier d'étain).......	Idem.	9 60	
		169	Étiquettes en papier rouge orangé portant le mot *Poison*.	Mille.	2 40	

DÉNOMINATION ET CLASSIFICATION DES MATIÈRES ET OBJETS.				ESPÈCE des UNITÉS.	PRIX MINISTÉRIELS.	OBSERVA-TIONS.
PAR UNITÉ SOMMAIRE.		PAR SUBDIVISION.				
Numéro et libellé.	Subdivision.	Nu-méros.	Dénominations.			
					fr. c.	
		170	Étiquettes en papier fort n° 1, 6 centim. 1/2	Mille.	5 85	
		171	— — n° 2, 8 centimètres	Idem.	5 85	
		172	— — n° 3, 8 centim. 1/2	Idem.	5 85	
		173	— — n° 4, 10 centimètres	Idem.	5 85	
		174	— — n° 5, 10 centim. 1/2	Idem.	5 85	
		175	— sur papier fort : Usage externe	Idem.	2 40	
		176	Gants en laine pour friction	Nombre.	3 00	
		177	— en crin (mouffle, 1er choix) bonne qualité	Idem.	3 00	
		178	Liège en planche (épaisseur 3 cm. au minimum)	Kilogr.	4 85	
		178 bis	Molleton de coton blanc, de 75 cm. de largeur	Mètre.	4 20	
	D	179	— de laine blanche, de 75 cm. de largeur	Idem.	5 10	
	DROGUERIE,	180	Papier à filtrer, blanc, format carré	Rame.	13 20	
	HERBORISTERIE	181	— — gris, —	Idem.	10 80	
	ET	182	— blanc pour étiquettes (format pot à 4 kilogrammes la rame) .	Idem.	4 15	
	AUTRES ARTICLES.	183	— émeri	Feuille.	0 20	
	(Suite.)	184	— goudron, double-jésus, de 30 kilogrammes	Rame.	19 40	
		185	Parchemin animal en feuilles	Kilogr.	19 40	
		185 bis	— végétal en feuilles	Idem.	3 00	
		186	Peau de mouton, blanche, pour emplâtre de 0m35 × 0m55 .	Nombre.	6 00	
		187	Pierre-ponce en morceaux	Kilogr.	0 90	
		188	Pinceaux à colle, petits	Nombre.	0 20	
		189	— fins à collyre	Idem.	0 30	
		190	Plombagine (mine de plomb)	Kilogr.	0 90	
10		191	Poires en caoutchouc, noir ou rouge, avec canules en os effilé, pour urèthre, lavements ou injections. — Contenant 15 grammes.	Nombre.	3 60	
Drogues		192	— 65 —	Idem.	4 20	
et		193	— 120 —	Idem.	5 40	
médica-		194	— 230 —	Idem.	7 45	
ments.		195	— 320 —	Idem.	8 65	
		196	Poudre de talc	Kilogr.	0 00	
		197	Ruban de fil à sétons usité par les vétérinaires	Nombre.	1 50	
		198	Sacs en papier, doubles, assortis	Cent.	5 70	
		199	— — goudron, doubles, assortis	Idem.	5 70	
		200	— toile de 5 à 10 kilogrammes	Nombre.	1 35	
		201	Taffetas gommé à deux couches, avec papier paraffiné interposé	Mètre.	2 15	
		202	Tétines en caoutchouc noir, assorties, forme pis de vache . .	Nombre.	0 60	
		203	Toile de crin pour filtrer, de 45 cm. carrés	Morceaux.	3 60	
		204	Tripoli en poudre	Kilogr.	0 75	
		1	Bromhydrate basique de quinine	Kilogr.	68 00	
		2	— neutre de quinine	Idem.	82 00	
		3	Ch'orhydrate basique de quinine	Idem.	68 00	
		4	— neutre de quinine	Idem.	82 00	
	E	5	Chlorhydro sulfate de quinine	Idem.	76 00	
	SELS DE QUININE	6	Sulfate basique de quinine	Idem.	61 00	
	ET	7	Valérianate de quinine	Idem.	80 00	
	QUINQUINAS	8	Tannate de Quinine	Idem.	62 00	
	(POUDRE	9		Idem.		
	ET ÉCORCE).	10		Idem.		
		11	Écorce de quinquina	Idem.	3 95	
		12	Poudre de quinquina	Idem.	4 50	
		13		Idem.		
		14		Idem.		

DÉNOMINATION ET CLASSIFICATION DES MATIÈRES ET OBJETS				ESPÈCE des UNITÉS.	PRIX MINISTÉRIELS.	OBSERVATIONS.
PAR UNITÉ SOMMAIRE.		PAR SUBDIVISION.				
Numéro et libellé.	Subdivision.	Numéros.	Dénominations.			
					fr. c.	
	F COMPRIMÉS.....	1	Comprimés de chlorhydrate de quinine..............	Kilogr.	(1) 125 00	(1) Ces comprimés peuvent être de 0ᵍ 50, 0ᵍ 25, 0ᵍ 125, sans variations de prix ; ils sont livrés en étuis de verre blanc contenant 25 grammes de sel de quinine.
		2	— de sulfate de quinine....................	Idem.	(1) 92 00	
		3	— de Vichy...........................	Étui.	(2) 0 90	(2) En étui de verre blanc.
		4	— de chlorate de potasse...............	Idem.	(3) 1 00	(3) En étui de verre blanc contenant 100 gr. de chlorate de potasse.
		5	— de bichlorure de mercure...............	Idem.	(4) 1 90	(4) En étui de verre blanc contenant 100 gr. de bichlorure.
		6		Idem.	.....	
		7		Idem.	.....	
10 Drogues et médicaments.	**G** BROMURES ET IODURES.	1	Bromure de potassium.....................	Kilogr.	3 75	
		2	— de sodium desséché..................	Idem.	4 40	
		3	— de camphre....................	Idem.	22 50	
		4	— d'ammonium	Idem.	5 00	
		5	Iode sublimé pur.....................	Idem.	32 00	
		6	Iodoforme pulvérisé..................	Idem.	40 00	
		7	Iodol................................	Idem.	150 00	
		8	Iodure mercureux.....................	Idem.	27 50	
		9	— mercurique.....................	Idem.	30 00	
		10	— de potassium....................	Idem.	27 50	
		11	— de sodium cristallisé anhydre................	Idem.	31 25	
		12	— de plomb...................	Idem.	25 00	
		13		Idem.	.....	
		14		Idem.	.....	
	H EAUX MINÉRALES DIVERSES. — SELS DE VICHY.	1	Eaux de Vichy (Célestins, Grande grille, Hôpital)......	Bouteille.	0 60	
		2	Eau du Boulou	Idem.	0 60	
		3	— de Contrexéville......................	Idem.	0 70	
		4	— de Vittel....................	Idem.	0 90	
		5	— de Saint-Galmier.....................	Idem.	0 40	
		6	— de Carabana....................	Idem.	1 25	
		7		Idem.	.....	
		8		Idem.	.....	
		9		Idem.	.....	
		10	Sels naturels de Vichy.....................	Flacon de 500 gr.	3 15	
	I SPÉCIALITÉS PHARMACEUTIQUES ET SÉRUMS.	1	Chloroforme en tubes Dumouthiers................	Tube.	3 00	
		2	— — —.	1/2 tube.	1 60	
		3	Ouataplasmes comprimés (paquet de 5)..............	Paquet.	4 90	
		4	— — (paquet de 10).............	Idem.	9 75	
		5	Gutta-percha laminée (paquets de 5 feuilles)..........	Idem.	1 30	
		6	Tænifuge Duhoucau.....................	Dose.	3 00	
		7	Pelletiérine Tanret..............	Idem.	4 35	
		8		Idem.		
		9	Sérum antidiphtérique...................	Idem.		
		10	— antiméningococcique	Idem.		
		11	— antipesteux.....................	Idem.		
		12	— antistreptococcique...................	Idem.		
		13	— antitétanique.	Idem.		
		14	— antivenimeux..............	Idem.		
		15	—	Idem.		
		16		Idem.		

DÉNOMINATION ET CLASSIFICATION DES MATIÈRES ET OBJETS. — **NOMENCLATURE DÉTAILLÉE.**

Numéro et libellé (par unité sommaire) : **11 — Outillage, instruments et appareils divers.**
Subdivision : **A — Objets pour le service de santé en campagne.**

Nos.	Dénominations	Unité réglementaire	Prix ministériel (fr. c.)	Médicaments	Pansements	Havresac
1	Acétate d'ammoniaque	Kilogr.	3 80	»	»	»
2	Acide arsénieux, granulés	Nombre.	1 00	»	»	»
3	Acide borique	Kilogr.	1 20	»	»	»
4	Acide chrysophanique et oxyde de zinc	Idem.	7 75	»	»	»
5	Acide citrique	Idem.	7 75	»	»	»
6	Acide picrique, comprimés o* 5o	Idem.	10 30	»	»	»
7	Alcool à go*	Idem.	1 30	»	»	»
8	Alcoolé de belladone	Idem.	3 25	»	»	»
9	Alcoolé d'inde	Idem.	7 10	0,050	»	0,050
10	Alcoolé de noix vomique	Idem.	5 15	»	»	»
11	Alcoolé d'opium	Idem.	10 30	0,150	»	0,150
12	Antipyrine, comprimés o* 5o	Idem.	32 15	»	»	»
13	Assiettes creuses en fer battu	Nombre.	0 80	»	»	»
14	Attelles en aluminium de o™ 18, série de 6	Idem.	2 40	»	1	2
15	Attelles en aluminium de o™ 25, série de 3	Idem.	3 40	»	1	2
16	Attelles en aluminium de o™ 3o, série de 4	Idem.	4 45	»	1	2
17	Attelles en aluminium de o™ 38, série de 5	Idem.	6 20	»	»	»
18	Azotate d'argent cristallisé	Kilogr.	102 00	»	»	»
19	Bandage carré en toile	Nombre.	0 90	»	»	»
20	Bandage de corps toile	Idem.	1 95	»	»	2
21	Bandage en T en toile	Idem.	0 85	»	»	»
22	Bandage triangulaire toile	Idem.	0 80	»	»	»
23	Bande en coton de 3™ × o™o5, paquet de 10	Idem.	0 65	»	»	2
24	Bande en coton de 5™ × o™o5, paquet de 10	Idem.	1 25	»	2	1
25	Bande en coton de 10™ × o™o65, paquet de 5	Idem.	1 60	»	»	»
26	Bande en gaze de 3™ × o™o4, paquet de 10	Idem.	0 50	»	»	»
27	Bande en gaze de 5™ × o™o5, paquet de 10	Idem.	0 90	»	1	2
28	Bande en gaze de 10™ × o™10, paquet de 5	Idem.	1 65	»	»	»
29	Bande en toile de 5™ × o™o5, paquet de 10	Idem.	4 45	»	»	»
30	Bande en caoutchouc pour l'hémostase	Idem.	2 25	»	1	1
31	Bassin du lit en tôle émaillée	Idem.	5 90	»	»	»
32	Bicarbonate de soude, comprimés o* 5o	Kilogr.	4 55	»	»	»
33	Bidon de campement	Nombre.	4 00	»	»	»
34	Bidon pour alcool à go*	Idem.	4 55	»	»	»
35	Bidon pour cantine	Idem.	2 45	»	»	»
36	Bidon pour huile	Idem.	2 25	»	»	»
37	Billet d'ambulance	Le cent.	4 55	»	»	»
38	Billet d'évacuation	Idem.	11 60	»	»	»
39	Bismuth (sous-nitrate)	Kilogr.	32 45	»	»	»
40	Bock-laveur fermé	Nombre.	12 90	»	»	1
41	Boîtes à vis pour vaseline, Pharmacie A	Idem.	1 00	1	»	1
42	Boîtes à vis pour vaseline, Pharmacie B	Idem.	1 30	»	»	»
43	Boîtes à couvercle pour ampoules, Pharmacie A	Idem.	0 55	2	»	2
44	Boîtes à couvercle pour comprimés, Pharmacie A	Idem.	1 00	10	»	10
45	Boîte soudée à bande pour réserve de quinine	Idem.	1 00	»	»	»
46	Boîte à anneau, grande	Idem.	1 00	»	»	»
47	Boîte à anneau, petite	Idem.	0 80	»	»	»
48	Boîte plumier	Idem.	2 90	»	»	»
49	Boîte pour bougies, plate	Idem.	0 70	»	»	»
50	Boîte pour filtre	Idem.	3 60	»	»	»
51	Boîte pour café	Idem.	2 60	»	»	»

Nomenclature détaillée — Paniers :

Nos.	1	1 bis	2	2 bis	3	A	0	00	5	5 bis	5 ter	6	6 bis	7	7 bis	7 ter	8	8 bis	8 ter	9	Totaux
1	»	»	»	»	»	»	»	»	0,120	0,120	»	»	»	»	»	»	»	»	»	»	0,240
2	»	»	»	»	»	»	»	»	200	200	»	»	»	»	»	»	»	»	»	»	400
3	»	0,150	»	»	0,150	»	»	»	»	»	»	»	»	»	»	»	»	»	»	»	0,300
4	»	»	»	»	»	»	»	»	»	»	»	0,200	0,200	»	»	»	»	»	»	»	0,400
5	»	»	»	»	»	»	»	»	0,300	0,300	»	»	»	»	»	»	»	»	»	»	0,600
6	»	»	»	»	»	»	»	»	»	»	»	0,240	0,240	»	»	»	»	»	»	»	0,480
7	1	0,030	»	»	0,050	1	»	»	»	»	»	0,100	0,100	»	»	»	»	»	»	»	2,300
8	»	0,050	»	»	0,050	»	»	»	»	»	»	»	»	»	»	»	»	»	»	»	0,100
9	»	»	»	»	»	»	»	»	»	»	»	»	»	»	»	»	»	»	»	»	0,100
10	»	0,050	»	»	0,050	»	»	»	»	»	»	»	»	»	»	»	»	»	»	»	0,100
11	»	0,200	»	»	0,200	»	»	»	»	»	»	»	»	»	»	»	»	»	»	»	0,700
12	»	0,125	»	»	0,125	»	»	»	»	»	»	0,125	0,125	»	»	»	»	»	»	»	0,500
13	»	»	»	»	»	»	»	»	»	»	»	»	»	»	»	»	18	20	»	»	38
14	»	»	3	»	»	3	»	»	»	»	»	»	»	1	2	»	»	»	»	»	12
15	»	»	3	»	»	3	»	»	»	»	»	»	»	1	2	»	»	»	»	»	12
16	»	»	3	»	»	3	»	»	»	»	»	»	»	1	2	»	»	»	»	»	12
17	»	»	3	»	»	3	»	»	»	»	»	»	»	1	2	»	»	»	»	»	9
18	»	0,010	»	»	0,010	»	»	»	»	»	»	»	»	»	»	»	»	»	»	»	0,020
19	2	1	2	»	1	2	»	»	»	»	»	»	»	»	»	»	»	»	»	»	8
20	4	2	2	»	2	2	»	»	»	»	»	»	»	»	»	»	»	»	»	»	15
21	2	1	2	»	1	1	»	»	»	»	»	»	»	»	»	»	»	»	»	»	8
22	2	1	1	»	1	1	»	»	»	»	»	»	»	»	»	»	»	»	»	»	7
23	2	1	2	»	1	1	»	»	»	»	»	»	»	»	»	»	»	»	»	»	8
24	1	1	2	»	1	1	»	»	»	»	»	»	»	»	»	»	»	»	»	»	15
25	1	1	1	»	1	3	»	»	»	»	»	»	»	»	»	»	»	»	»	»	9
26	2	1	1	»	1	3	»	»	»	»	»	»	»	»	»	»	»	»	»	»	5
27	3	1	2	»	1	1	»	»	»	»	»	»	»	»	»	»	»	»	»	»	15
28	1	1	2	»	1	1	»	»	»	»	»	»	»	»	»	»	»	»	»	»	4
29	»	1	1	»	»	1	»	»	»	»	»	»	»	»	»	»	»	»	»	»	5
30	1	1	1	»	»	»	»	»	»	»	»	»	»	»	»	»	»	»	»	»	2
31	»	»	»	»	»	»	»	»	»	»	»	»	»	»	»	»	»	»	»	»	2
32	»	»	»	»	»	»	»	»	0,200	0,200	»	»	»	»	»	»	»	»	»	»	0,400
33	»	»	»	»	»	»	»	1	»	»	»	»	»	»	»	»	»	»	»	»	1
34	»	»	»	»	»	»	»	1	»	»	»	»	»	»	»	»	»	1	»	»	2
35	»	»	»	»	»	»	»	3	»	»	»	»	»	»	»	»	»	»	»	»	3
36	»	»	»	»	»	»	»	»	»	»	»	»	»	»	»	»	1	»	»	»	1
37	»	»	»	»	»	»	»	»	»	»	»	»	»	»	»	»	»	»	»	100	100
38	»	»	»	»	»	»	»	»	»	»	»	»	»	»	»	»	»	»	»	100	100
39	»	0,150	»	»	0,150	»	»	»	»	»	»	»	»	»	»	»	»	»	»	»	0,300
40	»	»	»	»	»	»	»	»	»	»	»	»	»	»	1	»	»	»	»	»	6
41	»	»	»	»	»	»	»	»	»	»	»	»	»	»	»	»	»	»	»	»	2
42	»	»	»	2	»	2	»	»	»	»	»	»	»	»	»	»	»	»	»	»	4
43	»	»	»	»	»	1	»	»	»	»	»	»	»	»	»	»	»	»	»	»	5
44	»	»	»	»	»	»	»	»	»	»	»	»	»	»	»	»	»	»	»	»	20
45	»	»	»	»	»	»	»	»	»	»	»	»	»	16	»	»	»	»	»	»	16
46	»	34	»	12	34	»	»	»	»	»	»	32	32	27	27	»	»	»	»	»	198
47	»	3	»	»	3	»	»	»	»	»	»	2	2	»	»	»	»	»	»	»	10
48	1	1	1	»	1	»	»	»	»	»	»	1	1	»	»	»	»	»	»	»	6
49	»	»	»	»	»	8	5	»	»	»	»	»	»	»	»	»	»	»	»	»	13
50	»	»	»	»	»	1	»	»	»	»	»	»	»	»	»	»	»	»	»	»	1
51	»	»	»	»	»	»	»	»	»	»	»	»	»	»	»	»	»	2	»	»	2

DÉNOMINATION ET CLASSIFICATION DES MATIÈRES ET OBJETS.						NOMENCLATURE DÉTAILLÉE.

Colonnes de gauche : **Numéro et libellé** — *11 — Outillage, instruments et appareils divers.* · **Subdivision** — *A — Objets pour le service de santé en campagne. (Suite.)*

Tableau — partie 1 : désignation, unité, prix, musettes

Numéros	Dénominations	Unité réglementaire	Prix ministériel (fr. c.)	Médicaments	Pansements	Havresac
52	Boîte pour poivre	Nombre.	1 30	»	»	»
53	Boîte pour sel	Idem.	2 60	»	»	»
54	Boîte pour papeterie	Idem.	23 15	»	»	»
55	Bouchons de liège	Idem.	0 05	»	»	6
56	Bouchons en caoutchouc	Idem.	0 40	2	»	2
57	Bougie pour lanterne pliante et bougeoir	Kilogr.	1 95	»	»	»
58	Bougie pour brancardier et ronde, boîte de 10	Nombre.	1 30	»	»	»
59	Bougie pour lanterne-applique	Kilogr.	1 95	»	»	»
60	Bougeoir pliant	Nombre.	15 45	»	»	»
61	Brassard de neutralité	Idem.	0 70	»	»	»
62	Bûche de campement	Idem.	7 10	»	»	»
63	Bromure de potassium, comprimés, n° 50	Kilogr.	15 45	»	»	»
64	Brosse à antisepsie	Nombre.	0 70	»	»	»
65	Cadenas à vis	Idem.	1 95	»	»	»
66	Cafetière pliante	Idem.	5 80	»	»	»
67	Caféine, comprimés, n° 50	Kilogr.	00 05	0,060	»	»
68	Cahier de visite	Nombre.	0 05	»	»	»
69	Calomel, comprimés n° 50	Kilogr.	11 35	0,050	»	0,050
70	Canif	Nombre.	1 60	»	»	»
71	Canule à lavement en gomme	Idem.	0 80	»	»	1
72	Canule à robinet, effilée	Idem.	1 95	»	»	1
73	Carnet médical	Idem.	1 95	»	»	»
74	Casier en sapin pour intérieur de panier	Idem.	10 95	»	»	»
75	Casier en tôle pour ampoules et tubes chlorure d'éthyle	Idem.	4 20	»	»	»
76	Casserole bombée moyenne	Idem.	4 20	»	»	»
77	Casserole bombée petite	Idem.	3 25	»	»	»
78	Casserole daubière	Idem.	4 55	»	»	»
79	Casserole carrée	Idem.	11 60	»	»	»
80	Chloroforme Dumouthiers, 1/2 tube	Kilogr.	1 90	»	»	»
81	Chloroforme pur	Idem.	7 10	»	»	»
82	Chlorate de potasse, comprimés n° 50	Idem.	3 90	0,250	»	»
83	Chloral hydraté	Nombre.	10 30	»	»	»
84	Chlorure d'éthyle, tubes	Idem.	3 25	»	»	»
85	Chlorure d'éthyle en ampoules	Idem.	0 05	»	»	»
86	Ciseaux à linge	Idem.	4 50	»	»	»
87	Ciseaux forts coudés	Idem.	5 15	»	»	»
88	Cocaïne (chlorhydrate), lentilles n° 01	Kilogr.	2 60	0,100	»	»
89	Collodion au laori	Nombre.	7 75	0,100	»	»
90	Compresses en coton, grandes, paquet de 5	Idem.	1 35	»	»	»
91	Compresses en coton, moyennes, paquet de 5	Idem.	0 70	»	»	2
92	Compresses en coton, petites, en paquet de 10	Idem.	0 75	»	»	2
93	Compresses en gaze, grandes, paquet de 5	Idem.	0 70	»	»	»
94	Compresses en gaze, moyennes, paquet de 5	Idem.	0 40	»	1	1
95	Compresses en gaze, petites, paquet de 10	Idem.	0 40	»	3	2
96	Compte-gouttes	Idem.	0 35	1	»	1
97	Corbeille en toile métallique	Idem.	4 50	»	»	»
98	Corde	Idem.	3 25	»	»	»
99	Cornet à chloroforme	Idem.	3 40	»	»	»
100	Coton cardé en bandes, paquet de 500 grammes	Idem.	1 05	»	2	4
101	Coton cardé en bandes, paquet de 50 grammes	Idem.	0 15	»	6	4
102	Coton absorbant, paquet de 50 grammes	Idem.	0 15	»	6	4

Tableau — partie 2 : PANIERS et TOTAUX (la plupart des cases portent le signe de répétition »)

Numéros	1	1 bis	2	2 bis	3	4	0	00	5	5 bis	5 ter	6	6 bis	7	7 bis	7 ter	8	8 bis	8 ter	9	TOTAUX
52	»	»	»	»	»	»	»	»	»	»	»	»	»	»	»	»	»	»	1	»	1
53	»	»	»	»	»	»	»	»	»	»	»	»	»	»	»	»	»	1	»	»	1
54	»	»	»	»	»	»	»	»	»	»	»	»	»	»	»	»	»	»	»	1	1
55	»	»	»	»	»	»	»	»	»	»	60	»	»	»	»	»	»	»	»	»	72
56	»	»	»	»	»	»	»	»	»	»	»	»	»	»	»	»	»	»	»	»	6
57	»	0,500	»	»	0,500	»	»	»	2	»	»	»	»	»	»	»	»	»	»	»	9
58	»	5	»	»	»	»	»	»	8	»	»	»	»	»	»	»	»	»	»	»	13
59	»	»	»	»	»	»	»	»	»	»	»	»	»	»	»	»	»	5	»	»	5
60	»	»	»	»	»	»	»	»	»	»	»	»	»	»	»	»	»	»	»	»	3
61	»	»	»	»	»	»	»	»	»	»	»	»	»	»	»	»	»	»	»	50	50
62	»	»	»	»	»	»	»	»	»	»	»	»	»	»	»	»	»	»	»	»	1
63	»	»	»	»	»	»	»	»	0,180	0,180	»	»	»	»	»	»	»	»	»	»	0,360
64	»	»	»	»	»	»	»	»	»	»	»	»	»	»	»	»	»	»	»	»	7
65	2	2	2	2	2	2	2	2	2	2	2	2	2	2	2	2	2	2	2	2	40
66	»	»	»	»	»	»	»	»	»	»	»	»	»	»	»	»	»	»	»	»	2
67	»	»	»	»	0,060	»	»	»	»	»	»	»	»	»	»	»	»	»	»	»	0,120
68	»	»	»	»	»	»	»	»	»	»	»	»	»	»	»	»	»	»	»	»	1
69	0,050	»	»	»	0,050	»	»	»	»	»	»	»	»	»	»	»	»	»	»	»	0,200
70	»	»	»	»	»	»	»	»	»	»	»	»	»	»	1	»	»	»	»	»	1
71	1	1	1	1	1	»	»	»	»	»	»	»	»	»	»	»	»	»	»	»	6
72	1	1	1	1	1	»	»	»	»	»	»	»	»	»	»	»	»	»	»	»	6
73	1	1	1	»	»	»	»	»	»	»	»	»	»	»	1	»	»	»	»	»	4
74	»	»	»	»	»	»	»	»	2	1	»	1	»	»	1	2	1	1	»	2	14
75	»	»	»	»	9	»	»	»	»	»	»	»	»	»	»	»	»	»	»	»	9
76	»	»	»	»	»	»	»	»	»	»	»	»	»	»	»	»	»	1	»	»	1
77	»	»	»	»	»	»	»	»	»	»	»	»	»	»	»	»	»	1	»	»	1
78	»	»	»	»	»	»	»	»	»	»	»	»	»	»	»	»	»	1	»	»	1
79	»	»	»	»	18	»	»	»	»	»	»	»	»	»	»	»	»	»	»	»	18
80	»	»	»	»	»	»	»	»	»	»	»	0,200	0,200	»	»	»	»	»	»	»	0,400
81	»	0,250	»	»	0,250	»	»	»	»	»	»	»	»	»	»	»	»	»	»	»	0,500
82	»	»	»	»	0,250	»	»	»	0,250	»	»	»	»	»	»	»	»	»	»	»	0,500
83	»	»	»	»	»	»	»	»	6	»	»	6	6	»	»	»	»	»	»	»	18
84	»	»	»	»	100	»	»	»	»	»	»	»	»	»	»	»	»	»	»	»	100
85	»	»	»	»	»	»	»	»	»	»	»	»	»	1	»	»	»	»	»	»	4
86	»	»	»	»	»	»	»	»	»	»	»	»	»	»	»	»	»	»	»	»	1
87	»	»	»	»	»	»	1	»	»	»	»	»	»	»	»	»	»	»	»	»	1
88	»	»	»	»	0,100	»	»	»	»	»	»	»	»	»	»	»	»	»	»	»	0,200
89	»	»	»	»	0,100	»	»	»	0,100	»	»	»	»	»	»	»	»	»	»	»	0,300
90	1	1	2	»	»	»	»	»	»	»	»	»	»	»	»	»	»	»	»	»	4
91	1	1	2	»	»	1	»	»	»	»	»	»	»	»	»	»	»	»	»	»	5
92	1	1	2	»	1	»	»	»	»	»	»	»	»	»	»	»	»	»	»	»	5
93	5	2	2	»	2	2	»	»	»	»	»	12	12	»	»	»	»	»	»	»	37
94	10	5	2	»	5	5	»	»	»	»	»	12	12	»	»	»	»	»	»	»	53
95	10	5	2	»	5	5	»	»	»	»	»	»	»	»	»	»	»	»	»	»	32
96	»	»	»	»	»	»	»	»	»	»	»	»	»	»	»	»	»	»	»	»	5
97	»	»	»	»	»	»	»	»	»	»	»	»	»	»	»	»	»	»	»	»	38
98	»	»	»	»	»	»	»	»	»	»	»	»	»	»	»	»	»	»	»	»	1
99	»	»	»	»	»	»	»	»	»	»	»	6	6	»	»	»	»	»	»	»	22
100	10	5	10	»	5	5	»	»	»	»	»	»	»	»	»	»	»	»	»	»	36
101	10	5	10	»	5	»	»	»	»	»	»	10	10	»	»	»	»	»	»	»	36
102	10	5	10	»	5	»	»	»	»	»	»	10	10	»	»	»	»	»	»	»	60

DÉNOMINATION ET CLASSIFICATION DES MATIÈRES ET OBJETS. — **NOMENCLATURE DÉTAILLÉE.**

Unité sommaire : **11 — Outillage, instruments et appareils divers.** — Subdivision : **A — Objets pour le service de santé en campagne. (Suite.)**

Numéros	Dénominations.	Unité réglementaire.	Prix ministériel.	Médicaments.	Pansements.	Matériel.
			fr. c.			
103	Coupe-coupe	Nombre.	5 80	»	»	»
104	Couperet	Idem.	5 80	»	»	»
105	Courroies en cuir porte-pharmacie	Idem.	2 90	»	»	»
106	Courtine graduée	Idem.	0 20	»	»	»
107	Coussin matelassé pour gouttières, pour cuisse et bassin droits	Idem.	5 40	»	»	»
108	Coussin matelassé pour gouttières, pour cuisse et bassin gauches	Idem.	5 40	»	»	»
109	Coussin matelassé pour gouttières, pour jambe et genou	Idem.	5 10	»	»	»
110	Coussin matelassé pour gouttières, pour partie inférieure de la jambe	Idem.	0 80	»	»	»
111	Coussin matelassé pour gouttières, pour coude, malade couché	Idem.	4 75	»	»	»
112	Coussin matelassé pour gouttières pour coude, malade debout	Idem.	4 75	»	»	»
113	Coussin matelassé pour gouttière complète	Idem.	20 20	»	»	»
114	Coussin matelassé pour gouttières, pour colonne vertébrale droite et gauche	Idem.	10 45	»	»	»
115	Couteaux de table	Idem.	1 00	»	»	»
116	Couteaux de pharmacie	Idem.	1 95	»	»	»
117	Crayon	Idem.	0 15	»	»	»
118	Cuillers à soupe	Idem.	0 20	»	»	»
119	Cuillers à distribution	Idem.	0 95	»	»	»
120	Digitaline, granules de 1 m/m	Idem.	1 95	»	»	»
121	Drains petits et moyens	Idem.	1 30	»	»	»
122	Drap fanon en toile pour la jambe	Idem.	1 50	»	»	»
123	Drap fanon en toile pour la cuisse	Idem.	2 05	»	»	»
124	Écharpe quadrilatère en toile	Idem.	1 35	»	»	»
125	Écharpe triangulaire en toile	Idem.	1 60	»	2	2
126	Enveloppes en papier huilé	Idem.	0 80	»	»	»
127	Enveloppe toile noire pour papeterie	Idem.	12 25	»	»	»
128	Enveloppe toile noire pour bock	Idem.	7 10	»	»	1
129	Encre noire, tablettes Prinox, étuis	Idem.	0 80	»	»	»
130	Encrier	Idem.	3 15	»	»	»
131	Entonnoir fer-blanc	Idem.	1 00	»	»	»
132	Éprouvette graduée de 50 centilitres	Idem.	1 95	»	»	»
133	Épingles ordinaires	Kilogr.	7 75	»	»	»
134	Épingles de sûreté, boîte de 12	Nombre.	0 30	»	2	4
135	Éther en ampoules	Idem.	1 00	40	»	40
136	Étoupe purifiée en plumasseaux, paquet de 10	Idem.	0 50	»	»	4
137	Étui pour compte-gouttes	Idem.	0 05	1	»	1
138	Étui pour sparadrap diachylon, 1m × 10	Idem.	1 00	»	»	2
139	Étui pour sparadrap diachylon, 1m × 20	Idem.	1 00	»	»	»
140	Étui pour lanterne pliante	Idem.	4 85	»	»	»
141	Étui pour lanterne-applique	Idem.	5 45	»	»	»
142	Étui à aiguilles	Idem.	0 35	»	1	1
143	Extrait de kina de Vrij	Kilogr.	11 50	»	»	»
144	Paniers d'ambulance	Nombre.	3 55	»	»	»
145	Fiches de diagnostic blanches et rouges	Idem.	0 10	»	»	»
146	Fil de Rennes, bobines de 100 grammes	Idem.	1 05	»	»	»
147	Fil à coudre, écheveaux	Idem.	0 15	»	»	»
148	Filtre d'escouade	Idem.	33 70	»	»	»

Paniers :

No.	1	1 bis	2	2 bis	3	4	0	00	5	5 bis	5 ter	6	6 bis	7	7 bis	7 ter	8	8 bis	8 ter	9	Totaux
103	»	»	»	»	»	»	»	»	»	»	»	»	»	»	»	»	1	»	»	»	1
104	»	»	»	»	»	»	»	»	»	»	»	»	»	»	»	»	1	»	»	»	1
105	»	2	»	2	2	»	»	»	»	2	2	»	»	»	»	»	»	»	»	»	10
106	»	2	»	»	2	»	»	»	»	»	»	»	»	»	»	»	»	»	»	»	4
107	»	»	»	»	»	»	»	»	»	»	»	»	»	»	2	2	»	»	»	»	4
108	»	»	»	»	»	»	»	»	»	»	»	»	»	»	2	2	»	»	»	»	4
109	»	»	»	»	»	»	»	»	»	»	»	»	»	»	3	3	»	»	»	»	6
110	»	»	»	»	»	»	»	»	»	»	»	»	»	»	3	3	»	»	»	»	6
111	»	»	»	»	»	»	»	»	»	»	»	»	»	»	3	2	»	»	»	»	5
112	»	»	»	»	»	»	»	»	»	»	»	»	»	»	3	»	»	»	»	»	3
113	»	»	»	»	»	»	»	»	»	»	»	»	»	»	1	1	»	»	»	»	2
114	»	»	»	»	»	»	»	»	»	»	»	»	»	»	3	»	»	»	»	»	3
115	»	»	»	»	»	»	»	»	»	»	»	»	»	»	»	»	12	12	»	»	24
116	»	»	»	»	»	»	»	»	1	1	»	»	»	»	»	»	»	»	»	»	2
117	2	2	2	»	»	»	»	»	2	2	»	»	»	»	»	»	»	»	4	»	14
118	»	»	»	»	»	»	»	»	»	»	»	»	»	»	»	»	18	10	»	»	28
119	»	»	»	»	»	»	»	»	»	»	»	»	»	»	»	»	»	1	»	»	1
120	»	»	»	»	»	»	»	»	200	200	»	»	»	»	»	»	»	»	»	»	400
121	»	»	»	2	»	»	»	»	»	»	»	»	»	»	2	»	»	»	»	»	4
122	»	»	1	»	»	1	»	»	»	»	»	»	»	»	»	»	»	»	»	»	2
123	»	»	1	»	»	1	»	»	»	»	»	»	»	»	»	»	»	»	»	»	2
124	»	»	2	»	»	2	»	»	»	»	»	»	3	3	»	»	»	»	»	»	10
125	»	»	2	»	»	2	»	»	»	»	»	»	6	6	»	»	»	»	»	»	20
126	»	»	»	»	»	»	»	»	»	»	»	»	»	»	»	»	»	200	»	»	200
127	»	»	»	»	»	»	»	»	»	»	»	»	»	»	»	»	»	»	1	»	1
128	»	»	»	»	»	»	»	»	»	»	»	»	»	»	»	»	»	1	»	»	1
129	1	1	1	»	»	»	»	»	1	1	»	»	»	»	»	»	»	2	»	»	7
130	1	1	1	»	»	»	»	»	»	»	»	2	»	»	»	»	1	»	»	»	6
131	1	1	1	»	»	»	»	»	»	»	»	»	»	»	»	»	1	1	»	»	5
132	»	»	»	»	»	»	»	»	»	»	»	»	»	»	»	»	1	1	»	»	2
133	»	»	»	»	»	»	»	»	»	»	»	»	»	»	»	»	»	»	»	0,250	0,250
134	12	6	10	»	6	6	»	»	»	»	»	10	10	»	»	»	»	»	»	»	63
135	»	72	»	216	72	»	»	»	»	»	»	»	»	»	»	»	»	»	»	»	449
136	10	5	5	»	5	»	»	»	»	»	»	»	»	»	»	»	»	»	»	»	20
137	»	1	»	»	»	1	»	»	»	»	»	»	»	»	»	»	1	1	»	1	5
138	»	»	»	»	»	»	»	»	»	»	»	»	»	»	»	»	»	»	»	»	2
139	»	»	1	»	»	»	»	»	»	»	»	1	»	»	»	»	»	»	»	»	2
140	2	1	»	»	»	1	»	»	»	»	»	»	»	»	»	»	»	»	»	»	4
141	2	»	1	»	»	»	»	»	»	»	»	»	»	»	»	»	»	»	2	»	5
142	»	»	1	»	»	1	»	»	»	»	»	»	»	»	»	»	»	»	»	»	2
143	»	»	»	»	»	»	»	»	0,150	0,150	»	»	»	»	»	»	»	»	»	»	0,300
144	»	»	»	»	»	»	»	»	»	»	»	»	»	»	»	»	»	»	3	»	3
145	100	50	100	»	50	»	»	»	»	»	»	»	»	»	50	50	»	»	»	»	300
146	2	1	»	»	1	1	»	»	»	»	»	»	»	»	»	»	»	»	»	5	10
147	»	»	4	»	»	»	»	»	»	»	»	»	»	»	»	»	»	»	»	»	4
148	»	»	»	»	»	»	»	»	»	»	»	»	»	»	»	»	1	»	»	»	1

DÉNOMINATION ET CLASSIFICATION DES MATIÈRES ET OBJETS.

PAR UNITÉ SOMMAIRE — Numéro et libellé : **11 — Outillage, instruments et appareils divers.**
Subdivision : **A — Objets pour le service de santé en campagne. (Suite.)**

Unité réglementaire = l'unité portée ; Prix = Prix ministériel (fr. c.). MUSETTES : Médicaments / Pansements / Externe.

Numéros	Dénominations	Unité régl.	Prix minist.	Méd.	Pans.	Ext.
149	Fiole à potion	Nombre	0 25	″	″	″
150	Flacon carré, étroite ou large ouverture, 60 centilitres	Idem	0 40	5	″	5
151	Flacon carré, étroite ou large ouverture, 90 centilitres	Idem	0 50	2	″	2
152	Flacon carré, étroite ou large ouverture, 1 centilitres	Idem	0 55	″	″	″
153	Flacon carré, large ouverture, émeri, 110	Idem	1 00	″	″	″
154	Flacon pour vinaigre	Idem	1 05	″	″	″
155	Fourchettes ordinaires fer battu	Idem	1 00	″	″	″
156	Gaze à pansement apprêtée, paquet de 10 mètres	Idem	1 45	″	″	″
157	Glycérine à 30°	Kilogr.	2 30	″	″	″
158	Glycine	Idem	9 00	″	″	″
159	Gobelet en aluminium, série de 5	Nombre	5 15	″	″	1
160	Gouttière pour coude couché	Idem	2 70	″	″	″
161	Gouttière pour coude debout	Idem	2 70	″	″	″
162	Gouttière pour partie inférieure de la jambe et semelle	Idem	10 10	″	″	″
163	Gouttière pour colonne vertébrale droite	Idem	13 05	″	″	″
164	Gouttière pour colonne vertébrale gauche	Idem	13 05	″	″	″
165	Gouttière pour cuisse et bassin droits	Idem	11 45	″	″	″
166	Gouttière pour cuisse et bassin gauche	Idem	11 45	″	″	″
167	Gouttière pour jambe et genou	Idem	7 90	″	″	″
168	Grand linge	Idem	5 80	″	″	″
169	Gril à côtelettes	Idem	1 30	″	″	″
170	Hachette	Idem	5 80	″	″	″
171	Havresac	Idem	67 00	″	″	1
172	Huile de ricin	Kilogr.	1 55	″	″	″
173	Instruction médicale	Nombre	0 35	1	″	1
174	Iode, ampoules de 4 grammes	Idem	0 05	″	″	″
175	Iodoforme	Kilogr.	54 05	0,100	″	0,100
176	Iodure de potassium, comprimés de 50	Idem	51 45	″	″	″
177	Ipéca, comprimés de 75	Idem	45 05	0,100	″	0,100
178	Ipéca concassé	Idem	41 20	″	″	″
179	Lit en treillis	Nombre	0 35	1	8	12
180	Lampe à alcool avec bouilloire	Idem	5 80	″	″	1
181	Lanternes de campagne	Idem	12 90	″	″	″
182	Lanterne de brancardier	Idem	12 00	″	″	″
183	Lanterne de ronde	Idem	23 15	″	″	″
184	Lanterne-applique	Idem	36 05	″	″	″
185	Marmite de campagne, grande	Idem	12 25	″	″	″
186	Marmite de campagne, moyenne	Idem	8 25	″	″	″
187	Marmite de campagne, petite	Idem	6 85	″	″	″
188	Marteau	Idem	2 25	″	″	″
189	Molette pour petit mortier	Idem	0 50	1	″	1
190	Morphine (chlorhydrate), lentilles de 0,01	Idem	1 30	″	″	″
191	Mortier en porcelaine, petit	Idem	1 60	1	″	1
192	Mortier en porcelaine, grand avec pilon	Idem	4 05	″	″	″
193	Mesures de distribution	Idem	1 30	″	″	″
194	Moulin à café	Idem	6 80	″	″	″
195	Moulin à poivre	Idem	5 85	″	″	″
196	Musettes	Idem	9 00	1	1	″
197	Nomenclature par unité	Idem	0 40	1	1	1
198	Nomenclature générale	Idem	0 90	″	″	″
199	Cataplasmes, paquet de 5	Idem	5 15	″	1	1
200	Panier doublé en aluminium	Idem	08 05	″	″	″

NOMENCLATURE DÉTAILLÉE.

PANIERS.

Numéros	1	1 bis	2	2 bis	3	4	0	00	5	5 bis	5 ter	6	6 bis	7	7 bis	7 ter	8	8 bis	8 ter	9	TOTAUX
149	″	″	″	″	″	″	″	″	″	″	16	″	″	″	″	″	″	″	″	″	16
150	″	6	″	″	6	″	″	″	4	4	″	″	″	″	″	″	″	″	″	″	30
151	″	″	″	″	″	″	″	″	″	″	″	″	″	″	″	″	″	″	″	″	4
152	″	5	10	″	5	″	″	″	7	7	″	12	12	″	″	″	″	″	″	″	58
153	″	″	″	″	″	″	″	″	2	2	″	″	″	″	″	″	″	″	″	″	4
154	″	″	″	″	″	″	″	″	″	″	″	″	″	″	″	″	1	″	″	″	1
155	″	″	″	″	″	″	″	″	″	″	″	″	″	″	″	″	″	18	10	″	28
156	″	″	1	″	″	″	″	″	″	″	″	″	″	″	″	″	″	″	″	″	1
157	″	″	″	″	″	″	″	″	″	″	″	0,150	0,150	″	″	″	″	″	″	″	0,300
158	″	0,100	″	″	0,100	″	″	″	″	″	″	″	″	″	″	″	″	″	″	″	0,200
159	1	″	″	1	1	1	″	″	″	″	″	″	″	″	″	″	″	″	″	″	5
160	″	″	″	″	″	″	″	″	″	″	″	″	″	″	3	″	″	″	″	″	3
161	″	″	″	″	″	″	″	″	″	″	″	″	″	″	″	3	″	″	″	″	3
162	″	″	″	″	″	″	″	″	″	″	″	″	″	″	3	3	″	″	″	″	6
163	″	″	″	″	″	″	″	″	″	″	″	″	″	″	″	″	3	″	″	″	3
164	″	″	″	″	″	″	″	″	″	″	″	″	″	″	″	″	3	″	″	″	3
165	″	″	″	″	″	″	″	″	″	″	″	″	″	″	″	″	4	″	″	″	4
166	″	″	″	″	″	″	″	″	″	″	″	″	″	″	″	″	4	″	″	″	4
167	″	″	″	″	″	″	″	″	″	″	″	″	″	″	″	″	6	″	″	″	6
168	″	″	″	1/2	1	″	″	″	″	″	″	″	″	″	″	″	″	″	″	″	1 1/2
169	″	″	″	″	″	″	″	″	″	″	″	″	″	″	″	″	″	″	1	″	1
170	″	″	″	″	″	″	″	″	″	″	″	″	″	″	″	″	″	″	1	1	2
171	″	″	″	″	″	″	″	″	″	″	″	″	″	″	″	″	″	″	″	″	1
172	″	″	″	″	″	″	″	″	″	0,220	0,220	″	″	″	″	″	″	″	″	″	0,440
173	″	″	″	″	″	″	″	″	″	″	″	″	″	″	″	″	″	″	″	″	2
174	″	″	″	″	″	″	″	″	″	″	″	″	″	″	″	″	″	″	″	″	8
175	″	″	″	0,800	″	″	″	″	″	0,300	0,200	″	″	″	″	″	″	″	″	″	1,200
176	″	″	″	″	″	″	″	″	″	0,200	0,200	″	″	″	″	″	″	″	″	″	0,400
177	″	″	″	″	″	″	″	″	″	″	″	″	″	″	″	″	″	″	″	″	0,080
178	″	″	″	″	″	″	″	″	″	″	″	″	″	″	″	″	″	″	″	″	1,000
179	″	″	10	″	″	″	″	40	″	″	″	″	″	″	30	30	″	″	″	″	131
180	″	″	″	″	″	″	″	″	″	″	″	″	″	″	″	″	″	″	″	″	1
181	″	″	″	″	″	″	″	″	″	″	″	″	″	″	″	″	″	″	″	″	5
182	″	″	″	″	″	″	″	″	″	″	″	″	″	″	″	″	″	″	″	″	2
183	″	″	″	″	″	″	″	″	″	″	″	″	″	″	″	″	″	″	″	″	3
184	″	″	″	″	″	″	″	″	″	″	″	″	″	″	″	″	″	″	″	″	2
185	″	″	″	″	″	″	″	″	″	″	″	″	″	″	″	″	″	″	″	″	2
186	″	″	″	″	″	″	″	″	″	″	″	″	″	″	″	″	″	″	″	″	2
187	″	″	″	″	″	″	″	″	″	″	″	″	″	″	″	″	″	″	″	″	1
188	″	″	″	″	″	″	″	″	″	″	″	″	″	″	″	″	″	″	″	″	2
189	″	″	″	″	″	″	″	″	″	″	″	″	″	″	″	″	″	″	″	″	2
190	″	100	″	″	100	″	″	″	″	″	″	″	″	″	″	″	″	″	″	″	200
191	″	″	″	″	″	″	″	″	″	″	″	″	″	″	″	″	″	″	″	″	2
192	″	″	″	″	″	″	″	″	″	″	″	″	″	″	″	″	″	″	″	″	4
193	″	″	″	″	″	″	″	″	″	″	″	″	″	″	″	″	″	″	″	″	1
194	″	″	″	″	″	″	″	″	″	″	″	″	″	″	″	″	″	″	″	″	2
195	″	″	″	″	″	″	″	″	″	″	″	″	″	″	″	″	″	″	″	″	1
196	″	″	″	″	″	″	″	″	″	″	″	″	″	″	″	″	″	″	″	″	2
197	1	1	1	1	1	1	1	1	1	1	1	1	1	1	1	1	1	1	1	1	22
198	1	1	1	1	1	1	1	1	1	1	1	1	1	1	1	1	1	1	1	1	20
199	1	″	″	″	″	″	″	″	″	1	″	″	″	″	″	″	″	″	″	″	3
200	1	1	1	1	1	1	1	1	1	1	1	1	1	″	″	″	″	″	″	″	13

DÉNOMINATION ET CLASSIFICATION DES MATIÈRES ET OBJETS. — NOMENCLATURE DÉTAILLÉE.

Pour toutes les lignes ci-dessous (n° 201 à 252) :
- Par unité sommaire — Numéro et libellé : **11. Outillage, instruments et appareils divers.** (Suite.)
- Subdivision : **A. Objets pour le service de santé et campagne.** (Suite.)

Tableau 1 — Dénominations, unité, prix et répartition sommaire

Numéros	Dénominations	Unité réglementaire	Prix ministériel	Médicaments	Pansements	Havresac
201	Papier doublé en toile	Nombre.	48 85	»	»	»
202	Pansement complet n° 1	Idem.	0 05	»	»	»
203	Pansement complet n° 2	Idem.	0 05	»	»	»
204	Papier blanc, main	Idem.	0 35	»	»	»
205	Papier à états, main	Idem.	1 20	»	»	»
206	Permanganate de potasse	Kilogr.	8 35	»	»	»
207	Pharmacie modèle A	Nombre.	144 00	1	»	1
208	Pharmacie modèle B	Idem.	138 00	»	»	»
209	Pharmacie modèle B'	Idem.	280 00	»	»	»
210	Pharmacie modèle C	Idem.	230 00	»	»	»
211	Pharmacie modèle C'	Idem.	210 00	»	»	»
212	Pharmacie modèle D	Idem.	214 00	»	»	»
213	Pharmacie modèle D'	Idem.	248 00	»	»	»
214	Pharmacie modèle E	Idem.	105 00	»	»	»
215	Pharmacie modèle E'	Idem.	284 00	»	»	»
216	Pilules de Ricord, flacon de 60 c. c	Idem.	1 95	»	»	»
217	Plats ovales en fer battu	Idem.	1 95	»	»	»
218	Plateau ovalaire en fer battu	Idem.	3 80	»	»	»
219	Plateau réniforme en fer battu	Idem.	3 15	»	»	»
220	Plateau réniforme en ébonite	Idem.	4 85	»	»	»
221	Plumes métalliques, 1/2 boîte	Idem.	0 65	»	»	»
222	Poêle à frire	Idem.	1 95	»	»	»
223	Pointes	Kilogr.	3 15	»	»	»
224	Porte-plumes	Nombre.	0 15	»	»	»
225	Pot à tisane	Idem.	2 00	»	»	»
226	Poudre stérilisante, flacon	Idem.	2 05	»	»	»
227	Quinine (chlorhydrate), comprimés n° 5	Kilogr.	123 75	0,500	»	0,500
228	Quinine (carbonate), ampoules de n° 30	Nombre.	0 15	»	»	»
229	Raccord à échelle	Idem.	»	»	»	1
230	Récipient à alcool garni	Idem.	1 30	»	»	1
231	Réflecteur pour lavageoir	Idem.	11 00	»	»	»
232	Ruban de fil, paquet de 10 mètres	Idem.	0 10	»	10	»
233	Ruban métrique	Idem.	1 00	»	»	»
234	Sac en cuir pour pointes	Idem.	3 15	»	»	»
235	Sac en papier paraffiné pour médicaments	Idem.	0 05	»	»	»
236	Salicylate de soude, comprimés n° 50	Kilogr.	18 20	»	»	»
237	Savon de médecin	Nombre.	16 75	»	»	»
238	Saupoudreur grand modèle	Idem.	5 90	1	»	»
239	Saupoudreur petit modèle	Idem.	3 34	1	1	1
240	Saupoudreur en buis	Idem.	3 25	»	»	»
241	Savon au thymol	Idem.	0 35	»	»	»
242	Seau en toile	Idem.	4 20	»	»	»
243	Seau hygiénique	Idem.	24 15	»	»	»
244	Scie à main	Idem.	7 10	»	»	»
245	Seringue en ébonite, grand modèle	Idem.	4 50	2	»	»
246	Seringue en ébonite, petit modèle	Idem.	1 60	»	»	1
247	Seringue à hydrocèle	Idem.	10 35	»	»	»
248	Sérum antivenimeux	Idem.	5 15	»	»	»
249	Sérum antitétanique	Idem.	4 10	»	»	»
250	Serviette de toilette	Idem.	1 55	»	»	»
251	Siroléne liquide Prince	Idem.	2 00	»	»	»
252	Situation journalière	Le cent.	5 80	»	»	»

Tableau 2 — Nomenclature détaillée (Pastère)

Numéros	1	1 bis	2	2 bis	3	4	0	00	5	5 bis	5 ter	6	6 bis	7	7 bis	7 ter	8	8 bis	8 ter	0	TOTAL
201	»	»	»	»	»	»	1	1	»	»	1	»	»	»	»	1	1	1	»	1	7
202	»	»	»	32	»	10	»	»	20	20	»	»	»	»	»	»	»	»	»	»	82
203	»	»	»	20	»	12	»	»	10	10	»	»	»	»	»	»	»	»	»	»	52
204	1	1	1	»	»	»	»	»	»	»	»	»	»	»	»	»	»	»	»	3	6
205	»	»	»	»	»	»	»	»	»	»	»	»	»	»	»	»	»	»	»	1	1
206	»	»	»	»	»	»	»	»	»	»	»	0,250	0,250	»	»	»	»	»	»	»	0,500
207	»	»	»	»	»	»	»	»	»	»	»	»	»	»	»	»	»	»	»	»	2
208	»	1	»	»	1	»	»	»	»	»	»	»	»	»	»	»	»	»	»	»	2
209	»	1	»	»	1	»	»	»	»	»	»	»	»	»	»	»	»	»	»	»	2
210	»	»	1	»	»	»	»	»	»	»	»	»	»	»	»	»	»	»	»	»	1
211	»	»	1	»	»	»	»	»	»	»	»	»	»	»	»	»	»	»	»	»	1
212	»	»	»	»	»	»	»	»	1	1	»	»	»	»	»	»	»	»	»	»	2
213	»	»	»	»	»	»	»	»	1	1	»	»	»	»	»	»	»	»	»	»	2
214	»	»	»	»	»	»	»	»	»	»	»	»	»	1	1	»	»	»	»	»	2
215	»	»	»	»	»	»	»	»	»	»	»	»	»	1	1	»	»	»	»	»	2
216	»	»	»	»	»	»	»	»	300	300	»	»	»	»	»	»	»	»	»	»	600
217	»	»	»	»	»	»	»	»	»	»	»	»	»	»	»	»	3	»	»	»	3
218	1	1	»	»	»	»	»	»	»	»	»	»	»	1	»	1	»	»	»	»	4
219	1	»	»	»	1	1	»	»	»	»	»	»	»	»	»	1	»	»	»	»	4
220	»	»	2	»	»	»	»	»	»	»	»	»	»	»	»	»	»	»	»	»	2
221	1	1	1	»	»	»	»	»	1	1	»	»	»	»	»	»	»	»	»	1	6
222	»	»	»	»	»	»	»	»	»	»	»	»	»	»	»	»	1	»	»	»	1
223	»	»	»	»	»	»	»	»	1	»	»	»	»	»	»	»	»	»	»	»	1
224	2	2	2	»	»	»	»	»	2	2	»	»	»	»	»	»	»	»	»	3	13
225	1	1	»	»	1	1	»	»	»	»	»	»	»	1	»	»	1	»	»	»	6
226	»	»	»	»	»	4	»	»	»	»	»	»	»	»	»	»	»	»	»	»	4
227	»	1,250	»	»	1,250	»	»	»	1,250	1,250	8,000	1,250	1,250	»	»	»	»	»	»	»	16,500
228	»	144	»	216	144	»	»	»	252	252	»	144	144	»	»	»	»	»	»	»	1,296
229	1	»	1	»	1	»	»	»	»	»	»	»	»	1	»	1	»	»	»	»	6
230	1	»	»	1	1	»	»	»	»	»	»	»	»	»	»	»	»	»	»	»	5
231	»	»	»	»	»	»	»	»	»	»	»	»	»	»	»	»	»	3	»	»	3
232	»	»	50	»	»	»	»	»	»	»	»	»	»	»	»	»	»	»	»	»	60
233	»	»	1	»	»	»	»	»	»	»	»	»	»	»	»	»	»	»	»	»	1
234	»	»	»	»	1	»	»	»	»	»	»	»	»	»	»	»	»	»	»	»	1
235	»	34	»	»	34	»	»	»	32	32	»	27	27	»	»	»	»	»	»	»	188
236	»	»	»	»	»	»	»	»	0,050	0,050	»	»	»	»	»	»	»	»	»	»	0,100
237	»	»	»	»	»	»	»	»	»	»	»	»	»	»	1	»	2	»	»	»	3
238	1	1	»	2	»	»	»	»	»	»	»	»	»	»	»	»	»	»	»	»	4
239	»	»	»	»	»	»	»	»	»	»	»	»	»	»	»	»	»	»	»	»	3
240	»	»	»	»	»	»	»	»	»	»	»	»	»	1	1	»	»	»	»	»	2
241	4	2	5	»	»	2	»	»	»	2	»	»	»	»	»	»	»	»	»	10	22
242	»	»	»	»	»	»	»	»	»	»	»	»	»	»	»	»	»	3	»	»	3
243	»	»	»	»	»	»	»	»	»	»	»	»	»	»	»	»	»	»	1	»	1
244	»	»	»	»	»	1	»	»	»	»	»	»	»	»	»	»	»	»	»	»	2
245	2	1	1	1	1	»	»	»	»	»	»	»	»	»	»	»	»	»	»	»	6
246	2	1	1	1	1	»	»	»	»	»	»	»	»	1	»	»	»	»	»	»	8
247	»	»	»	»	»	»	»	»	»	»	»	»	»	»	1	»	»	»	»	»	1
248	»	2	»	2	»	2	»	»	»	»	»	»	»	2	»	»	»	»	»	»	8
249	2	1	2	1	»	2	»	»	»	»	»	2	2	»	»	»	»	»	»	»	6
250	»	1	2	1	»	2	»	»	»	2	2	2	2	2	2	2	»	»	»	»	23
251	»	1	»	1	1	»	»	»	»	»	»	»	»	»	»	»	»	»	»	»	2
252	»	»	»	»	»	»	»	»	»	»	»	»	»	»	»	»	»	»	»	100	100

DÉNOMINATION ET CLASSIFICATION DES MATIÈRES ET OBJETS.

Par unité sommaire : **11 — Outillage, instruments et appareils divers.** — *Subdivision :* **A — Objets pour le service de santé en campagne (Suite et fin.).**

Identité, unité, prix ministériel, musettes et totaux :

Nᵒˢ	Dénominations	Unité réglementaire	Prix ministériel (f. c.)	Médicaments	Pansements	Havresac	Totaux
253	Soie à ligatures	Nombre.	1 20	»	»	»	2
254	Soie plate nᵒˢ 1 et 2	Idem.	1 15	»	»	»	2
255	Soie ronde nᵒˢ 1 et 2	Idem.	0 95	»	»	»	2
256	Sublimé, comprimés of 50	Kilogr.	11 60	0,060	»	0,060	3,520
257	Sulfate de soude déshydraté, comprimés 3 grammes	Idem.	4 35	0,540	»	0,540	10,440
258	Sulfate de zinc	Idem.	1 05	»	»	»	0,240
259	Suspensoir en filet	Nombre.	0 40	»	»	»	20
260	Sparadrap diachylon 1ᵐ×0ᵐ10	Idem.	0 40	»	»	2	2
261	Sparadrap diachylon 1ᵐ×0ᵐ20	Idem.	0 40	»	»	»	2
262	Tablier de médecin	Idem.	3 85	»	»	»	19
263	Tablier d'infirmier	Idem.	3 85	»	»	»	6
264	Tenailles de menuisier	Idem.	2 60	»	»	»	1
265	Thermomètre médical	Idem.	2 60	»	»	1	9
266	Thymol, comprimés of 50	Kilogr.	57 90	»	»	»	0,160
267	Tiers-point	Nombre.	1 00	»	»	»	1
268	Timbale	Idem.	1 00	»	»	»	22
269	Taenifuge Duhoureau	Idem.	3 05	»	»	»	8
270	Toile imperméable pour alèzes (mètre)	Idem.	4 58	»	»	»	2
271	Toile à pansements boriquée	Idem.	4 85	»	»	»	32
272	Torchons	Idem.	1 13	»	»	»	2
273	Tire-bouchons	Idem.	0 35	»	»	»	1
274	Tournevis	Idem.	1 95	»	»	»	3
275	Trépied pliant	Idem.	4 55	»	»	»	2
276	Trousse d'infirmier	Idem.	24 10	»	1	1	6
277	Tube en caoutchouc avec robinet	Idem.	5 80	»	»	»	22
278	Tube en verre dans un étui en bois	Idem.	0 40	»	»	»	2
279	Urinoir	Idem.	3 55	»	»	»	2
280	Vaseline blanche	Kilogr.	2 85	0,075	»	0,075	0,910
281	Ventouses en verre	Nombre.	0 40	»	»	»	6
282	Vésicatoire liquide Primon (flacon)	Idem.	5 80	»	»	»	2
283	Vis assorties	Kilogr.	7 75	»	»	»	0,250
284	Vrilles	Nombre.	1 30	»	»	»	6
	Prix ministériels des musettes, havresacs et paniers			150ᶠ	85ᶠ	335ᶠ	

Nomenclature détaillée — paniers (colonnes 1 à 9) :

Nᵒˢ	1	1 bis	2	2 bis	3	4	0	00	5	5 bis	5 ter	6	6 bis	7	7 bis	7 ter	8	8 bis	8 ter	9
253	»	»	»	»	»	»	»	»	»	»	»	»	»	2	»	»	»	»	»	»
254	»	»	»	2	»	»	»	»	»	»	»	»	»	»	»	»	»	»	»	»
255	»	»	»	2	»	»	»	»	»	»	»	»	»	»	»	»	»	»	»	»
256	»	0,200	»	1,200	0,200	»	»	»	»	»	»	0,900	0,900	»	»	»	»	»	»	»
257	»	1,800	»	»	1,800	»	»	»	1,080	1,080	»	1,800	1,800	»	»	»	»	»	»	»
258	»	»	»	»	»	»	»	»	»	»	»	0,120	0,120	»	»	»	»	»	»	»
259	4	2	2	2	5	5	»	»	»	»	»	»	»	»	»	»	»	»	»	»
260	»	»	»	»	»	»	»	»	»	»	»	»	»	»	»	»	»	»	»	»
261	»	»	1	»	»	1	»	»	»	»	»	»	»	»	»	»	»	»	»	»
262	2	1	2	1	1	2	»	»	1	1	2	1	1	2	2	»	»	»	»	»
263	»	»	»	»	»	»	»	»	1	1	»	1	1	1	1	»	»	»	»	»
264	»	»	»	»	»	»	1	»	»	»	»	»	»	»	»	»	»	»	»	»
265	2	1	1	1	1	»	»	»	1	1	»	»	»	»	»	»	»	»	»	»
266	»	0,080	»	»	0,080	»	»	»	»	»	»	»	»	»	»	»	»	»	»	»
267	»	»	»	»	»	»	1	»	»	»	»	»	»	»	»	»	»	»	»	»
268	»	»	»	»	»	»	»	»	»	»	»	»	»	»	»	»	12	10	»	»
269	»	»	»	»	»	»	»	»	4	4	»	»	»	»	»	»	»	»	»	»
270	»	»	»	»	»	»	»	»	»	»	»	»	»	1	1	»	»	»	»	»
271	2	1/2	2	»	1/2	1	»	»	»	2	2	2	2	2	2	»	»	»	»	18
272	»	»	»	»	»	»	»	»	»	»	»	»	»	»	»	»	»	2	»	»
273	»	»	»	»	»	»	»	»	»	»	»	1	»	»	»	»	»	»	»	»
274	»	»	»	»	»	»	»	»	»	»	»	»	»	»	»	»	»	»	3	»
275	»	»	»	»	»	»	»	»	»	»	»	»	»	»	»	»	»	2	»	»
276	1	1	1	»	»	1	»	»	»	»	»	»	»	»	»	»	»	»	»	»
277	»	7	»	»	7	»	»	»	4	4	»	»	»	»	»	»	»	»	»	»
278	»	»	»	»	»	»	»	»	»	»	»	1	»	»	»	»	»	»	»	»
279	»	»	»	»	»	»	»	»	»	»	»	»	»	»	»	»	»	»	»	»
280	»	0,180	»	0,400	0,180	»	»	»	»	»	»	»	»	»	»	»	»	»	»	»
281	»	»	»	»	»	»	»	»	»	»	»	3	3	»	»	»	»	»	»	»
282	»	»	»	»	1	»	»	»	»	»	»	»	»	1	»	»	»	»	»	»
283	»	»	»	»	»	»	0,250	»	»	»	»	»	»	»	»	»	»	»	»	»
284	»	»	»	»	»	»	»	3	3	3	»	»	»	»	»	»	»	»	»	»
Prix min. des paniers	335ᶠ	650ᶠ	357ᶠ	635ᶠ	617ᶠ	315ᶠ	325ᶠ	70ᶠ	500ᶠ	500ᶠ	1,100ᶠ	515ᶠ	515ᶠ	410ᶠ	300ᶠ	253ᶠ	195ᶠ	183ᶠ	245ᶠ	280ᶠ

DÉNOMINATION ET CLASSIFICATION DES MATIÈRES EN OBJETS.				ESPÈCE des UNITÉS.	QUANTITÉS entrant dans la composition de la caisse.	OBSERVA-TIONS.
PAR UNITÉ SOMMAIRE.		PAR SUBDIVISION.				
Numéro et libellé.	Subdivision.	Nu-méros.	Dénomination.			

CAISSE N° 1.

**Caisse de chirurgie pour ambulance perma-
nente au-dessus de 50 lits ou pour hôpitaux
secondaires.**

Numéro et libellé	Subdivision	Numéros	Dénomination	Espèce	Quantités	Observations
			1° Instruments pour usages généraux.			
		11.B. 90	Brosse pour antisepsie............................	Nombre.	1	
		– 527	Rasoir à pansement..............................	Idem.	1	
		– 187	Ciseaux forts, droits, pour vêtements	Idem.	1	
		– 655	Thermomètre de clinique à maxima, étui en métal nickelé	Idem.	1	
		– 606	Sonde cannelée, forte, en acier nickelé...............	Idem.	2	
		– 637	Stylet cannelé, en acier nickelé....................	Idem.	2	
		– 249	Cuir à rasoir, avec pierre et bâton de pâte............	Idem.	1	
		– 474	Pince hémostatique à mors ordinaires droite longuette, pince clamps................................	Idem.	3	
			2° Instruments pour anesthésie.			
		– 402	Masque à chloroforme...........................	Idem.	1	
		– 437	Pince à érignes pour fixer la langue................	Idem.	1	
			3° Instruments pour l'hémostase.			
11		– 49	Appareil hémostatique de Lhomme..................	Idem.	1	
Outil-lage, instru-ments et appareils divers.	**A** OBJETS POUR LE SERVICE DE SANTÉ EN CAMPAGNE.	– 647	Ténaculum à manche fixe.........................	Idem.	1	
		– 5	Aiguille de Cooper, à manche fixe..................	Idem.	1	
		– 481	Pince hémostatique droite, à mors plats, ordinaire, pince clamps.......................................	Idem.	12	
		– 479	Pince hémostatique droite, à mors plats, longue, pince clamps......................................	Idem.	6	
		– 468	Pince hémostatique à griffes, de Kocher, de 12 centi-mètres....................................	Idem.	4	
		– 447	Pince à torsion et à verrou.......................	Idem.	2	
		– 587	Soie plate tressée, à ligature, bichlorurée, enroulée sur plaques en verre, par lon-gueur de 10 mètres.............. { très fine	Plaque.	1	
		– 588	fine........	Idem.	2	
		– 589	moyenne...	Idem.	2	
		– 590	grosse	Idem.	1	
			4° Instruments pour sutures.			
		– 15	Aiguille à suture de Hagedorn, demi-courbe.	Nombre.	12	
		– 16	Aiguille à suture de Hagedorn, très courbe...........	Idem.	12	
		– 14	Aiguille à suture de Hagedorn, droite................	Idem.	12	
		– 490	Pince porte-aiguille, grand modèle, pour aiguilles de Ha-gedorn, à cran d'arrêt.......................	Idem.	1	
		– 17	Aiguille de Péan, demi-courbe, pour abdomen	Idem.	1	
		– 24	Aiguille à suture hollandaise de Moy, droite...........	Idem.	1	
		– 435	Pince à dissection forte..........................	Idem.	1	
		– 433	Pince à dents de souris, forte	Idem.	1	

DÉNOMINATION ET CLASSIFICATION DES MATIÈRES ET OBJETS.				ESPÈCE des UNITÉS.	QUANTITÉS entrant dans la composition de la caisse.	OBSERVATIONS.
PAR UNITÉ SOMMAIRE.		PAR SUBDIVISION.				
Numéro et libellé.	Subdivision.	Numéros.	Dénominations.			
		11.B.591	Soie ronde pour suture, bichlorurée, enroulée sur plaques en verre par longueur de 10 mètres — très fine	Plaque.	1	
		— 592	fine	Idem.	2	
		— 593	moyenne	Idem.	2	
		— 594	grosse	Idem.	2	
		11.K. 1	Catgut en tube de Répin (n°s 1 et 3)	Tube.	6	
		11.B.331	Fil d'argent de 0^{mm},5 (rouleau de 2^m,50)	Rouleau.	2	
		— 112	Boîte en métal nickelé pour aiguilles à suture	Nombre.	1	
			5° Instruments pour injections.			
		— 559	Seringue à injection hypodermique de 1 centimètre cube.	Idem.	1	
		— 582	Seringue de Roux de 20 centimètres cubes	Idem.	1	
		— 584	Seringue de 50 centimètres cubes pour sérum artificiel.	Idem.	1	
		— 85	Bouchons de liège	Les six.	6	
11 Outillage, instruments et appareils divers.	A OBJETS POUR LE SERVICE DE SANTÉ EN CAMPAGNE. (Suite.)	— 375	Housse en peau à fermoir pour la seringue de 1 c. c.	Nombre.	1	
			6° Instruments pour corps étrangers.			
		— 497	Pince tire-balle à crémaillère, à triple dent	Idem.	1	
			7° Instruments pour amputations et résections.			
		— 232	Couteaux pour amputations à lame fixe — grande, 20 c/m 5	Idem.	1	
		— 233	moyenne, 16 c/m	Idem.	1	
		— 234	petite, 11 c/m 5	Idem.	1	
		— 69	Bistouris manche métal à lame fixe — pointue large	Idem.	2	
		— 65	convexe	Idem.	2	
		— 64	boutonnée	Idem.	1	
		— 72	à résection de Farabeuf, pointe au milieu	Idem.	1	
		— 239	Couteau de Marcellin Duval (petit)	Idem.	1	
		— 197	Ciseaux droits ordinaires, grands	Idem.	2	
		— 196	Ciseaux courbes sur le plat, grands	Idem.	2	
		— 304	Écarteurs doubles de Farabeuf	Paire.	1	
		— 259	Curette de Wolkmann n° 1	Nombre.	1	
		— 258	Curette de Wolkmann, n° 3	Idem.	1	
		— 552	Scie à chaîne	Idem.	1	
		— 601	Sonde de Blandin démontante avec 2 forets pour sutures osseuses	Idem.	1	
		— 551	Scie à amputation et résection à lame tournante	Idem.	1	
		— 381	Lame de rechange pour la scie, feuillet pour amputation.	Idem.	3	
		— 381	Lame de rechange pour la scie, feuillet pour résection.	Idem.	3	
		— 286	Davier à résection de Farabeuf (articulation double)	Idem.	1	
		— 541	Rugine courbe	Idem.	1	
		— 544	Rugine détache-tendon d'Ollier	Idem.	1	
		— 661	Trépan à cliquet avec perforateur et fraises de Doyen	Idem.	1	
		— 400	Maillet en plomb enveloppé de maillechort	Idem.	1	
		— 178	Ciseau-burin ordinaire de 13^{m/m} de largeur	Idem.	1	
		366	Gouge à manche de Legouest	Idem.	1	
		— 170	Cisaille à tranchant unique, courbe	Idem.	1	
		— 113	Boîte en métal nickelé pour contenir les couteaux, bistouris, rugines et curettes	Idem.	1	
		— 127	Boîte métallique pour contenir les fraises du trépan de Doyen	Idem.	1	

DÉNOMINATION ET CLASSIFICATION DES MATIÈRES ET OBJETS.				ESPÈCE des UNITÉS.	QUANTITÉS entrant dans la composition de la caisse.	OBSERVA-TIONS.
PAR UNITÉ SOMMAIRE.		PAR SUBDIVISION.				
Numéro et libellé.	Subdivision.	Nu-méros.	Dénominations.			
			8° Instruments pour les yeux.			
		11.B.529	Releveur des paupières, en argent.................	Nombre.	2	
		— 83	Blépharostat à vis de pression en argent : angle externe..	Idem.	1	
		— 40	Aiguille pour corps étranger dè la cornée............	Idem.	1	
		— 227	Couteau de Graefe à cataracte, étroit................	Idem.	2	
		— 378	Kystitome à tige flexible et à curette, en argent........	Idem.	1	
		— 439	Pince à fixer le globe de l'œil.....................	Idem.	1	
		— 205	Ciseaux à iridectomie, courbes sur le plat............	Idem.	1	
		— 440	Pince à iridectomie courbe......................	Idem.	1	
		— 436	Pince à épiler les cils.........................	Idem.	1	
		— 235	Couteau de Weber, boutonné, demi-courbe, pour les con-duits lacrymaux......................	Idem.	1	
		— 639	Stylet conique de Weber pour dilater les points lacrymaux	Idem.	1	
		— 640	Stylet double cylindrique de Bowmann (série de 3).....	Série.	1	
		— 416	Ophtalmoscope de Follin en boîte.................	Nombre.	1	
		— 202	Ciseaux pour énucléation.......................	Idem.	1	
11 Outil-lage, instru-ments et appareils divers.	A OBJETS POUR LE SERVICE DE SANTÉ EN CAMPAGNE. (Suite.)	— 157	Canule en argent, d'Anel, pouvant s'adapter sur la seringue de Roux (droite et coudée à angle droit)............	Idem.	2	
		114	Boîte en métal nickelé pour contenir les instruments pour les yeux........................	Idem.	1	
			9° Instruments pour le nez.			
		— 454	Pince à polypes de Duplay courbe...............	Idem.	1	
		— 627	Speculum nasi de Duplay......................	Idem.	1	
			10° Instruments pour les oreilles.			
		— 630	Speculum de Toynbee (série de 3) en argent..........	Série.	1	
		— 618	Sonde d'Itard en argent, n° 3...................	Nombre.	1	
		— 509	Poire pour insufflation de Politzer avec tube en caout-chouc, olive et canule conique..................	Idem.	1	
		— 431	Pince articulée pour corps étrangers, mors à curette....	Idem.	1	
			11° Instruments pour la bouche et les dents.			
		— 1	Abaisse-langue pliant en métal nickelé.............	Idem.	1	
		— 600	Sonde à manche............................	Idem.	1	
		— 292	Déchaussoir...............................	Idem.	1	
		— 320	Excavateurs courbes (série de 12)................	Série.	1	
		— 291	Davier droit français.........................	Nombre.	1	
		— 290	Davier 1/2 courbe fin pour racines................	Idem.	1	
		— 282	Davier anglais pour molaires supérieures droites.......	Idem.	1	
		— 283	Davier anglais pour molaires supérieures gauches......	Idem.	1	
		— 281	Davier anglais pour molaires inférieures............	Idem.	1	
		— 392	Lime double plate...........................	Idem.	1	
		— 355	Fraises (série de 12).........................	Idem.	2	
		— 372	Gutta-percha en petits cylindres pour obturer les dents..	Série.	1	
		— 212	Clef de Garengeot avec quatre crochets pour adulte.....	Cylindre.	3	
		— 213	Clef de Garengeot avec quatre crochets pour enfant.....	Nombre.	1	
		— 442	Pince de Laborde pour tractions continues de la langue.	Idem.	1	

DÉNOMINATION ET CLASSIFICATION DES MATIÈRES ET OBJETS.				ESPÈCE des UNITÉS.	QUANTITÉS entrant dans la composition de la caisse.	OBSERVATIONS.
PAR UNITÉ SOMMAIRE.		**PAR SUBDIVISION.**				
Numéro et libellé.	Subdivision.	Numéros.	Dénominations.			
			12° Instruments pour l'œsophage.			
		11.B.245	Crochet de Graefe......................	Nombre.	1	
			13° Instruments pour la trachée.			
		— 151	Canule en argent à trachéotomie, double, pour adulte, n° 6............................	Idem.	1	
		— 147	Canule en argent à trachéotomie, double, pour enfant, n° 2............................	Idem.	1	
		— 294	Dilatateur de Laborde.....................	Idem.	1	
			14° Instruments pour la cure des hernies.			
		— 66	Bistouri courbe de Cooper à manche fixe............	Idem.	1	
		— 64	Bistouri boutonné à manche fixe.................	Idem.	1	
			15° Instruments pour les voies urinaires.			
		11.C. 10	Bougie conique (fabrication Rondeau), n°^{s} 7, 9, 11.....	Idem.	3	
		— 3	Bougie olivaire (fabrication Rondeau), n°^{s} 3, 5, 7......	Idem.	3	
11	**A**	— 26	Sonde en gomme (fabrication Rondeau), n°^{s} 7, 9, 11, 13, 15, 17.........................	Idem.	6	
Outillage, instruments et appareils divers.	**OBJETS POUR LE SERVICE DE SANTÉ EN CAMPAGNE.** (Suite.)	— 30	Sonde en gomme à béquille (fabrication Rondeau), n°^{s} 20, 24............................	Idem.	2	
		— 75	Sonde en caoutchouc de Nélaton, n°^{s} 17, 19, 21 (fabrication Rondeau)...................	Idem.	3	
		11.B.090	Tube en verre avec bouchon en caoutchouc pour sondes et bougies........................	Idem.	1	
		— 597	Sonde exploratrice de Guyon, avec série de bouts olivaires en métal........................	Idem.	1	
		— 610	Sonde en argent pour homme, n° 14..............	Idem.	1	
		— 609	Sonde en argent pour femme..................	Idem.	1	
		— 619	Sonde en argent pour enfant..................	Idem.	1	
		— 691	Uréthrotome de Maisonneuve coupant sur la concavité...	Idem.	1	
		— 573	Seringue à instillation de Guyon................	Idem.	1	
			16° Instruments pour fistule à l'anus.			
		— 604	Sonde cannelée à stylet en argent...............	Idem.	1	
		— 365	Gorgeret en ébène.......................	Idem.	1	
			17° Instruments pour les accouchements.			
		— 348	Forceps de Pajot pour le détroit supérieur...........	Idem.	1	
		— 188	Ciseaux embryotomes de Pinard................	Idem.	1	
			18° Instruments pour la chirurgie utérine.			
		— 427	Pince à deux griffes de Doléris................	Idem.	1	
		— 479	Pince hémostatique à mors plats, droite, longue.......	Idem.	6	
		— 626	Spéculum de Cusco.......................	Idem.	1	
		— 620	Sonde utérine flexible de Sims pour hystérométrie......	Idem.	1	
		— 261	Curette double de Pozzi....................	Idem.	1	
		— 617	Sonde en métal nickelé à double courant de Budin......	Idem.	1	
		— 521	Porte-coton intra-utérin....................	Idem.	1	

DÉNOMINATION ET CLASSIFICATION DES MATIÈRES ET OBJETS.				ESPÈCE des UNITÉS.	QUANTITÉS entrant dans la composition de la caisse.	OBSERVATIONS.
PAR UNITÉ SOMMAIRE.		**PAR SUBDIVISION.**				
Numéro et libellé.	Subdivision.	Numéros.	Dénominations.			
		11.B. 708	Vide-bouteille de Budin avec tube en caoutchouc.......	Nombre.	1	
		— 55	Canule vaginale métallique d'Auvard.................	Idem.	1	
		— 473	Pince hémostatique longue à mors ordinaires droits, pince clamps	Idem.	1	
		— 295	Dilatateur utérin trivalve de Scanzoni...............	Idem.	1	
		— 656	Tiges de laminaria en tubes de verre................	Tube.	10	
		— 492	Pince pour l'introduction des tiges de laminaria........	Nombre.	1	
			19° Instruments pour les opérations générales.			
		— 47	Aphyso-cautère de Déchery......................	Idem.	1	
		— 55	Aspirateur de Potain	Idem.	1	
		— 669	Série de 4 trocarts à emboîtement avec manche métallique	Série.	1	
		— 421	Peau pour nettoyer les instruments	Nombre.	1	
		— 130	Caisse n° 1 métal nickelé et glaces pour contenir les instruments................................	Idem.	1	
		— 131	Caisse en chêne ciré avec 2 poignées, devant fermant à glissière, pour contenir cette armoire.............	Idem.	1	

CAISSE N° 2.

Caisse pour ambulance de campagne.

11 Outillage, instruments et appareils divers.	A OBJETS POUR LE SERVICE DE SANTÉ EN CAMPAGNE. (Suite.)		*1° Instruments pour usages généraux.*			
		11.B. 99	Brosse pour antisepsie...........................	Idem.	1	
		— 527	Rasoir à pansement.............................	Idem.	1	
		— 187	Ciseaux forts droits pour vêtements.................	Idem.	1	
		— 606	Sonde cannelée forte en acier nickelé...............	Idem.	1	
		— 637	Stylet cannelé en acier nickelé....................	Idem.	1	
		— 655	Thermomètre à maxima avec étui métal nickelé........	Idem.	1	
		— 474	Pince hémostatique à mors ordinaires, droite-longuette, pince clamps.................................	Idem.	1	
		— 249	Cuir à rasoir avec pierre et bâton de pâte............	Idem.	1	
			2° Instruments pour l'anesthésie.			
		— 402	Masque à chloroforme..........................	Idem.	1	
		— 437	Pince tire-langue à érignes	Idem.	1	
			3° Instruments pour l'hémostase.			
		— 49	Appareil hémostatique de Lhomme..................	Idem.	1	
		— 647	Ténaculum à manche fixe........................	Idem.	1	
		— 5	Aiguille de Cooper à manche fixe..................	Idem.	1	
		— 481	Pince hémostatique droite, à mors plats, ordinaire, pince clamps	Idem.	12	
		— 479	Pince hémostatique droite, à mors plats, longue, pince clamps...................................	Idem.	6	
		— 468	Pince hémostatique à griffes, de Kocher, de 0^m 12.....	Idem.	4	
		— 447	Pince à torsion et à verrou.......................	Idem.	2	

DÉNOMINATION ET CLASSIFICATION DES MATIÈRES ET OBJETS.				ESPÈCE des UNITÉS.	QUANTITÉS entrant dans la composition de la caisse.	OBSERVATIONS.
PAR UNITÉ SOMMAIRE.		PAR SUBDIVISION.				
Numéro et libellé.	Subdivision.	Numéros.	Dénominations.			
			4° Instruments pour sutures.			
		11.B. 15	Aiguille de Hagedorn demi-courbe..................	Nombre.	12	
		– 16	Aiguille de Hagedorn très courbe...................	*Idem.*	12	
		– 14	Aiguille de Hagedorn droite.......................	*Idem.*	12	
		– 112	Boîte en métal pour aiguilles de Hagedorn..........	*Idem.*	1	
		– 490	Pince porte-aiguilles pour aiguille de Hagedorn, à cran d'arrêt, grand modèle....................	*Idem.*	1	
		– 17	Aiguille de Péan demi-courbe pour l'abdomen........	*Idem.*	1	
		– 24	Aiguille à sutures droite, de Moy..................	*Idem.*	1	
		– 435	Pince à dissection forte..........................	*Idem.*	1	
		– 433	Pince à dents de souris, forte....................	*Idem.*	1	
		– 591	Soie plate, tressée, bichlorurée, enroulée { très fine....	Plaque.	1	
		– 593	sur plaque de verre, par longueur de { moyenne...	*Idem.*	2	
		– 594	10 mètres...................{ grosse	*Idem.*	2	
		11.K. 5	Crin de Florence de Répin (tubes de 25 crins)........	Tube.	2	
		– 2	Catgut de Répin n°s 1 et 3........................	*Idem.*	2	
		11.B. 331	Fil d'argent de 0^m/^{m}5 (rouleau de 2^{m}50)............	Rouleau.	2	
		– 335	Fil d'argent câblé fin............................	*Idem.*	1	
		– 336	Fil d'argent câblé moyen.........................	*Idem.*	1	
			5° Instruments pour injections.			
11 Outillage, instruments et appareils divers.	**A** OBJETS POUR LE SERVICE DE SANTÉ EN CAMPAGNE. (Suite.)	– 559	Seringue à injection de 1 centimètre cube............	Nombre.	1	
		– 375	Housse en peau pour la seringue de 1 c. c...........	*Idem.*	1	
		– 85	Bouchons de liège...............................	Les six.	6	
		– 582	Seringue de Roux de 20 centimètres cubes...........	Nombre.	1	
			6° Instruments pour ponctions.			
		– 669	Série de quatre trocarts à emboîtement avec manche métallique..................................	Série.	1	
			7° Instruments pour corps étrangers.			
		– 497	Pince tire-balle............................. ...	Nombre.	1	
		– 245	Crochet de Graefe...............................	*Idem.*	1	
			8° Instruments pour amputations et résections.			
		– 232	Couteaux pour amputations.... { grand, 0^{m}205........	*Idem.*	1	
		– 233	{ moyen, 0^{m}16........	*Idem.*	1	
		– 234	{ petit, 0^{m}115........	*Idem.*	1	
		– 239	Couteau de Marcellin Duval	*Idem.*	1	
		– 69	Bistouris manche métal à lame fixe { pointue large..............	*Idem.*	2	
		– 65	{ convexe	*Idem.*	2	
		– 64	{ boutonnée....................	*Idem.*	1	
		– 72	{ à résection de Farabeuf, pointe au milieu	*Idem.*	1	
		– 197	Ciseaux droits ordinaires grands	*Idem.*	2	
		– 196	Ciseaux courbes ordinaires grands	*Idem.*	2	
		– 259	Curette de Wolkmann n° 1......................	*Idem.*	1	
		– 258	Curette de Wolkmann n° 3......................	*Idem.*	1	
		– 552	Scie à chaîne..................................	*Idem.*	1	

DÉNOMINATION ET CLASSIFICATION DES MATIÈRES ET OBJETS.				ESPÈCE des UNITÉS.	QUANTITÉS entrant dans la composition de la caisse.	OBSERVA-TIONS.
PAR UNITÉ SOMMAIRE.		PAR SUBDIVISION.				
Numéro et libellé.	Subdivision.	Numéros.	Dénominations.			
		11.B.601	Sonde à résection de Blandin démontante............	Nombre.	1	
		– 551	Scie à amputation et résection à lame tournante........	Idem.	1	
		– 381	Lame pour la scie à amputation et résection, feuillet pour amputation............................	Idem.	2	
		– 381	Lame pour la scie à amputation et résection, feuillet pour résection............................	Idem.	2	
		– 286	Davier à résection de Farabeuf (articulation double)	Idem.	1	
		– 541	Rugine courbe à manche........................	Idem.	1	
		– 544	Détache-tendon d'Ollier (rugine)..................	Idem.	1	
		– 661	Trépan à cliquet, avec perforateur et fraises de Doyen ...	Idem.	1	
		– 400	Maillet en plomb enveloppé de maillechort...........	Idem.	1	
		– 178	Ciseau-burin ordinaire de $0^m,013$ de largeur..........	Idem.	1	
		– 366	Gouge à manche de Legouest....,................	Idem.	1	
11 Outillage, instruments et appareils divers.	A Objets POUR LE SERVICE DE SANTÉ EN CAMPAGNE. (Suite.)	– 170	Cisaille à tranchant unique courbe.................	Idem.	1	
			9° Instruments pour les yeux.			
		– 83	Blépharostat ordinaire en argent, angle externe.........	Idem.	1	
		– 227	Couteau de Graefe étroit.........................	Idem.	1	
		– 378	Kystitome avec curette en argent à tige flexible	Idem.	1	
		– 439	Pince à fixation du globe oculaire..................	Idem.	1	
		– 441	Pince à iridectomie droite........................	Idem.	1	
		– 260	Ciseaux à iridectomie droits......................	Idem.	1	
		– 416	Ophtalmoscope de Follin.........................	Idem.	1	
		– 115	Boîte en métal pour contenir ces instruments, l'ophtalmoscope excepté............................	Idem.	1	
			10° Instruments pour les dents.			
		– 212	Clef de Garengeot avec 4 crochets pour adulte.........	Idem.	1	
		– 291	Davier droit français..........................	Idem.	1	
		– 289	Davier courbe sur le plat, français.................	Idem.	1	
			11° Instruments pour les voies urinaires.			
		– 610	Sonde en argent pour homme n° 14.................	Idem.	1	
		11.C.75	Sondes de Nélaton, nᵒˢ 19 et 21..................	Idem.	2	
		– 26	Sondes en gomme, fabrication Rondeau, nᵒˢ 4, 6, 8, 10, 12, 14..........................	Idem.	6	
		– 2, 10	Bougies coniques, fabrication Rondeau, nᵒˢ 3, 4, 6, 8, 10, 12..........................	Idem.	6	
		11.B.690	Tube de verre avec bouchon en caoutchouc pour les bougies..........................	Idem.	1	
			12° Cautérisation.			
		– 654	Thermo-cautère de trousse.	Idem.	1	
		– 421	Peau pour nettoyer les instruments	Idem.	1	
		– 133	Caisse pour contenir ces instruments composée de plateaux en noyer découpé, renfermés dans une boîte en métal nickelée, à poignées. — Vide, sans la housse,....	Idem.	1	
		– 373	Housse en cuir fort pour la caisse n° 2..............	Idem.	1	

Numéro et libellé.	Subdivision.	Numéros.	Dénominations.	ESPÈCE des UNITÉS.	QUANTITÉS entrant dans la composition de la caisse.	OBSERVATIONS.
			CAISSE N° 3.			
			Caisse pour service régimentaire et postes médicaux.			
		11.B. 655	Thermomètre à maxima avec étui métallique..........	Nombre.	1	
		— 527	Rasoir à pansement..............................	Idem.	1	
		— 190	Ciseaux coudés de Vézien.........................	Idem.	1	
		— 60	Bande hémostatique (modèle de la Guerre) grande......	Idem.	1	
		— 5	Aiguille à ligature de Cooper......................	Idem.	1	
		— 606	Sonde cannelée en acier..........................	Idem.	1	
		— 637	Stylet cannelé en acier...........................	Idem.	1	
		— 199	Ciseaux droits ordinaires moyens...................	Idem.	1	
		— 587	Soie plate tressée, bichlorurée, enroulée sur plaque de verre, par longueur de 10 mètres.................. — Très fine...	Plaque.	1	
		— 589	— Moyenne....	Idem.	2	
		— 590	— Grosse.....	Idem.	2	
		— 591	Soie ronde, bichlorurée, enroulée sur plaque de verre, par longueur de 10 mètres................. — Très fine ...	Idem.	1	
		— 593	— Moyenne....	Idem.	2	
		— 594	— Grosse.....	Idem.	2	
		— 331	Fil d'argent de $0^{m}/^{m}5$ (rouleau de $2^{m}5o$).............	Rouleau.	4	
11 Outillage, instruments et appareils divers.	A Objets POUR LE SERVICE DE SANTÉ EN CAMPAGNE. (Suite.)	— 474	Pince hémostatique, à mors ordinaires, droite, longuette.	Nombre.	6	
		— 475	Pince hémostatique, à mors ordinaires, droite, ordinaire, pince clamps....................................	Idem.	4	
		— 468	Pince hémostatique de Kocher, à griffes, de $0^{m}12$, pince clamps....................................	Idem.	2	
		— 447	Pince à torsion et à verrou........................	Idem.	1	
		— 19	Aiguille de Reverdin, demi-courbe..................	Idem.	1	
		— 14, 15, 16	Aiguilles à sutures, assorties, de Hagedorn............	Idem.	12	
		— 112	Boîte en métal pour aiguilles......................	Idem.	1	
		— 317	Épingles à suture................................	Idem.	50	
		— 490	Pince porte-aiguilles grand modèle, à cran d'arrêt, pour aiguilles de Hagedorn..........................	Idem.	1	
		— 67	Bistouri à manche fixe : droit, de Chassaignac.........	Idem.	2	
		— 65	Bistouri à manche fixe : convexe....................	Idem.	2	
		— 233	Couteau à amputation moyen, de $0^{m}16$..............	Idem.	1	
		— 239	Couteau de Marcellin Duval.......................	Idem.	1	
		— 551	Scie à amputation et résection à lame tournante........	Idem.	1	
		— 381	Lame de rechange pour la scie : feuillet pour amputation	Idem.	2	
		— 381	Lame de rechange pour la scie : feuillet pour résection..	Idem.	1	
		— 676	Tubes à drainage assortis (par longueur de $0^{m}5o$)......	Idem.	5	
		— 151	Canule à trachéotomie de Krishaber pour adulte, n° 6....	Idem.	1	
		— 212	Clef de Garengeot pour adulte......................	Idem.	1	
		— 280	Davier anglais pour incisives et canines supérieures......	Idem.	1	
		— 497	Pince tire-balles.................................	Idem.	1	
		11.C. 75	Sondes de Nélaton : n°s 12, 16, 19, 21, fabrication Rondeau.....................................	Idem.	4	
		— 26	Sondes en gomme coniques, n°s 9, 11, 13, 15, 18, fabrication Rondeau..............................	Idem.	5	
		11.B. 690	Tube en verre avec bouchon en caoutchouc pour les sondes.....................................	Idem.	1	
		— 669	Série de 4 trocarts à emboîtement avec manche métallique.	Série.	1	
		— 559	Seringue à injection de 1 centimètre cube.............	Nombre.	1	

| DÉNOMINATION ET CLASSIFICATION DES MATIÈRES ET OBJETS. | | | | ESPÈCE des UNITÉS. | QUANTITÉS entrant dans la composition de la caisse. | OBSERVA-TIONS. |
| PAR UNITÉ SOMMAIRE. | | PAR SUBDIVISION. | | | | |
Numéro et libellé.	Subdivision.	Numéros.	Dénominations.			
		11.B.375	Housse en peau pour la seringue de 1 c. c.............	Nombre.	1	
		— 85	Bouchons en liège......................	Les six.	6	
		— 584	Seringue pour injection de sérum artificiel de 50 centimètres cubes........................	Nombre.	1	
		10.I. 2	Chloroforme anesthésique Dumouthiers..............	1/2 tube.	2	
		11.B.345	Flacon de 50 grammes, en verre, clissé en osier, pour contenir la solution de chlorhydrate de quinine à 1/10.	Nombre.	1	
		— 215	Comprimés pour injections médicamenteuses (en tube de verre) de chlorhydrate de cocaïne (comprimés de 1 centigramme)........................	Les vingt.	20	
		— 216	Comprimés pour injections médicamenteuses (en tube de verre) de chlorhydrate de morphine (comprimés de 1 centigramme).......................	Idem.	20	
		— 217	Comprimés pour injections médicamenteuses (en tube de verre) de chlorhydrate de quinine (comprimés de 25 centigrammes).....................	Idem.	20	
		— 421	Peau pour nettoyer les instruments	Nombre.	1	
		— 135	Boîte pour contenir tous ces instruments composée de plateaux en noyer découpé, renfermés dans une boîte en métal nickelé, à poignées. — Vide, sans la housse.....	Idem.	1	
		— 374	Housse en cuir fort pour la caisse n° 3..............	Idem.	1	

CAISSE N° 4.

Caisse pour opérations spéciales (œil, oreille, pharynx, larynx, abdomen, anus) pour grand hôpital.

1° Œil.

11 Outillage, instruments et appareils divers.	**A** Objets pour le service de santé en campagne. (Suite.)	11.B. 83	Blépharostat en argent, à vis de pression : angle externe..	Nombre.	1	
		— 84	Blépharostat en argent, à vis de pression : angle interne..	Idem.	1	
		— 529	Releveur des paupières, en argent..............	Idem.	2	
		— 439	Pince à ressort pour fixer le globe oculaire de Graefe....	Idem.	1	
		— 228	Couteau de Graefe, large.......................	Idem.	2	
		— 227	Couteau de Graefe, étroit.......................	Idem.	2	
		— 241	Couteau lancéolaire, droit.....................	Idem.	1	
		— 240	Couteau lancéolaire, coudé....................	Idem.	1	
		— 378	Kystitome flexible avec curette en argent.............	Idem.	1	
		— 254	Curette en écaille avec kystitome...............	Idem.	1	
		— 451	Pince courbe pour nettoyer la plaie (iridectomie).......	Idem.	1	
		— 26	Aiguille à discision de Bowmann...................	Idem.	1	
		— 40	Aiguille pour corps étrangers de la cornée............	Idem.	1	
		— 441	Pince à iridectomie, droite.....................	Idem.	1	
		— 440	Pince à iridectomie, courbe	Idem.	1	
		— 206	Ciseaux à iridectomie, droits	Idem.	1	
		— 205	Ciseaux à iridectomie, courbes sur le plat............	Idem.	1	
		— 209	Ciseaux-pince de Wecker mousses..............	Idem.	1	
		— 41	Aiguille à paracentèse avec stylet	Idem.	1	
		— 639	Stylet conique pour dilatation du point lacrymal........	Idem.	1	
		— 235	Couteau boutonné demi-courbe de Weber.............	Idem.	1	

DÉNOMINATION ET CLASSIFICATION DES MATIÈRES ET OBJETS.				ESPÈCE des UNITÉS.	QUANTITÉS entrant dans la composition de la caisse.	OBSERVATIONS.
PAR UNITÉ SOMMAIRE.		PAR SUBDIVISION.				
Numéro et libellé.	Subdivision.	Numéros.	Dénominations.			
		11-B. 640	Stylet double cylindrique de Bowmann en argent, série de 3..	Série.	1	
		— 572	Seringue d'Anel.................................	Nombre.	1	
		— 80	Bistouri fin, droit, petit, pour les paupières, convexe...	Idem.	1	
		— 453	Pince de Desmares..............................	Idem.	1	
		— 436	Pince à épiler..................................	Idem.	1	
		— 20	Aiguille de Reverdin, très fine, demi-courbe...........	Idem.	1	
		— 36	Aiguille à suture, très fine, demi-courbe.............	Idem.	12	
		— 514	Porte-aiguilles de De Wecker.....................	Idem.	1	
		— 595	Soie très fine à suture, phéniquée, sur plaque de verre (par longueurs de 10 mètres)........................	Plaque.	3	
		— 334	Fil d'argent de 0mm2............................	Rouleau.	2	
		— 243	Crochet à strabisme d'Abadie......................	Nombre.	1	
		— 207	Ciseaux droits pour strabisme......................	Idem.	1	
		— 203	Ciseaux courbes pour strabisme....................	Idem.	1	
		— 202	Ciseaux pour énucléation.........................	Idem.	1	
		— 324	Figure de thermo-cautère à pointe aiguë, très fine.......	Idem.	1	
		— 416	Ophtalmoscope de Follin.........................	Idem.	1	
		— 116	Boîte en métal pour contenir ces instruments..........	Idem.	1	
11 Outillage, instruments et appareils divers.	A Objets pour le service de santé en campagne. (Suite.)		*2° Oreille.*			
		— 410	Miroir frontal avec bandeau et manche..............	Idem.	1	
		— 630	Speculum de Toynbee (série de 3) en argent..........	Série.	1	
		— 641	Stylet double en argent, petit.....................	Nombre.	3	
		— 643	Stylet porte-coton en argent, petit..................	Idem.	3	
		— 444	Pince à pansement à mors étroits...................	Idem.	1	
		— 431	Pince articulée pour corps étrangers (mors à curette)...	Idem.	1	
		— 618	Sonde d'Itard, en argent, n° 3.....................	Idem.	1	
		— 509	Poire à air de Politzer avec bout olivaire.............	Idem.	1	
		— 63	Bistouri droit à lame fixe et flexible.................	Idem.	1	
		— 370	Gouge de Stacke pour l'apophyse mastoïde, série de trois.	Série.	1	
		— 256	Curette pour l'apophyse mastoïde...................	Nombre.	1	
			3° Nez.			
		— 627	Speculum de Duplay.............................	Idem.	1	
		— 645	Stylet pour le nez, en acier nickelé.................	Idem.	1	
		— 520	Porte-caustique, manche en métal..................	Idem.	1	
		— 454	Pince à polype, de Duplay, courbe..................	Idem.	1	
		— 248	Cuillère mousse pour corps étrangers...............	Idem.	1	
		— 154	Canule rétro-nasale pour irrigations, en métal.........	Idem.	1	
			4° Pharynx et larynx.			
		— 490	Pince pour végétations adénoïdes, moyenne..........	Idem.	1	
		— 1	Abaisse-langue pliant, en acier nickelé..............	Idem.	1	
		— 500	Pinceau pour le pharynx, monté sur manche en métal...	Idem.	2	
		— 499	Pinceau pour le larynx, monté sur manche en métal...	Idem.	2	
		— 45	Amygdalotome.................................	Idem.	1	
		— 151	Canule en argent de Krishaber, pour adulte, n° 6......	Idem.	1	
		— 147	Canule en argent de Krishaber, pour enfant, n° 2......	Idem.	1	
		— 294	Dilatateur de Laborde...........................	Idem.	1	

DÉNOMINATION ET CLASSIFICATION DES MATIÈRES ET OBJETS.				ESPÈCE des UNITÉS.	QUANTITÉS entrant dans la composition de la caisse.	OBSERVATIONS.
PAR UNITÉ SOMMAIRE.		PAR SUBDIVISION.				
Numéro et libellé.	Subdivision.	Numéros.	Dénominations.			
		11.B.413	Miroir laryngien inoxydable, monté sur manche métal, rond, n° 2	Nombre.	1	
		— 414	Miroir laryngien inoxydable, monté sur manche métal, rond, n° 4	Idem.	1	
		— 480	Pince laryngienne de Fauvel	Idem.	1	
		— 245	Crochet de Graefe	Idem.	1	
			5° Abdomen.			
		— 66	Bistouri de Cooper, à manche fixe	Idem.	1	
		— 443	Pince à mors parallèles pour entérotomie, pince clamps	Idem.	1	
		— 482	Pince à forcipressure à mors plats en T	Idem.	2	
		— 446	Pince à suture, en fourche, de Lucas-Championnière	Idem.	1	
		— 585	Serre-fines en argent	Idem.	12	
			6° Anus.			
11 Outillage, instruments et appareils divers.	**A** OBJETS POUR LE SERVICE DE SANTÉ EN CAMPAGNE. (Suite.)	— 448	Pince-cautère écrasante, à anneaux en buis, de Richet, pour hémorrhoïdes	Idem.	1	
		— 631	Speculum dilatateur de Trélat	Idem.	1	
		— 315	Gorgeret en ébène	Idem.	1	
		11.C. 58	Canule rectale en gomme noire, de 13 à 14 $^{c}/_{m}$ (fabrication Rondeau)	Idem.	1	
		11.B.604	Sonde cannelée en argent, avec stylet	Idem.	1	
		— 421	Peau pour nettoyer les instruments	Idem.	1	
		— 137	Caisse pour contenir ces instruments, composée de plateaux en noyer découpés, renfermés dans une boîte en métal nickelé, à poignées, vide	Idem.	1	

CAISSE N° 5.

Caisse pour opérations sur les dents.
(Grand hôpital.)

11.B.101	Brunissoir	Idem.	1	
— 102	Burin droit	Idem.	1	
— 320	Excavateur courbe (série de 12)	Série.	1	
— 371	Grattoir courbe	Nombre.	1	
— 356	Fraises variées (série de 12) pour pièces à main n° 7	Série.	1	
— 357	Fraises variées (série de 12) pour angle droit n° 2	Idem.	1	
— 409	Miroir buccal petit à manche articulé	Nombre.	1	
— 600	Sonde à manche pour carie	Idem.	1	
— 624	Spatule double pour mélange obturateur	Idem.	1	
— 625	Spatule fouloir coudée	Idem.	1	
— 311	Élévateur coudé langue de carpe	Idem.	1	
— 341	Fil de platine (rouleau de 0^m50)	Rouleau.	1	
— 391	Lime à main 1/2 cylindrique droite	Nombre.	1	
— 390	Lime à main 1/2 cylindrique courbe	Idem.	1	
— 392	Lime à main plate	Idem.	1	
— 463	Pince à pansement	Idem.	1	
— 523	Porte-limes	Idem.	1	

DÉNOMINATION ET CLASSIFICATION DES MATIÈRES ET OBJETS.				ESPÈCE des UNITÉS.	QUANTITÉS entrant dans la composition de la caisse.	OBSERVA-TIONS.
PAR UNITÉ SOMMAIRE.		PAR SUBDIVISION.				
Numéro et libellé.	Subdivision.	Nu-méros.	Dénominations.			
		11.B. 372	Gutta-percha en cylindre pour obturation	Cylindre.	1	
		— 512	Poire en caoutchouc pour dessécher avec canule.	Nombre.	1	
		— 212	Clef de Garengeot avec quatre crochets pour adulte	Idem.	1	
		— 282	Davier anglais pour molaires supérieures droites.	Idem.	1	
		— 283	Davier anglais pour molaires supérieures gauches.	Idem.	1	
		— 281	Davier anglais pour molaires inférieures	Idem.	1	
		— 280	Davier anglais pour incisives et canines supérieures	Idem.	1	
		— 279	Davier anglais pour incisives et canines inférieures.	Idem.	1	
		— 285	Davier anglais pour racines supérieures.	Idem.	1	
		— 284	Davier anglais pour racines inférieures.	Idem.	1	
		— 278	Davier anglais pour dents de sagesse.	Idem.	1	
		— 139	Boîte pour renfermer ces instruments.	Idem.	1	

<h2 style="text-align:center">CAISSE N° 5 ^{BIS}.</h2>

		11.B. 658	Tour à fraiser complet avec pièce à main n° 7	Idem.	1	
		— 46	Angle droit n° 2.	Idem.	1	
		— 358	Forets pour pièce à main n° 7	Douzaine.	2	
		— 359	Forets pour angle droit n° 2	Idem.	2	
11 Outil-lage, instru-ments et appareils divers.	A. OBJETS POUR LE SERVICE DE SANTÉ EN CAMPAGNE. (Suite.)	— 356	Fraises pour tour à fraiser pour pièce à main n° 7	Idem.	2	
		— 357	Fraises pour tour à fraiser pour angle droit n° 2	Idem.	2	
		— 139 bis	Caisse n° 5 bis vide.	Nombre.	1	

<h2 style="text-align:center">CAISSE N° 6.</h2>

<h3 style="text-align:center">Caisse pour l'exploration des organes de la vision. (Grand hôpital.)</h3>

		11.B. 300	Échelle typographique, modèle de la Guerre.	Idem.	1	
		— 308	Échelle typographique, modèle de la Marine.	Idem.	1	
		— 307	Échelle des couleurs, modèle de la Guerre.	Idem.	1	
		— 379	Kératoscope de Chauvel.	Idem.	1	
		— 398	Lunettes d'essai simples (Paire de).	Idem.	2	
		— 670	Trou sténopéique monté en bague à queue.	Idem.	1	
		— 701	Verre coloré rouge monté en bague à queue.	Idem.	1	
		— 702	Verre coloré vert monté en bague à queue	Idem.	1	
		— 703	Verre dépoli.	Idem.	1	
		— 704	Verres prismatiques carrés : prismes de 2°, 5°, 10°, 15°. .	Idem.	4	
		— 705	Verres sphériques montés en bague à queue, concaves : double série des n°s 0^d50, 1^d, 1^d50, 2^d, 2^d50, 3^d, 3^d50, 4^d, 4^d50, 5^d, 6^d, 7^d, 8^d, 9^d	Idem.	28	
		— 706	Verres sphériques montés en bague à queue, convexes : double série des n°s 0^d50, 1^d, 1^d50, 2^d, 2^d50, 3^d, 3^d50, 4^d, 4^d50, 5^d, 6^d	Idem.	22	
		— 707	Verres cylindriques (astigmatisme) : double série des n°s 0^d50, 1^d, 1^d50, 2^d, 2^d50, 3^d, 3^d50, 4^d, 4^d50, 5^d, 6^d, 7^d, 8^d, 9^d	Idem.	28	
		— 418	Optomètre de Badal en boîte.	Idem.	1	
		— 141	Caisse pour renfermer ces instruments.	Idem.	1	
		— 546	Réglette à skiascopie de Parent, de 0.50 à 19 dioptries. .	Idem.	1	

DÉNOMINATION ET CLASSIFICATION DES MATIÈRES ET OBJETS.				ESPÈCE des UNITÉS.	QUANTITÉS entrant dans la composition de la caisse.	OBSERVATIONS.
PAR UNITÉ SOMMAIRE.		**PAR SUBDIVISION.**				
Numéro et libellé.	Subdivision.	Nu-méros.	Dénominations.			
			CAISSE N° 7.			
			Caisse pour autopsie et anatomie. **(Grand hôpital.)**			
		11.B. 548	Scalpel fin	Nombre.	4	
		— 550	Scalpel pointu fort	Idem.	3	
		— 549	Scalpel convexe fort	Idem.	2	
		— 237	Couteau à autopsie : pointe au milieu	Idem.	2	
		— 236	Couteau à autopsie : convexe	Idem.	1	
		— 226	Couteau à cartilage	Idem.	1	
		— 230	Couteau à cerveau	Idem.	1	
		— 554	Scie à dos mobile, grande	Idem.	1	
		— 555	Scie à curseur gradué	Idem.	1	
		— 408	Marteau à crochet	Idem.	1	
		— 222	Costotome	Idem.	1	
		— 526	Rachitome d'Amussat	Idem.	1	
		— 182	Ciseaux droits ordinaires	Idem.	2	
		— 181	Ciseaux droits fins	Idem.	1	
		— 180	Ciseaux courbes	Idem.	1	
11	**A**	— 189	Ciseaux entérotomes	Idem.	1	
Outil-lage, instru-ments et appareils divers.	OBJETS POUR LE SERVICE DE SANTÉ EN CAMPAGNE. (Suite.)	— 171	Cisaille coudée	Idem.	1	
		— 178	Ciseau burin de 13 $^{m/m}$ de largeur	Idem.	1	
		— 368	Gouge ordinaire de 10$^{m/m}$	Idem.	1	
		— 434	Pince à disséquer ordinaire	Idem.	1	
		— 435	Pince à disséquer forte	Idem.	1	
		— 318	Érigne à chaîne	Idem.	1	
		— 678	Tube insufflateur à robinets avec 2 bouts de rechange	Idem.	1	
		— 608	Sonde cannelée en acier	Idem.	1	
		— 11	Aiguille à sutures cadavériques	Idem.	6	
		— 143	Caisse pour contenir ces instruments	Idem.	1	
			CAISSE N° 8.			
			Petite caisse pour autopsie et anatomie. **(Ambulance.)**			
		11.B. 550	Scalpel fort pointu	Idem.	2	
		— 549	Scalpel fort convexe	Idem.	1	
		— 226	Couteau à cartilage	Idem.	1	
		— 554	Scie à dos mobile grande	Idem.	1	
		— 408	Marteau à crochet	Idem.	1	
		— 526	Rachitome	Idem.	1	
		— 182	Ciseaux droits ordinaires	Idem.	1	
		— 189	Ciseaux entérotomes	Idem.	1	
		— 435	Pince à dissection forte	Idem.	1	
		— 11	Aiguille pour sutures cadavériques	Idem.	6	
		— 145	Caisse pour contenir ces instruments	Idem.	1	

DÉNOMINATION ET CLASSIFICATION DES MATIÈRES ET OBJETS.				ESPÈCE des UNITÉS.	QUANTITÉS entrant dans la composition de la caisse.	OBSERVA-TIONS.
PAR UNITÉ SOMMAIRE.		PAR SUBDIVISION.				
Numéro et libellé.	Subdivision.	Nu-méros.	Dénominations.			

TROUSSE N° 9.

Trousse pour médecins des colonies.

		11.B. 527	Rasoir à pansement	Nombre.	1	
		— 76	Bistouri fermant convexe	Idem.	1	
		— 78	Bistouri fermant pointu ordinaire	Idem.	1	
		— 77	Bistouri fermant pointu étroit	Idem.	1	
		— 75	Bistouri fermant boutonné	Idem.	1	
		— 199	Ciseaux droits ordinaires moyens	Idem.	1	
		— 198	Ciseaux courbes ordinaires moyens	Idem.	1	
		— 603	Sonde cannelée avec aiguille de Cooper en argent	Idem.	1	
		— 615	Sonde d'homme, femme et enfant en argent	Idem.	1	
		— 23	Aiguille de Moy demi-courbe	Idem.	1	
		— 481	Pince hémostatique à mors plats, droite ordinaire	Idem.	1	
		— 447	Pince à verrou	Idem.	1	
		— 638	Stylet cannelé en argent	Idem.	1	
	A	— 655	Thermomètre à maxima avec étui métallique	Idem.	1	
		— 669	Série de 4 trocarts explorateurs avec manche métallique	Série	1	
		— 388	Lancette à vaccin	Nombre.	1	
	OBJETS	— 387	Lancette à saignée	Idem.	1	
	POUR LE SERVICE	— 14, 15, 16	Aiguilles de Hagedorn assorties	Idem.	12	
	DE SANTÉ	— 519	Porte-nitrate avec pince en argent	Idem.	1	
	EN CAMPAGNE.	— 588	Soie plate tressée à ligature : fine	Plaque.	1	
	(Suite.)	— 589	Soie plate tressée à ligature : moyenne	Idem.	1	
		— 593	Soie ronde à sutures, moyenne	Idem.	1	
		— 559	Seringue à injection de 1 centimètre cube	Nombre.	1	
		— 671	Boîte-trousse en métal nickelé pour contenir ces instruments	Idem.	1	
		— 376	Housse en peau à fermoir pour la trousse	Idem.	1	

TROUSSE N° 10.

Trousse pour infirmier.

11 Outillage, instruments et appareils divers.		11.B. 527	Rasoir à pansements	Idem.	1	
		— 190	Ciseaux dits de Vezien	Idem.	1	
		— 194	Ciseaux droits forts, de 0ᵐ 16	Idem.	1	
		— 473	Pince hémostatique à mors ordinaires, droite, longue	Idem.	1	
		— 623	Spatule cure-ongles acier	Idem.	1	
		— 674	Trousse en toile à voile pour contenir ces instruments	Idem.	1	
		— 78	Bistouri fermant lame pointue ordinaire	Idem.	1	

CAISSE N° 11.

Caisse de chirurgie vétérinaire.

	A A	11.H. 46	Renette cintrée à droite dite « renette anglaise »	Idem.	1	
		— 24	Feuille de sauge à gauche	Idem.	3	
	CAISSES	— 23	Feuille de sauge à droite	Idem.	3	
	ET TROUSSES	— 25	Feuille de sauge double	Idem.	3	
	POUR	— 44	Renette à clous de rue	Idem.	3	
	LA CHIRURGIE	— 45	Renette à javart (renette ordinaire modifiée)	Idem.	3	
	VÉTÉRINAIRE.					

DÉNOMINATION ET CLASSIFICATION DES MATIÈRES ET OBJETS.				ESPÈCE des UNITÉS.	QUANTITÉS entrant dans la composition de la caisse.	OBSERVATIONS.
PAR UNITÉ SOMMAIRE.		**PAR SUBDIVISION.**				
Numéro et libellé.	Subdivision.	Numéros.	Dénominations.			
		11.H. 22	Érigne ordinaire	Nombre.	2	
		— 20	Érigne à javart, plate	Idem.	1	
		— 63	Trocart d'essai	Idem.	1	
		— 59	Trocart de Charlier, long, à anneaux	Idem.	1	
		— 2	Aiguille à séton en 3 pièces	Idem.	3	
		— 55	Sonde en S	Idem.	1	
		— 33	Pince à anneaux	Idem.	2	
		— 16	Ciseaux courbes sur le plat	Idem.	3	
		— 17	Ciseaux droits	Idem.	3	
		— 19	Entérotomes	Idem.	1	
		— 31	Lancette	Idem.	2	
		— 51	Sonde cannelée à spatule	Idem.	2	
		— 6	Bistouri droit	Idem.	3	
		— 5	Bistouri boutonné	Idem.	1	
		— 1	Aiguille à bourdonnets	Idem.	2	
		— 58	Trépan	Idem.	1	
11	A A	— 3	Aiguilles à sutures variées	Douzaine.	2	
Outillage, instruments et appareils divers.	Caisses et trousses pour la chirurgie vétérinaire. (Suite.)	— 35	Pince à griffes	Nombre.	2	
		— 34	Pince à dents de souris	Idem.	2	
		— 26	Flamme à deux lames	Idem.	2	
		— 18	Couteau à autopsie	Idem.	2	
		— 49	Seringue avec sa canule en étain, grande	Idem.	1	
		— 50	Seringue avec sa canule en étain, petite	Idem.	1	
		— 48	Scie à dos mobile	Idem.	1	
		— 47	Rogne-queue	Idem.	1	
		— 30	Herniotome	Idem.	1	
		— 9	Brûle-queue	Idem.	1	
		— 56	Spéculum oris (pas d'âne)	Idem.	1	
		— 66	Tube à trachéotomie	Idem.	2	
		— 42	Rabot odontriteur	Idem.	1	
		— 54	Sonde en plomb	Idem.	4	
		— 10	Caisse pour contenir les instruments	Idem.	1	

CAISSE N° 12.

Caisse de zoocautère.

		11.H. 37		Pointe cône pour feux peu profonds	Idem.	1
		— 39		Pointe fine courte	Idem.	1
		— 40	Boîte de zoocautère avec accessoires contenant :	Pointe fine longue avec guide de pénétration	Idem.	1
		— 29		Foyer cutellaire pour feux en raies	Idem.	1
		— 28		Foyer cutellaire forme bache, système anglais	Idem.	1
		— 38		Pointe demi-fine pour feux pénétrants	Idem.	1
		— 7	Boîte pour renfermer ces objets		Idem.	1

DÉNOMINATION ET CLASSIFICATION DES MATIÈRES ET OBJETS.				ESPÈCE des UNITÉS.	QUANTITÉS entrant dans la composition de la caisse.	OBSERVA-TIONS.
PAR UNITÉ SOMMAIRE.		**PAR SUBDIVISION.**				
Numéro et libellé.	Subdivision.	Nu-méros.	Dénominations.			
			TROUSSE N° 13.			
			Trousse pour vétérinaire.			
		11.H. 15	Ciseaux courbes forts	Nombre.	1	
		— 33	Pince à anneaux	Idem.	1	
		— 34	Pince à dents de souris	Idem.	1	
		— 2	Aiguille à séton en 3 pièces	Idem.	1	
		— 21	Érigne mousse, manche métal	Idem.	1	
		— 22	Érigne pointue, manche métal	Idem.	1	
		— 51	Sonde cannelée à spatule nickelée	Idem.	1	
11 Outil-lage, instru-ments et appareils divers.	A A Caisses et trousses pour la chirurgie vétérinaire. (Fin.)	— 1	Aiguille à bourdonnets	Idem.	1	
		— 43	Renette à bourdonnets	Idem.	3	
		— 25	Feuille de sauge double	Idem.	3	
		— 5	Bistouri boutonné	Idem.	1	
		— 6	Bistouri droit	Idem.	2	
		— 4	Bistouri convexe	Idem.	2	
		— 27	Flamme à 3 lames	Idem.	1	
		— 41	Porte-nitrate en caoutchouc durci	Idem.	1	
		31	Lancette	Idem.	2	
		— 3	Aiguille à suture	Douzaine.	3	
		— 52	Sonde cannelée	Nombre.	1	
		— 54	Sonde en plomb	Idem.	1	
		— 36	Pince de Péan	Idem.	2	
		— 60	Trocart à plaque	Idem.	1	
		— 64	Trousse pour contenir ces instruments	Idem.	1	

RÉCAPITULATION.

DÉSIGNATION DES MODÈLES.	PRIX MINISTÉRIELS.
Caisse n° 1	1,750ᶠ 00ᶜ
Caisse n° 2	960 00
Caisse n° 3	460 00
Caisse n° 4	635 00
Caisse n° 5	175 00
Caisse n° 5 *bis*	235 00
Caisse n° 6	250 00
Caisse n° 7	135 00
Caisse n° 8	62 00
Trousse n° 9	115 00
Trousse n° 10	25 00
Caisse n° 11	387 00
Caisse n° 12	187 00
Trousse n° 13	112 00

DÉNOMINATION ET CLASSIFICATION DES MATIÈRES ET OBJETS.				ESPÈCE des UNITÉS.	PRIX MINISTÉRIELS.	OBSERVA-TIONS.
PAR UNITÉ SOMMAIRE.		PAR SUBDIVISION.				
Numéro et libellé.	Subdivision.	Nu-méros.	Dénominations.			
					fr. c.	
		1	Abaisse-langue pliant en métal nickelé............ ...	Nombre.	3 20	
		2	Abaisse-langue de Trousseau, manche fixe............	Idem.	5 60	
		3	Agrafes de Dujarrier pour sutures osseuses ($15^{m/m}$, $20^{m/m}$, $25^{m/m}$)..........................	Idem.	0 70	
		4	Agrafes du Dr Michel..........................	Cent.	2 00	
		5	Aiguille à ligature de Cooper, à manche fixe..........	Nombre.	3 20	
		6	Aiguille à ligature de Deschamps, courbée à droite......	Idem.	3 60	
		7	Aiguille à ligature de Deschamps, courbée à gauche.....	Idem.	3 60	
		8	Aiguille à manche pour passer la scie à chaîne.........	Idem.	4 00	
		9	Aiguille à suture, à pointe ronde, pour l'intestin : courbe.	Idem.	0 20	
		10	Aiguille à suture, à pointe ronde, pour l'intestin : demi-courbe....................................	Idem.	0 20	
		11	Aiguille à suture cadavérique.....................	Idem.	0 25	
		12	Aiguille à suture, de Boyer : courbe................	Idem.	0 15	
		13	Aiguille à suture, de Boyer : demi-courbe............	Idem.	0 15	
		14	Aiguille à suture de Hagedorn : droite..............	Idem.	0 15	
		15	Aiguille à suture de Hagedorn : demi-courbe..........	Idem.	0 15	
		16	Aiguille à suture de Hagedorn : très courbe..........	Idem.	0 15	
		17	Aiguille à suture, demi-courbe, pour l'abdomen, de Péan	Idem.	4 00	
		18	Aiguille à suture, de Reverdin : courbe..............	Idem.	10 40	
		19	Aiguille à suture, de Reverdin : demi-courbe..........	Idem.	10 40	
11 Outil-lage, instru-ments et appareils divers.	B INSTRUMENTS DE CHIRURGIE ISOLÉS.	20	Aiguille à suture, de Reverdin : demi-courbe, très fine, pour les yeux et l'intestin....................	Idem.	10 40	
		21	Aiguille à suture, de Reverdin : droite..............	Idem.	10 40	
		22	Aiguille à suture, hollandaise, de Moy : courbe........	Idem.	1 40	
		23	Aiguille à suture, hollandaise, de Moy : demi-courbe....	Idem.	1 40	
		24	Aiguille à suture, hollandaise, de Moy : droite........	Idem.	1 40	
		25	Aiguille-canule pour aspirateur de Potain............	Idem.	1 60	
		26	Aiguille de Bowmann pour la discision de la cataracte..	Idem.	2 80	
		27	Aiguille de Chambon pour vaccination animale........	Idem.	2 80	
		28	Aiguille de Roux pour staphylorrhaphie..............	Idem.	0 15	
		29	Aiguille de Emmet pour périnéorrhaphie (série de 3, assor-ties)...................................	Idem.	4 40	
		30	Aiguille de rechange pour seringue de 1 centimètre cube, en acier et canon argent......................	Idem.	0 80	
		31	Aiguille de rechange pour seringue de 1 centimètre cube, en platine iridié, canon doré....................	Idem.	1 60	
		32	Aiguille en acier, pour seringue à injection de sérum arti-ficiel, de 0^m 06 de longueur...................	Idem.	1 20	
		33	Aiguille en platine iridié, pour seringue de Roux de 0^m 06 de longueur..................................	Idem.	4 80	
		34	Aiguille de Tuffier en platine iridié, de 0^m 07, pour ponc-tion lombaire................................	Idem.	6 40	
		35	Aiguille très fine, pour suture des paupières : courbe....	Idem.	0 25	
		36	Aiguille très fine, pour suture des paupières : demi-courbe.....................................	Idem.	0 25	
		37	Aiguille pour aspirateur de Dieulafoy, grand modèle : fine	Idem.	1 60	
		38	Aiguille pour aspirateur de Dieulafoy, grand modèle : moyenne..................................	Idem.	1 80	
		39	Aiguille pour aspirateur de Dieulafoy, grand modèle : grosse....................................	Idem.	2 00	
		40	Aiguille pour corps étrangers de la cornée............	Idem.	2 80	
		41	Aiguille pour paracentèse de la cornée, avec stylet en ar-gent.....................................	Idem.	4 80	

DÉNOMINATION ET CLASSIFICATION DES MATIÈRES ET OBJETS.				ESPÈCE des UNITÉS.	PRIX MINISTÉRIELS.	OBSERVA-TIONS.
PAR UNITÉ SOMMAIRE.		PAR SUBDIVISION.				
Numéro et libellé.	Subdivision.	Nu-méros.	Dénominations.			
		42	Aiguille tubulée, à manche avec chasse-fil, légèrement courbe, pour sutures métaliques..................	Nombre.	8 00	
		43	Aiguille cannelée de Suzor pour abcès des amygdales ou du foie...	Idem.	2 80	
		44	Allonge pour thermo-cautère......................	Idem.	1 20	
		45	Amygdalotome, avec 3 lames de rechange (grande-moyenne-petite).....................................	Idem.	31 60	
		46	Angle droit n° 2 pour machine à fraiser..............	Idem.	20 00	
		47	Aphyso-cautère de Déchery.......................	Idem.	96 00	
		48	Appareil hémostatique d'Esmarck (bande et collier).....	Idem.	12 00	
		49	Appareil hémostatique du Dr Lhomme..............	Idem.	72 00	
		50	Appareil pour intubation du larynx de Froin..........	Idem.	71 80	
			Composé de : 6 tubes en métal doré, un introducteur; un doigtier extracteur; un ouvre-bouche; une boîte pour cet appareil et accessoires.			
11 Outil-lage, instru-ments et appareils divers.	B INSTRUMENTS DE CHIRURGIE ISOLÉS. (Suite.)	51	Arbre à trépan uni.............................	Idem.	27 20	
		52	Armature en métal, à double courant, à robinets, avec bouchon en caoutchouc pour aspirateur de Potain...	Idem.	4 80	
		53	Aspirateur de Bigelow, modifié par Guyon, pour l'aspi-ration des graviers, avec deux sondes aspiratrices de Guyon et mandrins en spirale.....................	Idem.	64 00	
		54	Aspirateur de Dieulafoy, grand modèle, se montant sur la boîte...	Idem.	112 00	
			Comprenant : 3 robinets; 3 trocarts thoraciques; 3 trocarts hépatiques; 3 tubes en caoutchouc, avec ajutages métalliques, s'adaptant aux robinets pour l'aspiration, pour le refoulement et pour le lavage; 1 paquet de fils métalliques; 1 boîte pour renfermer l'aspirateur et les acces-soires, et pouvant servir de support.			
		55	Aspirateur de Potain pour aspirer et injecter..........	Idem.	37 60	
			Comprenant : 1 aiguille aspiratrice en acier; 1 armature en métal, à double courant, à robinets; 1 bouchon de rechange en caoutchouc; 1 paquet de fils métalliques; 1 corps de pompe pour l'aspiration; 1 robinet à 2 ajutages pour trocarts, 3 trocarts pour canules et mandrins; 1 tube en caoutchouc, recouvert en laine, pour l'aspiration; 1 tube en caoutchouc rouge avec index en verre; 1 boîte en chêne, à encastrements, pour renfermer l'aspirateur et les accessoires.			

| DÉNOMINATION ET CLASSIFICATION DES MATIÈRES ET OBJETS. | | | | ESPÈCE des UNITÉS. | PRIX MINISTÉRIELS. | OBSERVATIONS. |
| PAR UNITÉ SOMMAIRE. | | PAR SUBDIVISION. | | | | |
Numéro et libellé.	Subdivision.	Numéros.	Dénominations.			
					fr. c.	
		56	Bâillon avec pignon......................	Nombre.	19 20	
		57	Ballon de Champetier de Ribes : grand (0ᵐ 10 de diamètre)................................	Idem.	8 20	
		58	Ballon de Champetier de Ribes : moyen (0ᵐ 08 de diamètre)................................	Idem.	8 20	
		59	Ballon de Champetier de Ribes : petit (0ᵐ 06 de diamètre)	Idem.	4 00	
		60	Bande hémostatique, modèle de la guerre, dans une boîte en carton : grande, 5 mètres....................	Idem.	6 00	
		61	Bande hémostatique, modèle de la guerre, dans une boîte en carton : petite, 1 mètre....................	Idem.	1 40	
		62	Bistouri à lame fixe, pour la taille hypogastrique.......	Idem.	3 20	
		63	Bistouri à lame fixe, droit, à tige flexible, pour l'oreille................................	Idem.	2 80	
11 Outillage, instruments et appareils divers.	B INSTRUMENTS DE CHIRURGIE ISOLÉS. (Suite.)	64	Bistouris à manche fixe, lames de 50 à 60ᵐ/ᵐ { lame boutonnée................	Idem.	3 00	
		65	lame convexe..................	Idem.	3 00	
		66	lame de Cooper pour la hernie....	Idem.	3 40	
		67	lame droite de Chassaignac.......	Idem.	3 00	
		68	lame pointue étroite.............	Idem.	3 00	
		69	lame pointue large.	Idem.	3 00	
		70	Bistouri à manche fixe, lame de 85ᵐ/ᵐ pour phalanges : convexe................................	Idem.	3 80	
		71	Bistouri à manche fixe, lame de 85ᵐ/ᵐ pour phalanges : droit................................	Idem.	3 80	
		72	Bistouri à résection, de Farabeuf (manche fixe) : à pointe au milieu................................	Idem.	3 40	
		73	Bistouri à résection, de Farabeuf (manche fixe) : à pointe rabattue................................	Idem.	3 40	
		74	Bistouri de Dubois, pour débridement du col utérin....	Idem.	4 00	
		75	Bistouris fermant pour trousses, avec manches métalliques { lame boutonnée................	Idem.	3 00	
		76	lame convexe..................	Idem.	3 00	
		77	lame pointue étroite.	Idem.	3 00	
		78	lame pointue ordinaire..........	Idem.	3 00	
		79	Bistouri fin, droit, petit, pour les paupières : concave...	Idem.	2 80	
		80	Bistouri fin, droit, petit, pour les paupières : convexe...	Idem.	2 80	
		81	Bistouri long, boutonné, à lame fixe, pour amygdales...	Idem.	4 40	
		82	Bistouri long, étroit, pour staphylorrhaphie..........	Idem.	3 20	
		83	Blépharostat à vis de pression, en argent : pour angle externe................................	Idem.	5 60	
		84	Blépharostat à vis de pression, en argent : pour angle interne................................	Idem.	5 60	
		85	Bouchons en liège très fins (6 petits) pour les flacons de la seringue n° 559........................	Idem.	0 10	
		86	Bougie conductrice ou fouet pour uréthrotome de Maisonneuve................................	Idem.	1 60	
		87	Bougie de Béniqué, en étain, du n° 25 au n° 55........	Idem.	1 00	
		88	Bougies doubles d'Hégar, en boîte de bois............	Série de six	32 00	
		89	Bougies rectales en caoutchouc durci (série de 6)......	Série.	5 20	
		90	Boules dilatatrices de Trousseau, en ivoire, pour l'œsophage, se vissant sur la baleine du crochet de Graefe (série de 6)........................	Idem.	16 80	
		91	Bouton de Chaput n° 1	Nombre.	2 40	
		92	Bouton de Chaput n° 2	Idem.	2 40	
		93	Bouton de Chaput n° 3	Idem.	2 40	
		94	Bouton de Chaput n° 4	Idem.	2 40	
		95	Bouton de Chaput n° 5.....................	Idem.	2 40	

DÉNOMINATION ET CLASSIFICATION DES MATIÈRES ET OBJETS.				ESPÈCE des UNITÉS.	PRIX MINISTÉRIELS.	OBSERVA-TIONS.
PAR UNITÉ SOMMAIRE.		PAR SUBDIVISION.				
Numéro et libellé.	Subdivision.	Nu-méros.	Dénominations.			
					fr. c.	
		96	Bouton de Murphy : grand	Nombre.	7 20	
		97	Bouton de Murphy : moyen	Idem.	7 20	
		98	Bouton de Murphy : petit	Idem.	7 20	
		99	Brosse pour antisepsie pour les mains	Idem.	0 20	
		100	Brosse pour trépan	Idem.	3 20	
		101	Brunissoir en acier pour les dents	Idem.	1 20	
		102	Burin droit pour les dents	Idem.	1 20	
		103	Boîte en chêne, garnie de 3o bougies de Béniqué, du n° 25 au n° 55 (pour grands hôpitaux)	Idem.	52 00	
		104	Boîte en chêne, vide, pour contenir 3o bougies de Béniqué du n° 25 au n° 55	Idem.	21 60	
		105	Boîte en chêne, garnie de 12 bougies de Béniqué, des n°ˢ 25, 27, 29, 31, 33, 35, 37, 39, 41, 43, 45, 47 (pour ambulances)	Idem.	29 20	
		106	Boîte en chêne, vide, pour contenir 12 bougies de Béniqué des n°ˢ 25, 27, 29, 31, 33, 35, 37, 39, 41, 43, 45, 47	Idem.	16 00	
		107	Boîte en métal pour appareil à intubation de Froin	Idem.	9 60	
		108	Boîte en gainerie pour laryngoscope de Krishaber	Idem.	6 40	
		109	Boîte en gainerie pour otoscope de Brunton	Idem.	5 20	
		110	Boîte en gainerie pour thermo cautère ordinaire	Idem.	8 00	
		111	Boîte en gainerie pour uréthrotome de Maisonneuve	Idem.	6 40	
		112	Boîte en métal nickelé pour contenir les aiguilles de Hagedorn	Idem.	2 40	
11 Outil-lage, instru-ments et appareils divers.	B INSTRUMENTS DE CHIRURGIE ISOLÉS. (Suite.)	113	Boîte en métal nickelé pour contenir les couteaux et bistouris de la caisse n° 1	Idem.	24 00	
		114	Boîte en métal nickelé pour contenir les instruments pour les yeux de la caisse n° 1	Idem.	20 00	
		115	Boîte en métal nickelé, pour contenir les instruments pour les yeux de la caisse n° 2	Idem.	9 60	
		116	Boîte en métal nickelé, pour contenir les instruments pour les yeux de la caisse n° 4	Idem.	36 00	
		117	Boîte d'instruments pour les yeux de la caisse n° 1, complète	Idem.	87 20	
		118	Boîte d'instruments pour les yeux de la caisse n° 2, complète	Idem.	42 20	
		119	Boîte d'instruments pour les yeux de la caisse n° 4, complète	Idem.	224 90	
		120	Boîte en métal nickelé pour épingles à suture	Idem.	1 00	
		121	Boîte en métal nickelé pour seringue à injection hypodermique de 1 centimètre cube	Idem.	1 00	
		122	Boîte en métal nickelé pour seringue de 5 centimètres cubes	Idem.	4 00	
		123	Boîte en métal nickelé pour seringue de 20 centimètres cubes, de Roux	Idem.	7 20	
		124	Boîte en métal nickelé pour seringue de 5o centimètres cubes, pour sérum artificiel	Idem.	12 80	
		125	Boîte en métal nickelé pour seringue d'Anel	Idem.	4 00	
		126	Boîte en métal nickelé pour seringue à instillation de Guyon	Idem.	4 00	
		127	Boîte métallique pour contenir les fraises du trépan de Doyen	Idem.	4 40	
		128	Boîte en chêne, avec encastrements, pour l'aspirateur de Dieulafoy, grand modèle, pouvant servir de support	Idem.	20 00	
		129	Boîte en chêne avec encastrement, pour l'aspirateur de Potain	Idem.	9 60	

DÉNOMINATION ET CLASSIFICATION DES MATIÈRES ET OBJETS.				ESPÈCE des UNITÉS.	PRIX MINISTÉRIELS.	OBSERVA-TIONS.
PAR UNITÉ SOMMAIRE.		**PAR SUBDIVISION.**				
Numéro et libellé.	Subdivision.	Nu-méros.	Dénominations.			
					fr. c.	
		130	Caisse n° 1 pour ambulances permanentes ou hôpitaux secondaires, vide.	Nombre.	316 75	
		131	Caisse en chêne ciré, avec deux poignées, devant fermant à glissière, pour contenir la caisse n° 1.	Idem.	114 00	
		132	Caisse n° 1, complète	Idem.	1,744 60	
		133	Caisse n° 2 pour ambulances de campagne, vide, sans la housse.	Idem.	204 75	
		134	Caisse n° 2, complète	Idem.	960 25	
		135	Caisse n° 3 pour service régimentaire, vide, sans la housse.	Idem.	119 00	
		136	Caisse n° 3, complète.	Idem.	459 56	
		137	Caisse n° 4 pour opérations spéciales, vide.	Idem.	133 30	
		138	Caisse n° 4, complète	Idem.	631 50	
		139	Caisse n° 5, en chêne, avec encastrements, pour les instruments dentaires, vide.	Idem.	50 20	
		139 *bis*	Caisse n° 5 *bis*, en chêne, avec encastrements pour le tour à fraiser et angle droit, vide.	Idem.	64 00	
		140	Caisse n° 5, complète	Idem.	177 00	
		140 *bis*	Caisse n° 5 *bis*, complète.	Idem.	235 20	
		141	Caisse n° 6, en chêne, avec encastrements, pour les instruments destinés à l'examen de la vision, vide.	Idem.	38 95	
		142	Caisse n° 6, complète.	Idem.	250 00	
		143	Caisse n° 7, en chêne, avec encastrements, pour autopsie, grand modèle, vide.	Idem.	42 55	
11 Outil-lage, instru-ments et appareils divers.	**B** INSTRUMENTS DE CHIRURGIE ISOLÉS. (Suite.)	144	Caisse n° 7, complète	Idem.	135 00	
		145	Caisse n° 8, en chêne, avec encastrements, pour autopsie, petit modèle, vide.	Idem.	27 00	
		146	Caisse n° 8, complète	Idem.	61 70	
		147	Canule double à trachéotomie de Krishaber, en argent, avec mandrin conducteur : pour enfant, n° 2	Idem.	11 20	
		148	pour enfant, n° 3	Idem.	12 00	
		149	pour adolescent, n° 4	Idem.	13 20	
		150	pour adolescent, n° 5	Idem.	14 80	
		151	pour adulte, n° 6	Idem.	20 00	
		152	pour adulte, n° 7	Idem.	24 00	
		153	Canule de Budin à double courant, en métal nickelé, pour irrigation vaginale	Idem.	8 00	
		154	Canule rétro-nasale pour irrigation, en métal nickelé.	Idem.	2 00	
		155	Canule vaginale métallique d'Auvard	Idem.	2 40	
		156	Canules variées en argent, pour seringue d'Anel	Idem.	2 20	
		157	Canules variées en argent, d'Anel, pouvant s'adapter sur la seringue de Roux (droites et coudées à angle droit).	Idem.	2 20	
		158	Canule en verre, conique, pour injections uréthrales (Dr Janet).	Idem.	0 25	
		159	Canule en verre, petite, à bout olivaire, pour seringue à hydrocèle, stérilisable.	Idem.	0 50	
		160	Catgut en flacon stérilisé. (Procédé Répin.)	Idem.	1 00	
		161	Cathéter cannelé pour enfant	Idem.	2 80	
		162	Cathéter cannelé, pour la taille, en acier nickelé, gros, n° 6.	Idem.	2 80	
		163	Cathéter cannelé, pour la taille, en acier nickelé, moyen, n° 4.	Idem.	2 80	
		164	Cathéter cannelé, pour la taille, en acier nickelé, petit, n° 2.	Idem.	2 80	
		165	Cathéters nickelés du Dr Guyon, gradués au 1/6 de milli-mètre, n° 24 au n° 60.	Idem.	2 40	

DÉNOMINATION ET CLASSIFICATION DES MATIÈRES ET OBJETS.				ESPÈCE des UNITÉS.	PRIX MINISTÉRIELS.	OBSERVA-TIONS.
PAR UNITÉ SOMMAIRE.		PAR SUBDIVISION.				
Numéro et libellé.	Subdivision.	Nu-méros.	Dénominations.		fr. c.	
		166	Cautère conique, pour les dents	Nombre.	1 00	
		167	Céphalotribe fenêtré de Tarnier	Idem.	52 80	
		168	Cisaille à résection : coudée	Idem.	12 00	
		169	Cisaille à résection : droite	Idem.	11 20	
		170	Cisaille à tranchant unique, courbe, pour esquilles	Idem.	4 80	
		171	Cisaille coudée pour autopsie	Idem.	8 20	
		172	Cisaille de ferblantier pour couper le zinc et la toile métallique	Idem.	5 60	
		173	Cisaille de Liston, droite, grandeur moyenne	Idem.	11 20	
		174	Cisaille à point d'appui pour couper les appareils plâtrés	Idem.	12 00	
		175	Cisaille très courte pour section des côtes (opération d'Estlander)	Idem.	11 60	
		176	Ciseaux burins ordinaires, pour résection, de 7 $^{m/m}$ de largeur	Idem.	2 40	
		177	Ciseaux burins ordinaires, pour résection, de 10 $^{m/m}$ de largeur	Idem.	2 80	
		178	Ciseaux burins ordinaires, pour résection, de 13 $^{m/m}$ de largeur	Idem.	3 20	
		179	Ciseaux à dissection et autopsie : courbes fins	Idem.	1 80	
		180	Ciseaux à dissection et autopsie : courbes ordinaires	Idem.	1 80	
		181	Ciseaux à dissection et autopsie : droits fins	Idem.	2 30	
		182	Ciseaux à dissection et autopsie : droits ordinaires	Idem.	1 80	
		183	Ciseaux à épaulement pour achever la section cranienne	Idem.	8 40	
11 Outillage, instruments et appareils divers.	B INSTRUMENTS DE CHIRURGIE ISOLÉS, (Suite.)	184	Ciseaux à lame mince et large pour résection articulaire (25 $^{m/m}$, 30 $^{m/m}$)	Idem.	8 40	
		185	Ciseaux coudés sur le champ, de 0^m 18	Idem.	6 00	
		186	Ciseaux de Politzer pour l'apophyse mastoïde	Idem.	2 80	
		187	Ciseaux droits, forts, pour vêtements	Idem.	4 80	
		188	Ciseaux embryotomes de Pinard	Idem.	13 60	
		189	Ciseaux entérotomes	Idem.	3 80	
		190	Ciseaux forts, coudés, de Vézien	Idem.	4 80	
		191	Ciseaux longs, droits ou courbes, pour avivement	Idem.	6 20	
		192	Ciseaux de Mac Even pour ostéotomie (n° 1, n° 2, n° 3)	Idem.	8 40	
		193	Ciseaux mousses, courbes sur le plat, de 0^m 16	Idem.	4 80	
		194	Ciseaux mousses, droits, de 0^m 16	Idem.	4 80	
		195	Ciseaux pour bec de lièvre	Idem.	4 80	
		196	Ciseaux ordinaires, grands, courbes sur le plat	Idem.	4 00	
		197	Ciseaux ordinaires, grands, droits	Idem.	4 00	
		198	Ciseaux ordinaires, moyens, courbes sur le plat	Idem.	3 40	
		199	Ciseaux ordinaires, moyens, droits	Idem.	3 40	
		200	Ciseaux ordinaires, petits, courbes sur le plat	Idem.	3 20	
		201	Ciseaux ordinaires, petits, droits	Idem.	3 00	
		202	Ciseaux pour les yeux, courbes, pour énucléation	Idem.	3 20	
		203	Ciseaux pour les yeux, courbes, pour le strabisme	Idem.	3 20	
		204	Ciseaux pour les yeux, courbes sur le côté, pour iridectomie	Idem.	3 20	
		205	Ciseaux pour les yeux, courbes sur le plat, pour iridectomie	Idem.	3 20	
		206	Ciseaux pour les yeux, droits, pour iridectomie	Idem.	3 00	
		207	Ciseaux pour les yeux, droits, pour le strabisme	Idem.	3 00	
		208	Ciseaux utérins, courbes	Idem.	9 60	
		209	Ciseaux-pinces, de De Wecker, pour iridectomie, à pointe mousse	Idem.	13 60	

DÉNOMINATION ET CLASSIFICATION DES MATIÈRES ET OBJETS.				ESPÈCE des UNITÉS.	PRIX MINISTÉRIELS.	OBSERVA-TIONS.
PAR UNITÉ SOMMAIRE.		**PAR SUBDIVISION.**				
Numéro et libellé.	Subdivision.	Nu-méros.	Dénominations.			
					fr. c.	
		210	Ciseaux-pinces, de De Wecker, pour iridectomie, avec une seule pointe.	Nombre.	13 60	
		211	Ciseaux à émail pour les dents.	Idem.	1 00	
		212	Clef de Garengeot, manche métal, à vis, avec 4 crochets, pour adultes.	Idem.	5 80	
		213	Clef de Garengeot, manche métal, à vis, avec 4 crochets, pour enfants.	Idem.	5 80	
		214	Compas d'épaisseur de Broca.	Idem.	20 80	
		215	Comprimés de chlorhydrate de cocaïne à 1 centigramme.	Tube de 20.	0 85	
		216	Comprimés de chlorhydrate de morphine à 1 centi-gramme.	Idem.	0 85	
		217	Comprimés de chlorhydrate de quinine à 25 centi-grammes.	Idem.	0 85	
		218	Conducteur pour uréthrotome de Maisonneuve concave.	Nombre.	3 00	
		219	Conducteur pour uréthrotome de Maisonneuve convexe.	Idem.	3 00	
		220	Conducteur armé pour cathéter de Guyon.	Idem.	1 80	
		221	Cornet à chloroforme de Raynaud.	Idem.	3 40	
		222	Costotome pour autopsie.	Idem.	5 60	
		223	Couronne de trépan avec curseur : forte.	Idem.	8 80	
		224	Couronne de trépan avec curseur : petite.	Idem.	6 40	
		225	Couronne de trépan avec curseur : pour apophyse mas-toïde.	Idem.	5 60	
		226	Couteau à cartilage, convexe, pour autopsie, manche en bois.	Idem.	2 40	
11 Outil-lage, instru-ments et appareils divers.	B INSTRUMENTS DE CHIRURGIE ISOLÉS. (Suite.)	227	Couteau à cataracte de Graefe, étroit.	Idem.	2 80	
		228	Couteau à cataracte de Graefe, large.	Idem.	2 80	
		229	Couteau à cataracte de Richter.	Idem.	2 80	
		230	Couteau à cerveau, manche en bois.	Idem.	4 00	
		231	Couteau à désarticulation de 0m,07.	Idem.	4 80	
		232	Couteaux à manche fixe pour amputation { grand, 0m,205.	Idem.	5 20	
		233	moyen, 0m,16.	Idem.	4 80	
		234	petit, 0m,115.	Idem.	4 80	
		235	Couteau boutonné, demi-courbe, de Weber, pour les conduits lacrymaux.	Idem.	2 80	
		236	Couteau court et fort pour autopsie, manche en bois : convexe.	Idem.	2 40	
		237	Couteau court et fort pour autopsie, manche en bois : droit, pointe au milieu.	Idem.	2 40	
		238	Couteau de Wecker pour les yeux.	Idem.	2 80	
		239	Couteau de Marcellin Duval (petit).	Idem.	4 00	
		240	Couteau lancéolaire pour les yeux : coudé.	Idem.	2 80	
		241	Couteau lancéolaire pour les yeux : droit.	Idem.	2 80	
		242	Couteau pour les paupières, de Stilling.	Idem.	2 80	
		243	Crochet à strabisme d'Abadie.	Idem.	2 80	
		244	Crochet à tige coudée pour l'oreille.	Idem.	2 00	
		245	Crochet œsophagien de Graefe, terminé par une éponge et pouvant recevoir les boules dilatatrices, en ivoire, de Trousseau.	Idem.	5 60	
		246	Crochets pour clef de Garengeot (grand, moyen, petit, pointu).	Idem.	1 00	
		247	Crochet tranchant du Dr Ruault.	Idem.	4 00	
		248	Cuillère mousse pour corps étranger du nez.	Idem.	5 60	
		249	Cuir à rasoir, avec pierre et bâton de pâte.	Idem.	8 00	
		250	Curette de Behag pour tumeurs adénoïdes : grande.	Idem.	8 00	

DÉNOMINATION ET CLASSIFICATION DES MATIÈRES ET OBJETS.				ESPÈCE des UNITÉS.	PRIX MINISTÉRIELS.	OBSERVATIONS.
PAR UNITÉ SOMMAIRE.		PAR SUBDIVISION.				
Numéro et libellé.	Subdivision.	Numéros.	Dénominations.			
					fr. c.	
		251	Curette de Behag pour tumeurs adénoïdes : moyenne...	Nombre.	8 00	
		252	Curette de Behag pour tumeurs adénoïdes : petite......	Idem.	8 00	
		253	Curette double de Critchett et Bowmann en argent.....	Idem.	5 80	
		254	Curette en écaille de Graefe avec kystitome..........	Idem.	6 00	
		255	Curette mousse pour l'oreille......................	Idem.	3 60	
		256	Curette pour l'apophyse mastoïde..................	Idem.	5 20	
		257	Curettes tranchantes de Wolkmann : grandes n°ˢ 5 et 6.	Idem.	6 00	
		258	Curettes tranchantes de Wolkmann : moyennes n°ˢ 3 et 4	Idem.	5 60	
		259	Curettes tranchantes de Wolkmann : petites n°ˢ 1 et 2..	Idem.	5 20	
		260	Curette tranchante pour l'oreille....................	Idem.	3 80	
		261	Curette utérine, double, de Pozzi...................	Idem.	8 80	
		262	Curette utérine, simple, tranchante, à injection, d'Auvard	Idem.	10 20	
		263	Curette utérine, simple, tranchante, en cuillère, de Simon, quatre grandeurs.....................	Idem.	7 20	
		264	Curette utérine, simple, tranchante, fenêtrée, de Sims, quatre grandeurs.....................	Idem.	7 20	
		265	Curettes en acier { Coudée à droite.................	Idem.	1 00	
		266	ou excavateurs { Coudée à gauche.................	Idem.	1 00	
		267	pour les dents. { Droite........................	Idem.	1 00	
		268	Cylindre en cristal, *de rechange*, pour seringue de 1 centimètre cube.....................	Idem.	0 35	
		269	Cylindre en cristal, *de rechange*, pour seringue de 5 centimètres cubes.....................	Idem.	0 35	
11 Outillage, instruments et appareils divers.	B INSTRUMENTS DE CHIRURGIE ISOLÉS. (Suite.)	270	Cylindre en cristal, *de rechange*, pour seringue de 20 centimètres cubes.....................	Idem.	0 60	
		271	Cylindre en cristal, *de rechange*, pour seringue de 50 centimètres cubes.....................	Idem.	1 40	
		272	Cylindre en cristal, *de rechange*, pour seringue d'Anel...	Idem.	0 80	
		273	Cylindre en cristal, *de rechange*, pour seringue de Guyon.	Idem.	0 80	
		274	Cylindre en cristal, *de rechange*, pour seringue à hydrocèle stérilisable.. { de 50 grammes..	Idem.	1 40	
		275	{ de 100 grammes.	Idem.	1 80	
		276	{ de 150 grammes.	Idem.	1 20	
		277	Cystoscope de Luys............................	Idem.	70 40	
		278	Daviers anglais à articulation démontante { pour dents de sagesse.............	Idem.	7 60	
		279	pour incisives et canines inférieures...	Idem.	7 60	
		280	pour incisives et canines supérieures	Idem.	7 60	
		281	pour molaires inférieures..........	Idem.	7 60	
		282	pour molaires supérieures droites....	Idem.	7 60	
		283	pour molaires supérieures gauches...	Idem.	7 60	
		284	pour racines inférieures............	Idem.	7 60	
		285	pour racines supérieures...........	Idem.	7 60	
		286	Davier à résection de Farabeuf, articulation double......	Idem.	17 00	
		287	Davier à séquestre, à mors longs, courbes............	Idem.	8 00	
		288	Davier à séquestre, à mors longs, droits.............	Idem.	8 00	
		289	Davier français, courbe sur le plat.................	Idem.	3 20	
		290	Davier français, demi-courbe fin, pour racines........	Idem.	3 20	
		291	Davier français, droit...........................	Idem.	3 20	
		292	Déchaussoir en acier pour les dents................	Idem.	1 20	
		293	Diapason avec archet............................	Idem.	11 60	
		294	Dilatateur de Laborde pour trachéotomie............	Idem.	9 60	
		295	Dilatateur utérin trivalve de Scanzoni..............	Idem.	17 60	
		296	Dilatateur rectal de Trélat.......................	Idem.	20 40	

Par unité sommaire		Par subdivision		Espèce des unités	Prix ministériels	Observations
Numéro et libellé	Subdivision	Numéros	Dénominations		fr. c.	
		297	Diviseur des urines (Luys)	Nombre.	72 00	
		298	Doigtier-extracteur pour l'appareil de Froin	Idem.	2 40	
		299	Double-courant pour thermo-cautère avec robinet	Idem.	3 20	
		300	Drains en verre de Doyen, assortis	Idem.	0 35	
		301	Dynamomètre à deux aiguilles	Idem.	24 00	
		302	Écarteur à manche de Wolkmann, de 21$^{m/m}$ de largeur	La paire.	7 80	
		303	Écarteur à manche de Wolkmann, de 18$^{m/m}$ de largeur	Idem.	7 80	
		304	Écarteurs doubles de Farabeuf, la paire	Idem.	4 40	
		305	Écarteur des côtes pour passer la cisaille	Nombre.	7 40	
		306	Écarteur des parois du ventre de Péan (moyen)	La paire.	9 20	
		307	Échelle des couleurs	Nombre.	5 60	
		308	Échelle typographique de Monoyer	Idem.	2 40	
		309	Échelle typographique	Idem.	3 20	
		310	Écouvillon pour nettoyer les canules à trachéotomie	Idem.	0 25	
		311	Élévateur coudé, langue de carpe, pour les dents	Idem.	3 40	
		312	Élévatoire double	Idem.	3 40	
		313	Emporte-pièce à tranchant unique, grand	Idem.	16 80	
		314	Emporte-pièce à tranchant unique, moyen	Idem.	17 00	
11		315	Emporte-pièce à tranchant unique, petit	Idem.	14 40	
Outillage, instruments et appareils divers.	B Instruments de chirurgie isolés. (Suite.)	316	Entérotome de Panas	Idem.	11 20	
		317	Épingles à suture	Cent.	0 35	
		318	Érigne à chaîne triple	Nombre.	0 60	
		319	Érigne à manche d'ébène, simple	Idem.	0 80	
		320	Excavateurs courbes pour les dents, série de 12	Série.	12 80	
		321	Figures en platine pour thermo-cautère, en forme de couteau	Nombre.	22 40	
		322	Figures en platine pour thermo-cautère, en pointe courbe, très fine pour les dents	Idem.	9 60	
		323	Figures en platine pour thermo-cautère, en pointe mousse et courte pour pointes de feu	Idem.	20 00	
		324	Figures en platine pour thermo-cautère, en pointe très fine, aiguë, pour la cornée	Idem.	9 60	
		325	Figures en platine pour thermo-cautère, olivaire pour l'utérus	Idem.	25 60	
		326	Fil d'argent pour sutures, de 1$^{m/m}$ ... 8 gr. (en rouleau de 1^{m}00.)	Rouleau.	1 90	
		327	Fil d'argent pour sutures, de 0$^{m/m}$9 ... 7 gr. (en rouleau de 1^{m}00.)	Idem.	1 70	
		328	Fil d'argent pour sutures, de 0$^{m/m}$8 ... 6 gr. (en rouleau de 1^{m}00.)	Idem.	1 45	
		329	Fil d'argent pour sutures, de 0$^{m/m}$7 ... 5 gr. (en rouleau de 1^{m}00.)	Idem.	1 20	
		330	Fil d'argent pour sutures, de 0$^{m/m}$6 ... 7 gr.	Idem.	1 65	
		331	Fil d'argent pour sutures, de 0$^{m/m}$5 ... 5 gr.	Idem.	1 20	
		332	Fil d'argent pour sutures, de 0$^{m/m}$4 ... 3 gr.	Idem.	0 75	
		333	Fil d'argent pour sutures, de 0$^{m/m}$3 ... 2 gr. (en rouleau de 2^{m}50.)	Idem.	0 50	
		334	Fil d'argent pour sutures, de 0$^{m/m}$2 ... 1 gr. (en rouleau de 2^{m}50.)	Idem.	0 25	
		335	Fils d'argent câblé pour sutures, n° 1	Idem.	5 60	
		336	Fils d'argent câblé pour sutures, n° 2	Idem.	6 40	
		337	Fils d'argent câblé pour sutures, n° 3	Idem.	7 20	
		338	Fil de fer recuit pour sutures osseuses	Mètre.	0 10	
		339	Fils métalliques, pour aiguilles d'aspirateur, en tubes de verre, contenant chacun 20 fils	Tube.	0 20	
		340	Fils métalliques, pour aiguilles de seringue, en paquets de 20 fils	Paquet.	0 10	
		341	Fil de platine, en rouleau de 0^{m}50, pour les dents	Rouleau.	7 20	
		342	Fil scie de Gigli, la douzaine	Douzaine.	6 00	
		343	Fil scie de Gigli (2 manches pour)	Nombre.	4 00	

DÉNOMINATION ET CLASSIFICATION DES MATIÈRES ET OBJETS.				ESPÈCE des UNITÉS.	PRIX MINISTÉRIELS.	OBSERVA-TIONS.
PAR UNITÉ SOMMAIRE.		PAR SUBDIVISION.				
Numéro et libellé.	Subdivision.	Nu-méros.	Dénominations.		fr. c.	
		344	Filière en maillechort de Charrière pour sondes et bougies.	Nombre.	1 80	
		345	Flacon en verre, de 50 grammes, clissé en osier, pour solution de chlorhydrate de quinine à 1/10 (caisse n° 3).	Idem.	3 35	
		346	Flacon en verre pour thermo-cautère, avec bouchon à vis	Idem.	3 35	
		347	Forceps à branches tractantes de Tarnier	Idem.	53 60	
		348	Forceps brisé de Pajot, détroit supérieur	Idem.	25 60	
		349	Forceps de Pajot, détroit inférieur	Idem.	24 00	
		350	Fouloir pour les dents avec brunissoir	Idem.	2 20	
		351	Fraises de Doyen pour les os se montant sur le trépan, de $4^{m/m}$	Idem.	4 40	
		352	$8^{m/m}$	Idem.	5 00	
		353	$12^{m/m}$	Idem.	5 60	
		354	$16^{m/m}$	Idem.	6 00	
		355	Fraises pour les dents (série de 12)	Série.	12 00	
		356	Fraises pour tour à fraiser, pour tour à main, n° 7	Douzaine.	6 40	
		357	Fraises pour tour à fraiser, pour angle droit, n° 2	Idem.	6 40	
		358	Foret pour les dents, pour pièce à main, n° 7	Idem.	6 40	
		359	Foret pour les dents, pour angle droit, n° 2	Idem.	6 40	
		360	Glaces de rechange pour la caisse n° 1. Glace de dessus, $0^m 54 \times 0^m 30$	Nombre.	4 80	
		361	Glace de face, $0^m 96 \times 0^m 51$	Idem.	18 30	
		362	Glace de fond, $0^m 96 \times 0^m 54$	Idem.	19 95	
		363	Glace étamée pour le bas, $0^m 54 \times 0^m 33$	Idem.	6 45	
11 Outil-lage, instru-ments et appareils divers.	B INSTRUMENTS DE CHIRURGIE ISOLÉS. (Suite.)	364	Glace de côté, $0^m 96 \times 0^m 33$	Idem.	11 25	
		365	Gorgeret en ébène	Idem.	2 40	
		366	Gouge à manche, de Legouest	Idem.	6 80	
		367	Gouge ordinaire de $7^{m/m}$ de largeur	Idem.	2 80	
		368	Gouge ordinaire de $10^{m/m}$ de largeur	Idem.	2 80	
		369	Gouge ordinaire de $13^{m/m}$ de largeur	Idem.	3 20	
		370	Gouge de Stacke pour apophyse mastoïde (série de 3)	Série.	6 00	
		371	Grattoir pour les dents, courbe	Nombre.	1 00	
		372	Gutta-percha en petits cylindres pour obturer les dents (cylindres de 20 grammes)	Cylindre.	2 00	
		373	Housse en cuir fort pour la caisse n° 2	Nombre.	20 90	
		374	Housse en cuir fort pour la caisse n° 3	Idem.	17 60	
		375	Housse en peau à fermoir pour la seringue n° 559	Idem.	1 95	
		376	Housse en peau à fermoir pour la trousse n° 9	Idem.	3 60	
		377	Hystéromètre à tige graduée	Idem.	3 60	
		378	Kystitome à tige flexible et à curette en argent	Idem.	4 40	
		379	Kératoscope du docteur Chauvel	Idem.	8 00	
		380	Lame de rechange pour amygdalotome : grande, moyenne, petite	Idem.	6 40	
		381	Lame de rechange pour scie à amputation et résection : feuillets pour amputation (grands, moyens et petits) et feuillets pour résection	Idem.	1 40	
		382	Lame de rechange pour uréthrotome, de Maisonneuve, concave	Idem.	3 40	
		383	Lame de rechange pour uréthrotome, de Maisonneuve, convexe	Idem.	3 40	
		384	Lampe à alcool, pour thermo-cautère de trousse, en métal nickelé	Idem.	2 40	
		385	Lampe à alcool, pour thermo-cautère ordinaire, en verre	Idem.	3 60	

DÉNOMINATION ET CLASSIFICATION DES MATIÈRES ET OBJETS.				ESPÈCE des UNITÉS.	PRIX MINISTÉRIELS.	OBSERVA-TIONS.
PAR UNITÉ SOMMAIRE.		PAR SUBDIVISION.				
Numéro et libellé.	Subdivision.	Numéros.	Dénominations.			
					fr. c.	
		386	Lancette avec châsse en métal { à abcès	Nombre.	1 80	
		387	{ à saignée	Idem.	1 20	
		388	{ à vaccination	Idem.	1 20	
		389	Laryngoscope de Krishaber, en boîte, complet	Idem.	27 20	
		390	Lime demi-cylindrique pour les dents, courbe	Idem.	0 60	
		391	Lime demi-cylindrique pour les dents, droite	Idem.	0 60	
		392	Lime plate, petite, double, pour les dents	Idem.	0 40	
		393	Lime taillée sur toutes les faces pour les dents	Idem.	0 80	
		394	Lithotome double	Idem.	37 60	
		395	Lithotome simple	Idem.	18 00	
		396	Lithotriteur à bascule et à bec plat, nᵒˢ 0, 1, 1 1/2	Idem.	52 00	
		397	Lithotriteur à pignon fenêtré et à dents alternes, nᵒ 2	Idem.	55 60	
		398	Lunettes d'essai simples (Paire de)	Idem.	4 80	
		399	Magasin-chevalet pour agrafes du Dʳ Michel	Idem.	4 80	
		400	Maillet en plomb enveloppé de maillechort	Idem.	6 80	
11	B	401	Manche carburateur pour thermo-cautère de trousse	Idem.	3 60	
Outillage, instruments et appareils divers.	INSTRUMENTS DE CHIRURGIE ISOLÉS. (Suite.)	402	Masque à chloroforme en fil métallique	Idem.	4 00	
		403	Manche métallique nickelé pour les trocarts à emboîtement.	Idem.	2 00	
		404	Manche métallique nickelé pour clef de Garengeot	Idem.	2 00	
		405	Manche métallique nickelé pour miroir laryngien	Idem.	2 00	
		406	Manche pour thermo-cautère ordinaire	Idem.	3 20	
		407	Mandrin en maillechort pour sondes	Idem.	0 15	
		408	Marteau à crochet pour autopsie	Idem.	5 40	
		409	Miroir buccal petit, à manche articulé	Idem.	4 00	
		410	Miroir frontal, avec bandeau et manche, pour l'examen de l'oreille	Idem.	8 80	
		411	Miroir laryngien carré, inoxydable, nᵒ 4	Idem.	1 60	
		412	Miroir laryngien carré, inoxydable, nᵒ 3	Idem.	1 60	
		413	Miroir laryngien rond, inoxydable, nᵒ 2	Idem.	1 60	
		414	Miroir laryngien rond, inoxydable, nᵒ 4	Idem.	1 60	
		415	Olive en cristal pour la seringue de Guyon	Idem.	0 60	
		416	Ophtalmoscope de Follin, avec lentille, en boîte bois	Idem.	10 40	
		417	Ophtalmoscope de Parent, à réfraction	Idem.	40 00	
		418	Optomètre de Badal	Idem.	64 00	
		419	Otoscope de Brunton, en boîte	Idem.	24 00	
		420	Ouvre-bouche pour l'appareil à intubation de Froin	Idem.	14 40	
		421	Peau rouge pour nettoyer les instruments (morceau de 0ᵐ 50 × 0ᵐ 30)	Idem.	1 80	
		422	Pelvimètre à cadran de Budin	Idem.	24 80	
		423	Perforateur à main (avec 3 forets)	Idem.	8 80	
		424	Perforateur à colonne torse (avec 3 forets)	Idem.	16 00	
		425	Perforateur à manivelle avec foret	Idem.	29 60	
		426	Pied-de-biche	Idem.	2 00	
		427	Pince à abaissement de l'utérus de Doléris à 2 griffes	Idem.	6 00	
		428	Pince à abaissement de l'utérus de Doléris à 4 griffes	Idem.	6 00	
		429	Pince à avivement longue, pour staphylorrhaphie, droite.	Idem.	4 80	
		430	Pince à avivement longue, pour staphylorrhaphie, courbe	Idem.	4 80	
		431	Pince articulée, mors à curette, pour corps étrangers de l'oreille	Idem.	9 60	
		432	Pince à dents de souris : fine	Idem.	1 80	
		433	Pince à dents de souris : forte	Idem.	2 00	
		434	Pince à dissection : fine	Idem.	1 40	

<table>
<tr><th colspan="4">DÉNOMINATION ET CLASSIFICATION DES MATIÈRES ET OBJETS.</th><th rowspan="3">ESPÈCE
des
UNITÉS.</th><th rowspan="3">PRIX
MINISTÉRIELS.</th><th rowspan="3">OBSERVA-
TIONS.</th></tr>
<tr><th colspan="2">PAR UNITÉ SOMMAIRE.</th><th colspan="2">PAR SUBDIVISION.</th></tr>
<tr><th>Numéro
et libellé.</th><th>Subdivision.</th><th>Nu-
méros.</th><th>Dénominations.</th></tr>
<tr><td></td><td></td><td></td><td></td><td></td><td>fr.   c.</td><td></td></tr>
<tr><td rowspan="51">11

Outil-
lage,
instru-
ments
et
appareils
divers.</td><td rowspan="51">B

INSTRUMENTS
DE
CHIRURGIE
ISOLÉS.
(Suite.)</td><td>435</td><td>Pince à dissection : forte.</td><td>Nombre.</td><td>1 60</td><td></td></tr>
<tr><td>436</td><td>Pince à épiler les cils.</td><td>Idem.</td><td>2 00</td><td></td></tr>
<tr><td>437</td><td>Pince à érignes pour fixer la langue (anesthésie).</td><td>Idem.</td><td>6 00</td><td></td></tr>
<tr><td>438</td><td>Pince à érignes pour l'intestin.</td><td>Idem.</td><td>4 40</td><td></td></tr>
<tr><td>439</td><td>Pince à fixer le globe de l'œil, de Graefe.</td><td>Idem.</td><td>4 00</td><td></td></tr>
<tr><td>440</td><td>Pince à iridectomie : courbe.</td><td>Idem.</td><td>2 40</td><td></td></tr>
<tr><td>441</td><td>Pince à iridectomie : droite.</td><td>Idem.</td><td>2 40</td><td></td></tr>
<tr><td>442</td><td>Pince à langue de Laborde pour tractions continues</td><td>Idem.</td><td>4 00</td><td></td></tr>
<tr><td>443</td><td>Pince à mors parallèle pour entérotomie.</td><td>Idem.</td><td>7 40</td><td></td></tr>
<tr><td>444</td><td>Pince à pansement, à mors étroits, pour l'oreille.</td><td>Idem.</td><td>5 20</td><td></td></tr>
<tr><td>445</td><td>Pince à phimosis de Ricord, à crémaillère.</td><td>Idem.</td><td>6 00</td><td></td></tr>
<tr><td>446</td><td>Pince à suture en fourche, de Lucas-Championnière.</td><td>Idem.</td><td>3 40</td><td></td></tr>
<tr><td>447</td><td>Pince à torsion et à verrou.</td><td>Idem.</td><td>4 00</td><td></td></tr>
<tr><td>448</td><td>Pince-cautère écrasante, à anneaux de buis, de Richet,
pour hémorrhoïdes</td><td>Idem.</td><td>10 80</td><td></td></tr>
<tr><td>449</td><td>Pince courbe à iris.</td><td>Idem.</td><td>2 40</td><td></td></tr>
<tr><td>450</td><td>Pince courbe ordinaire pour l'oreille</td><td>Idem.</td><td>3 00</td><td></td></tr>
<tr><td>451</td><td>Pince courbe pour nettoyer la plaie (iridectomie).</td><td>Idem.</td><td>2 40</td><td></td></tr>
<tr><td>452</td><td>Pince de Chambon pour vaccination animale.</td><td>Idem.</td><td>3 80</td><td></td></tr>
<tr><td>453</td><td>Pince de Desmares pour les paupières</td><td>Idem.</td><td>4 80</td><td></td></tr>
<tr><td>454</td><td>Pince de Duplay pour polype du nez : courbe.</td><td>Idem.</td><td>4 80</td><td></td></tr>
<tr><td>455</td><td>Pince de Duplay pour polype du nez : droite.</td><td>Idem.</td><td>4 80</td><td></td></tr>
<tr><td>456</td><td>Pince de Doyen, articulation à doigt, 12 centimètres.</td><td>Idem.</td><td>4 80</td><td></td></tr>
<tr><td>457</td><td>Pince de Museux, à érignes cachées, courbe.</td><td>Idem.</td><td>8 00</td><td></td></tr>
<tr><td>458</td><td>Pince de Museux, à érignes cachées, droite.</td><td>Idem.</td><td>8 00</td><td></td></tr>
<tr><td>459</td><td>Pince de Roux pour staphylorrhaphie.</td><td>Idem.</td><td>4 00</td><td></td></tr>
<tr><td>460</td><td>Pince de Snellen pour les paupières : droite.</td><td>Idem.</td><td>6 00</td><td></td></tr>
<tr><td>461</td><td>Pince de Snellen pour les paupières : gauche.</td><td>Idem.</td><td>6 00</td><td></td></tr>
<tr><td>462</td><td>Pince à coprostase de Doyen</td><td>Idem.</td><td>6 80</td><td></td></tr>
<tr><td>463</td><td>Pince à pansement pour les dents.</td><td>Idem.</td><td>1 25</td><td></td></tr>
<tr><td>464</td><td>Pince emporte-pièce pour la paroi crânienne.</td><td>Idem.</td><td>14 00</td><td></td></tr>
<tr><td>465</td><td>Pince trépan</td><td>Idem.</td><td>30 40</td><td></td></tr>
<tr><td>466</td><td>Pince gouge moyenne pour résection : courbe.</td><td>Idem.</td><td>9 60</td><td></td></tr>
<tr><td>467</td><td>Pince gouge moyenne pour résection : droite.</td><td>Idem.</td><td>9 60</td><td></td></tr>
<tr><td>468</td><td>Pince hémostatique à griffes, de Kocher, de 0^m12</td><td>Idem.</td><td>6 60</td><td></td></tr>
<tr><td>469</td><td>Pince hémostatique à griffes, de Kocher, de 0^m14</td><td>Idem.</td><td>4 00</td><td></td></tr>
<tr><td>470</td><td>Pince hémostatique à griffes, de Kocher, de 0^m18</td><td>Idem.</td><td>5 20</td><td></td></tr>
<tr><td>471</td><td rowspan="15">Pinces
hémostatiques
démontables.
Pinces clamps
avec
articulation
à doigts,</td><td>à mors ordinaires, courbes — longues ou utérines.</td><td>Idem.</td><td>5 40</td><td></td></tr>
<tr><td>472</td><td>à mors ordinaires, courbes — longuettes</td><td>Idem.</td><td>5 00</td><td></td></tr>
<tr><td>473</td><td>à mors ordinaires, droites — longues ou utérines.</td><td>Idem.</td><td>5 40</td><td></td></tr>
<tr><td>474</td><td>à mors ordinaires, droites — longuettes</td><td>Idem.</td><td>5 00</td><td></td></tr>
<tr><td>475</td><td>à mors ordinaires, droites — ordinaires</td><td>Idem.</td><td>3 40</td><td></td></tr>
<tr><td>476</td><td>à mors plats, courbes sur le plat — longues ou utérines.</td><td>Idem.</td><td>6 80</td><td></td></tr>
<tr><td>477</td><td>à mors plats, courbes sur le plat — longuettes</td><td>Idem.</td><td>5 60</td><td></td></tr>
<tr><td>478</td><td>à mors plats, courbes sur le plat — ordinaires</td><td>Idem.</td><td>4 00</td><td></td></tr>
<tr><td>479</td><td>à mors plats, droites — longues ou utérines.</td><td>Idem.</td><td>6 80</td><td></td></tr>
<tr><td>480</td><td>à mors plats, droites — longuettes</td><td>Idem.</td><td>5 60</td><td></td></tr>
<tr><td>481</td><td>à mors plats, droites — ordinaires</td><td>Idem.</td><td>4 00</td><td></td></tr>
<tr><td>482</td><td>à mors plats spéciaux — en T</td><td>Idem.</td><td>4 80</td><td></td></tr>
<tr><td>483</td><td>à mors plats spéciaux — en Γ</td><td>Idem.</td><td>4 80</td><td></td></tr>
<tr><td>484</td><td>à mors plats spéciaux — en Δ</td><td>Idem.</td><td>4 80</td><td></td></tr>
<tr><td>485</td><td>à mors plats spéciaux — en O</td><td>Idem.</td><td>4 80</td><td></td></tr>
</table>

DÉNOMINATION ET CLASSIFICATION DES MATIÈRES ET OBJETS.				ESPÈCE des UNITÉS.	PRIX MINISTÉRIELS.	OBSERVA-TIONS.
PAR UNITÉ SOMMAIRE.		PAR SUBDIVISION.				
Numéro et libellé.	Subdivision.	Nu-méros.	Dénominations.		fr. c.	
		486	Pince laryngienne le Fauvel.....................	Nombre.	8 80	
		487	Pince longue à griffes latérales pour amygdales.........	Idem.	5 40	
		488	Pince emporte-pièce pour amygdales du D' Ruault......	Idem.	17 20	
		489	Pince porte-agrafes simple pour agrafes du D' Michel....	Idem.	3 20	
		490	Pince porte-aiguille, pour aiguilles de Hagedorn, à cran d'arrêt (grand modèle)..................	Idem.	11 60	
		491	Pince porte-aiguille, pour aiguilles de Hagedorn, à cran d'arrêt (petit modèle)	Idem.	11 60	
		492	Pince pour l'introduction des tiges de laminaria........	Idem.	6 00	
		493	Pince pour porter le ballon de Champetier de Ribes : grande..	Idem.	10 80	
		494	Pince pour porter le ballon de Champetier de Ribes : moyenne.....................................	Idem.	7 40	
		495	Pince pour réduction des phalanges.................	Idem.	10 00	
		496	Pince pour végétations adénoïdes, moyenne...........	Idem.	13 60	
		497	Pince tire-balle, à crémaillère, à triple dent..........	Idem.	6 00	
		498	Pince trocart de Wolfler.....................	Idem.	9 60	
		499	Pinceau pour le larynx, monté sur manche en métal.....	Idem.	2 40	
		500	Pinceau pour le pharynx, monté sur manche en métal...	Idem.	2 40	
		501	Piston de rechange pour seringue de 1 centimètre cube...	Idem.	0 15	
		502	Piston de rechange pour seringue de 5 centimètres cubes.	Idem.	0 40	
		503	Piston de rechange pour seringue de 20 centimètres cubes	Idem.	0 60	
		504	Piston de rechange pour seringue de 50 centimètres cubes	Idem.	1 20	
II Outil-lage, instru-ments et appareils divers.	B INSTRUMENTS DE CHIRURGIE ISOLÉS. (Suite.)	505	Piston de rechange pour seringue d'Anel..............	Idem.	0 60	
		506	Piston de rechange pour seringue à hydrocèle, stérilisable, de 50 grammes........................	Idem.	1 20	
		507	Piston de rechange pour seringue à hydrocèle, stérili-sable, de 100 grammes.....................	Idem.	1 60	
		508	Piston de rechange pour seringue à hydrocèle, stérilisable, de 150 grammes..........................	Idem.	2 00	
		509	Poire à air de Politzer, avec tube en caoutchouc et canule conique pour l'oreille........................	Idem.	7 60	
		510	Poire double pour thermo-cautère de trousse..........	Idem.	4 00	
		511	Poire double pour thermo-cautère ordinaire..........	Idem.	5 80	
		512	Poire en caoutchouc avec canule pour dessécher les dents.....................................	Idem.	3 20	
		513	Poire en caoutchouc avec monture métallique pour tube de Ribemont................................	Idem.	3 20	
		514	Porte-aiguille de De Wecker pour les yeux	Idem.	10 80	
		515	Porte-aiguille double pour aiguilles à injection de 0^m06..	Idem.	0 35	
		516	Porte-caustique de Lallemand, courbe, avec chaînon en argent....................................	Idem.	12 00	
		517	Porte-caustique de Lallemand, droit, avec chaînon en ar-gent.....................................	Idem.	12 00	
		518	Porte-caustique laryngien de Fauvel, en argent........	Idem.	6 40	
		519	Porte-caustique ordinaire pour trousse, en caoutchouc durci....................................	Idem.	2 40	
		520	Porte-caustique, manche métal, avec pince en argent, et coulant à vis, pour l'oreille et le nez..............	Idem.	6 60	
		521	Porte-coton intra-utérin......................	Idem.	1 20	
		522	Porte-fraises pour les dents, à colonne torse..........	Idem.	8 00	
		523	Porte-limes pour les dents.....................	Idem.	4 00	
		524	Pulvérisateur de Lucas-Championnière à deux becs......	Idem.	68 00	
		525	Bec de rechange pour ledit pulvérisateur.............	Idem.	8 00	
		526	Rachitome d'Amussat.........................	Idem.	4 80	

DÉNOMINATION ET CLASSIFICATION DES MATIÈRES ET OBJETS.				ESPÈCE des UNITÉS.	PRIX MINISTÉRIELS.	OBSERVATIONS.
PAR UNITÉ SOMMAIRE.		PAR SUBDIVISION.				
Numéro et libellé.	Subdivision.	Numéros.	Dénominations.			
					fr. c.	
		527	Rasoir à pansement.	Nombre.	4 00	
		528	Rasoir pour la barbe.	Idem.	4 00	
		529	Releveur des paupières en argent	Idem.	4 40	
		530	Releveur irrigateur des paupières du Dʳ Osco.	Idem.	10 20	
		531	Réservoir à essence, en métal nickelé, pour le thermo-cautère de trousse.	Idem.	2 40	
		532	Rhinoscope de Duplay.	Idem.	12 80	
		533	Rondelle-joint de rechange pour seringue de 1 centimètre cube (deux).	Idem.	0 10	
		534	Rondelle-joint de rechange pour seringue de 5 centimètres cubes (deux)	Idem.	0 15	
		535	Rondelle-joint de rechange pour seringue de 20 centimètres cubes (deux).	Idem.	0 20	
		536	Rondelle-joint de rechange pour seringue de 50 centimètres cubes (deux).	Idem.	0 30	
		537	Rondelle-joint de rechange pour seringue d'Anel (deux).	Idem.	0 15	
		538	Rondelle-joint de rechange pour seringue à hydrocèle stérilisable de 50 grammes (deux).	Idem.	0 40	
		539	Rondelle-joint de rechange pour seringue à hydrocèle stérilisable de 100 grammes (deux).	Idem.	0 50	
		540	Rondelle-joint de rechange pour seringue à hydrocèle stérilisable de 150 grammes (deux).	Idem.	0 60	
		541	Rugine courbe à manche.	Idem.	5 00	
11 Outillage, instruments et appareils divers.	B INSTRUMENTS DE CHIRURGIE ISOLÉS. (Suite.)	542	Rugine de Farabeuf : courbe.	Idem.	5 00	
		543	Rugine de Farabeuf : droite.	Idem.	5 00	
		544	Rugine détache-tendons d'Ollier.	Idem.	5 00	
		545	Rugines de toutes formes pour nettoyer les dents.	Idem.	1 00	
		546	Règle à skiascopie, combinaison de 0,50 à 19 dioptries.	Idem.	28 80	
		547	Rétracteur de Dujardin-Baumetz.	Idem.	32 00	
		548	Scalpel fin (manche bois).	Idem.	0 80	
		549	Scalpel fort à autopsie, manche bois : convexe.	Idem.	2 00	
		550	Scalpel fort à autopsie, manche bois : pointu.	Idem.	2 00	
		551	Scie à amputation et résection, à lames tournantes.	Idem.	36 00	
		552	Scie à chaîne, avec crochets, étau, aiguille et deux manches, métal nickelé.	Idem.	16 00	
		553	Scie à curseur gradué, pour autopsie.	Idem.	14 80	
		554	Scie à dos mobile, pour autopsie : grande.	Idem.	7 40	
		555	Scie à dos mobile pour autopsie : petite.	Idem.	5 40	
		556	Seringue à injections cadavériques, grande, de 1,200 gr., avec collier, 2 manchons, 3 robinets, 3 canules.	Idem.	68 00	
		557	Seringue à injection cadavérique, moyenne, de 180 grammes, avec 2 robinets et 2 canules.	Idem.	22 40	
		558	Seringue à injection cadavérique, petite, de 30 grammes, avec 2 robinets et 2 canules.	Idem.	12 00	
		559	Seringue à injection hypodermique de 1 centimètre cube, en métal nickelé, stérilisable en boîte métallique nickelée, avec 3 aiguilles dont 1 en platine iridié, 3 pistons de rechange, 3 jeux de rondelles-joints de rechange, un paquet de fils métalliques, et 3 petits flacons de verre bouchés à l'émeri.	Idem.	12 00	
		560	Seringue à injections hypodermiques en argent, de 1 centimètre cube, dans un étui en métal nickelé, avec 2 aiguilles dont une en platine iridié pour la trousse de médecin.	Idem.	12 00	

DÉNOMINATION ET CLASSIFICATION DES MATIÈRES ET OBJETS.				ESPÈCE des UNITÉS.	PRIX MINISTÉRIELS.	OBSERVA-TIONS.
PAR UNITÉ SOMMAIRE.		**PAR SUBDIVISION.**				
Numéro et libellé.	Subdivision.	Nu-méros.	Dénominations.			
					fr. c.	
		561	Seringues stérilisables en cristal à cylindre et piston interchangeable, logés séparément dans une boîte métallique avec 2 aiguilles d'acier de — de 1 gramme. .	Nombre.	3 20	
		562	de 2 grammes.	Idem.	3 20	
		563	de 5 grammes.	Idem.	4 80	
			Rechanges pour la seringue ci-dessus :			
		564	Cylindres de rechange pour la seringue — de 1 gramme. .	Idem.	0 80	
		565	de 2 grammes.	Idem.	0 80	
		566	de 5 grammes.	Idem.	0 80	
		567	Pistons de rechange pour la seringue — de 1 gramme. .	Idem.	0 80	
		568	de 2 grammes.	Idem.	0 80	
		569	de 5 grammes.	Idem.	1 20	
		570	Seringue de 5 centimètres cubes nickelée, stérilisable, en boîte métallique nickelée.	Idem.	12 80	
			avec : 2 aiguilles de o^mo6 ; 1 porte-aiguilles ; 3 pistons de rechange ; 3 jeux de rondelles-joints de rechange ; 1 cylindre cristal de rechange ; 1 paquet de fils métalliques ; 1 tube de raccord garni de 2 ajutages métalliques ; 1 tube de raccord non garni.			
11 Outil-lage, instru-ments et appareils divers.	B INSTRUMENTS DE CHIRURGIE ISOLÉS. (Suite.)	571	Seringue à injection intra-utérine de Leblond.	Idem.	8 00	
		572	Seringue d'Anel, en argent, stérilisable, avec boîte en métal nickelé.	Idem.	20 40	
			Comprenant : 3 canules en argent ; 3 pistons de rechange ; 3 jeux de rondelles-joints de rechange ; 1 cylindre en cristal de rechange ; 1 paquet de fils métalliques.			
		573	Seringue de Guyon, eu métal argenté, pour injections caustiques, dans une boîte en métal nickelé, avec une sonde pour instillations.	Idem.	13 60	
		574	Seringue de Guyon, en métal argenté, de 160 centimètres cubes, avec deux canules coniques et deux olives en cristal pour injections vésicales sans sondes.	Idem.	26 40	
		575	Seringues à hydrocèle, en caoutchouc durci, de 70 grammes.	Idem.	10 80	
		576	Seringues à hydrocèle, en caoutchouc durci, de 100 grammes.	Idem.	13 60	
			Seringues à hydrocèle en maillechort, avec piston en cuir :			
		577	de 100 grammes.	Idem.	14 60	
		578	de 200 grammes.	Idem.	21 60	
			Seringues à hydrocèle stérilisable, avec un tube en cristal de rechange :			
		579	de 50 grammes.	Idem.	12 40	
		580	de 100 grammes.	Idem.	15 20	
		581	de 150 grammes.	Idem.	16 80	

DÉNOMINATION ET CLASSIFICATION DES MATIÈRES ET OBJETS.				ESPÈCE des UNITÉS.	PRIX MINISTÉRIELS.	OBSERVA-TIONS.
PAR UNITÉ SOMMAIRE.		**PAR SUBDIVISION.**				
Numéro et libellé.	Subdivision.	Nu-méros.	Dénominations.		fr. c.	
		582	Seringue de Roux, de 20 centimètres cubes, nickelée, stérilisable, en boîte métallique nickelée.............	Nombre.	16 80	
			Contenant :			
			2 aiguilles de 0^{m}06 ;			
			1 porte-aiguilles ;			
			6 pistons de rechange ;			
			6 jeux de rondelles-joints de rechange ;			
			1 cylindre en cristal de rechange ;			
			1 tube de raccord, garni de deux ajutages métalliques ;			
			1 tube de raccord non garni ;			
			1 paquet de fils métalliques.			
		583	Seringue en caoutchouc durci, de 1 centimètre cube, en boîte gainée, avec piston cuir, et 2 aiguilles en acier...	Idem.	4 00	
		584	Seringue pour injections de sérum artificiel, de 50 centimètres cubes, nickelée, stérilisable, en boîte métallique nickelée..................................	Idem.	43 20	
			Contenant :			
			4 aiguilles (2 de 6 $^c/_m$ et 2 de 10 $^c/_m$) ;			
			2 porte-aiguilles ;			
			6 pistons et 6 jeux de rondelles-joints de rechange ;			
			1 cylindre en verre de rechange ;			
11 Outillage, instruments et appareils divers.	B INSTRUMENTS DE CHIRURGIE ISOLÉS. (Suite.)		1 tube de raccord garni de deux ajutages métalliques ;			
			1 tube de raccord non garni et un paquet de fils métalliques.			
		585	Serre-fines de Vidal en argent....................	Idem.	0 50	
		586	Serre-nœud à vis, courbe........................	Idem.	6 80	
			Soie plate tressée, à ligature, bichlorurée, enroulée sur plaques de verre, par longueur de 10 mètres :			
		587	très fine.............................	Plaque.	1 00	
		588	fine.................................	Idem.	1 00	
		589	moyenne..............................	Idem.	1 00	
		590	grosse...............................	Idem.	1 00	
			Soie ronde pour suture, bichlorurée, sur plaques de verre, par longueur de 10 mètres :			
		591	très fine.............................	Idem.	1 00	
		592	fine.................................	Idem.	1 00	
		593	moyenne..............................	Idem.	1 00	
		594	grosse...............................	Idem.	1 20	
		595	Soie ronde pour suture, phéniquée, *très fine*, pour les yeux, enroulée sur plaques de verre, par longueur de 10 mètres...........................	Idem.	1 00	
		596	Sonde à béquille, en argent, nᵒˢ 17 et 19 de la filière Charrière..............................	Nombre.	5 40	
		597	Sonde exploratrice de Guyon, avec série de bouts olivaires en métal..............................	Idem.	13 60	
		598	Sonde à boule de Guyon, s'adaptant à la seringue, pour injections caustiques......................	Idem.	1 20	
		599	Sonde à double courant, en argent, pour la vessie......	Idem.	8 20	
		600	Sonde à manche pour carie dentaire................	Idem.	1 00	

DÉNOMINATION ET CLASSIFICATION DES MATIÈRES ET OBJETS.				ESPÈCE des UNITÉS.	PRIX MINISTÉRIELS.	OBSERVATIONS.
PAR UNITÉ SOMMAIRE.		PAR SUBDIVISION.				
Numéro et libellé.	Subdivision.	Numéros.	Dénominations.			
					fr. c.	
		601	Sonde de Blandin, démontante, avec 2 forets pour sutures osseuses.	Nombre.	15 20	
		602	Sonde aspiratrice de Guyon, pour l'aspiration des graviers, avec mandrin en spirale	Idem.	13 60	
		603	Sonde cannelée avec aiguille de Cooper en argent	Idem.	4 00	
		604	Sonde cannelée en argent à stylet	Idem.	3 40	
		605	Sonde cannelée en argent ordinaire	Idem.	3 00	
		606	Sonde cannelée en acier nickelé forte	Idem.	1 60	
		607	Sonde cannelée en acier nickelé forte avec chas	Idem.	1 60	
		608	Sonde cannelée en acier nickelé ordinaire	Idem.	1 00	
		609	Sonde de femme, en argent	Idem.	2 40	
		610	Sonde d'homme, en argent, n° 14, filière Charrière	Idem.	4 00	
		611	Sonde d'homme, en argent, n° 16, filière Charrière	Idem.	4 00	
		612	Sonde d'homme, en argent, n° 18, filière Charrière	Idem.	4 00	
		613	Sonde d'homme, en argent, à grande courbure, n°s 15 à 20, de la filière Charrière	Idem.	5 40	
		614	Sonde d'homme et de femme, en argent, pour trousse	Idem.	6 80	
		615	Sonde d'homme, femme et enfant, en argent, pour trousse	Idem.	10 20	
		616	Sonde dilatatrice de Doléris	Idem.	12 40	
		617	Sonde en métal nickelé à double courant, de Budin, pour injections intra-utérines	Idem.	8 20	
		618	Sonde en argent, d'Itard, pour la trompe d'Eustache, n°s 2, 3, 4	Idem.	3 40	
11 Outillage, instruments et appareils divers.	B INSTRUMENTS DE CHIRURGIE ISOLÉS. (Suite.)	619	Sonde pour enfant, en argent, n° 10, de la filière Charrière	Idem.	3 40	
		620	Sonde utéromètre flexible, de Sims, pour hystérométrie	Idem.	2 80	
		621	Soufflerie pour la sonde d'Itard	Idem.	4 80	
		622	Spatule en acier à manche	Idem.	4 20	
		623	Spatule en acier cure-ongles	Idem.	1 60	
		624	Spatule double pour mélanges obturateurs (dents)	Idem.	1 80	
		625	Spatule-fouloir coudée	Idem.	1 80	
		626	Speculum de Cusco	Idem.	9 60	
		627	Speculum de Duplay pour le nez	Idem.	4 60	
		628	Speculum de Fergusson en métal, moyen	Idem.	5 60	
		629	Speculum de Fergusson en métal, petit	Idem.	5 60	
		630	Speculum de Toynbee pour l'oreille en argent (série de 3)	Série.	8 20	
		631	Speculum dilatateur de Trélat pour le rectum	Nombre.	20 40	
		632	Speculum utérin pour bains locaux, en métal, 3 numéros assortis (série de 3)	Série.	8 40	
		633	Stéthoscope de Pinard, en bois noir	Nombre.	2 40	
		634	Stéthoscope en bois, de Potain	Idem.	1 00	
		635	Stylet aiguillé, en acier nickelé	Idem.	0 35	
		636	Stylet aiguillé, en argent	Idem.	1 00	
		637	Stylet cannelé, en acier nickelé	Idem.	0 35	
		638	Stylet cannelé, en argent	Idem.	0 20	
		639	Stylet conique, de Weber, pour la dilatation du point lacrymal	Idem.	3 40	
		640	Stylet double, cylindrique, en argent, de Bowmann (série de 3)	Série.	4 20	
		641	Stylet double en argent petit pour l'oreille	Nombre.	1 80	
		642	Stylet explorateur en acier nickelé	Idem.	0 35	
		643	Stylet porte-coton en argent, petit, pour l'oreille	Idem.	1 40	
		644	Stylet porte-mèche en acier nickelé	Idem.	0 35	

DÉNOMINATION ET CLASSIFICATION DES MATIÈRES ET OBJETS.				ESPÈCE des UNITÉS.	PRIX MINISTÉRIELS.	OBSERVA-TIONS.
PAR UNITÉ SOMMAIRE.		**PAR SUBDIVISION.**				
Numéro et libellé.	Subdivision.	Nu-méros.	Dénominations.		fr. c.	
		545	Stylet pour le nez en acier nickelé..................	Nombre.	1 00	
		646	Tablettes mobiles de rechange, en verre, de 0ᵐ54 × 0ᵐ3o, pour la caisse n° 1..........................	Idem.	1 00	
		647	Tenaculum de Bell à manche fixe....................	Idem.	3 00	
		648	Tenettes courbes..................................	Idem.	6 80	
		649	Tenettes demi-courbes	Idem.	6 80	
		650	Tenettes droites..................................	Idem.	6 80	
		651	Ténotome mousse..................................	Idem.	3 00	
		652	Ténotome pointu.................................	Idem.	3 00	
		653	Thermo-cautère complet...........................	Idem.	80 00	
			Composé de : 1 boîte en gainerie vide; 1 bouchon de rechange en caoutchouc; 1 figure en forme de couteau ; 1 figure en forme de pointe courte et mousse; 1 figure en forme de pointe très fine, aiguë, pour la cornée ; 1 flacon pour essence minérale; 1 lampe à alcool avec chalumeau ; 1 manche pour thermo-cautère; 1 rallonge pour thermo-cautère; 1 soufflerie à double poire en caoutchouc; 1 tube afférent en caoutchouc pour thermo-cautère; 1 tube métallique à double courant et à robinet avec bouchon caoutchouc.			
11 **Outil-lage, instru-ments et appareils divers.**	**B** INSTRUMENTS DE CHIRURGIE ISOLÉS. (Suite.)	654	Thermo-cautère modèle de trousse.................. Composé de : 1 manche carburateur ; 1 soufflerie à double poire, en caoutchouc; 1 lampe à alcool, en métal nickelé ; 1 réservoir à essence, en métal nickelé ; 1 figure en forme de couteau ; 1 figure en pointe courte et mousse ; 1 figure en pointe très fine, aiguë pour la cornée ; 1 trousse maroquin.	Idem.	73 60	
		655	Thermomètre de clinique à maxima, étui en métal nickelé.	Idem.	2 40	
		656	Tiges de laminaria en tube de verre (chaque tube con-tenant une tige stérilisée) renfermé dans une boîte en carton..	Idem.	1 00	
		657	Tire-fond à anneau pour trépan et résection...........	Idem.	3 40	
		658	Tour à fraiser complet avec pièce à main n° 7	Idem.	100 00	
		659	Trépan à lapin avec deux petites couronnes	Idem.	25 60	
		660	Trépan à pyramide avec deux couronnes..............	Idem.	37 00	
		661	Trépan de Doyen à cliquet, avec perforateur et fraises de 4, 8, 12 et 16ᵐ/ᵐ..................................	Idem.	60 00	
		662	Trocart à hydrocèle, en argent, avec entonnoir........	Idem.	6 80	
		663	Trocart à paracenthèse en argent...................	Idem.	4 80	
		664	Trocart courbe pour ponction vésicale, en argent.......	Idem.	6 20	
		665	Trocart hépatique pour l'appareil aspirateur de Dieulafoy, grand modèle, avec mandrin....................	Idem.	3 40	
		666	Trocart thoracique pour l'appareil aspirateur de Dieulafoy, grand modèle, avec mandrin....................	Idem.	3 40	

DÉNOMINATION ET CLASSIFICATION DES MATIÈRES ET OBJETS.				ESPÈCE des UNITÉS.	PRIX MINISTÉRIELS.	OBSERVA-TIONS.
PAR UNITÉ SOMMAIRE.		PAR SUBDIVISION.				
Numéro et libellé.	Subdivision.	Nu-méros.	Dénominations.			
					fr. c.	
		667	Trocart pour l'appareil aspirateur de Dieulafoy, modèle à encoches, avec mandrin.	Nombre.	3 40	
		668	Trocart pour l'appareil aspirateur de Potain, avec mandrin.	Série.	3 40	
		669	Trocarts s'emboîtant par série de 4 et se montant sur un manche métallique. (La série avec le manche.)	Idem.	12 00	
		670	Trou sténopéique, monté en bague à queue.	Nombre.	1 35	
		671	Trousse en métal nickelé pour médecins des colonies, vide.	Idem.	28 00	
		672	Trousse en métal nickelé pour médecin des colonies complète.	Idem.	114 30	
		673	Trousse en peau pour thermo-cautère, vide.	Idem.	8 00	
		674	Trousse en toile à voile pour infirmiers régimentaires, vide.	Idem.	2 20	
		675	Trousse en toile à voile pour infirmiers régimentaires, complète.	Idem.	25 80	
		676	Tubes à drainage assortis par longueur de o m. 5o.	Idem.	0 75	
		677	Tube à insufflation de Ribemont.	Idem.	8 00	
		678	Tube insufflateur, avec 2 bouts de rechange et robinet, pour autopsie.	Idem.	6 40	
		679	Tube de raccord de rechange, en caoutchouc, pour seringue de 5 centimètres cubes.	Idem.	1 00	
		680	Tube de raccord de rechange, en caoutchouc, pour seringue de 2o centimètres cubes.	Idem.	1 00	
11 Outil-lage, instru-ments et appareils divers.	B INSTRUMENTS DE CHIRURGIE ISOLÉS. (Suite.)	681	Tube de raccord de rechange, en caoutchouc, pour seringue de 5o centimètres cubes.	Idem.	1 00	
		682	Tube en métal doré pour appareil à intubation de Froin.	Idem.	4 80	
			Tubes en caoutchouc, avec ajutages métalliques, pour l'aspirateur de Dieulafoy, grand modèle :			
		683	pour l'aspiration.	Idem.	2 40	
		684	pour le refoulement.	Idem.	1 40	
		685	pour le lavage.	Idem.	1 40	
			Tubes en caoutchouc noir pour hémostase, destinés à remplacer le collier d'Esmarck, par longueur de 1 mètre :			
		686	moyen = 2o^{m}/^{m} de diamètre extérieur, pour la jambe.	Tube.	5 60	
		687	petit = 15^{m}/^{m} de diamètre extérieur, pour le bras.	Idem.	4 00	
		688	Tube en caoutchouc recouvert en laine verte, avec deux armatures métalliques, pour l'aspiration de l'air dans l'appareil de Potain.	Nombre.	1 60	
		689	Tube en caoutchouc rouge, avec index en verre, et armatures métalliques, pour l'aspiration du liquide dans l'appareil de Potain.	Idem.	1 80	
		690	Tube en verre avec bouchon de caoutchouc à tête carrée pour enfermer les sondes et les bougies des caisses 1, 2 et 3.	Idem.	3 40	
		691	Uréthrotome de Maisonneuve avec 3 lames, 3 bougies et un conducteur, dans une boîte en gainerie, coupant sur la concavité.	Idem.	25 20	
		692	Uréthrotome de Maisonneuve avec 3 lames, 3 bougies et un conducteur, dans une boîte en gainerie, coupant sur la convexité.	Idem.	25 20	
		693	Vaccinostyles.	Boîte.	2 40	
		694	Valve anale en acier.	Nombre.	8 20	
		695	Valve de Sims, simple, à manche.	Idem.	8 20	

DÉNOMINATION ET CLASSIFICATION DES MATIÈRES ET OBJETS.				ESPÈCE des UNITÉS.	PRIX MINISTÉRIELS.	OBSERVA-TIONS.
PAR UNITÉ SOMMAIRE.		PAR SUBDIVISION.				
Numéro et libellé.	Subdivision.	Nu-méros.	Dénominations.			
					fr. c.	
		696	Valve vaginale plate en acier nickelé contre-coudée et à manche de Péan — courte étroite..	Boîte.	8 20	
		697	— courte large	Idem.	8 20	
		698	— longue étroite	Idem.	8 20	
		699	— longue large	Idem.	8 20	
		700	— longue moyenne	Idem.	8 20	
		701	Verre coloré, monté en bague à queue, rouge	Idem.	1 20	
		702	Verre coloré, monté en bague à queue, vert	Idem.	1 20	
		703	Verre dépoli, monté en bague à queue	Idem.	1 20	
		704	Verres prismatiques carrés, pour l'exploration de la vision : prismes de 2°, 5°, 10°,15°	Le verre.	1 60	
			Verres sphériques, montés en bague à queue :			
		705	Concaves : n°° $0^d 50$; 1^d, $1^d 50$; 2^d, $2^d 50$; 3^d, $3^d 50$; 4^d, $4^d 50$; 5^d, 6^d, 7^d, 8^d, 9^d	Le verre.	1 00	
		706	Convexes : n°° $0^d 50$; 1^d, $1^d 50$; 2^d, $2^d 50$; 3^d, $3^d 50$; 4^d, $4^d 50$; 5^d, 6^d	Idem.	1 00	
11 Outil-lage, instru-ments et appareils divers.	B INSTRUMENTS DE CHIRURGIE ISOLÉS. (Suite.)	707	Verres cylindriques (astigmatisme) n°° 0.50, 1, 1.50, 2, 2.50, 3, 3.50, 4, 4.50, 5. 6, 7, 8, 9^d	Idem.	1 00	
		708	Vide-bouteille du Dr Budin, pour irrigation du vagin, avec tube en caoutchouc de $2^m 50$.	Nombre.	5 00	
		709	Vis ouvre-bouche en buis	Idem.	2 00	
		710		Idem.		
		711		Idem.		
		712		Idem.		
		713		Idem.		
		714		Idem.		
		715		Idem.		
		716		Idem.		
		717		Idem.		
		718		Idem.		
		719	Pulvérisateur de Richardson, poire simple	Idem.	14 00	
		720	Pulvérisateur de Richardson avec bout en ébonite pour douche nasale	Idem.	6 00	
		721		Idem.		
		722	Pinces index pour la direction des sondes	Le cent.	8 80	
		723	Mandrin de Janet pour sonde de Nélatou	Nombre.	1 65	
		724	— de Guyon modifiant la courbure des sondes	Idem.	5 00	
		725	— en baleine pour sondes vésicales	Idem.	2 50	
		726	— œsophagienne	Idem.	5 00	
		727	— en jonc pour sonde œsophagienne	Idem.	0 60	
		728	Boîte de poche pour deux sondes, en métal nickelé	Idem.	3 20	
		729	Tube en cristal pour stérilisation des sondes de $0^m 40 \times 0^m 20$, bouchon caoutchouc	Idem.	2 80	
		730	Tube en cristal pour stérilisation des sondes de $0^m 40 \times 0^m 30$, bouchon caoutchouc	Idem.	4 00	
		731	Récipient en métal nickelé pour trioxyméthylène	Idem.	1 25	
		732		Idem.		
		733		Idem.		
		734		Idem.		
		735	Pinces en métal pour fermer les tubes en caoutchouc	Idem.	0 75	

13

DÉNOMINATION ET CLASSIFICATION DES MATIÈRES ET OBJETS.					ESPÈCE des UNITÉS.	PRIX MINISTÉRIELS.	OBSERVATIONS.
PAR UNITÉ SOMMAIRE.		PAR SUBDIVISION.					
Numéro et libellé.	Subdivision.	Numéros.	Dénominations.			fr. c.	
	B INSTRUMENTS DE CHIRURGIE ISOLÉS. (Suite et fin.)	736	Raccords à échelle en ébonite		Nombre.	0 70	
		737	Robinets à échelle en ébonite		Idem.	0 95	
		738	— à double raccord en ébonite		Idem.	0 80	
		739	.....		Idem.		
		740	Table d'opération		Idem.		
		741	.....		Idem.		
11 Outillage, instruments et appareils divers.	C BOUGIES, SONDES, CANULES ET AUTRES INSTRUMENTS EN GOMME ET EN CAOUTCHOUC.	1	Bougie pour voies urinaires, nos 1 à 6 Charrière, *dites* filiformes	cylindriques noires	Nombre.	1 00	
		2		coniques noires	Idem.	1 00	
		3		olivaires noires	Idem.	1 00	
		4		— , à intérieur métallique	Idem.	1 65	
		5		— , en bayonnette	Idem.	1 75	
		6		— , pointes en spirale	Idem.	1 75	
		7		double longueur	Idem.	3 15	
		8		en baleine à olive	Idem.	1 90	
		9		en boyau, cylindrique	Idem.	1 65	
		10	Bougies du n° 7 au n° 30	cylindriques noires	Idem.	1 00	
		11		cylindriques noires, avec grenaille de plomb	Idem.	1 15	
		12		olivaires noires	Idem.	1 25	
		13		olivaires noires, avec grenaille de plomb	Idem.	1 65	
		14		olivaires, de Langlebert	Idem.	5 00	
		15		à ventre, de Ducamp	Idem.	2 50	
		16		à renflements successifs, de Mallez	Idem.	3 15	
		17		à extrémité filiforme, de Legouest	Idem.	2 80	
		18		dilatatrices grogressives, de Hamonic	Idem.	5 75	
		19		cravache, de Harrison	Idem.	3 75	
		20	Bougies exploratrices en gomme.	Explorateurs de Guyon	Idem.	1 65	
		21		— de Guyon, gradués	Idem.	2 50	
		22		— de Mallez	Idem.	2 20	
		23		— conduit, de Janet	Idem.	2 80	
		24		Série d'olives de Guyon, avec conducteur	Idem.	25 00	
		25		Électrolyseurs	Idem.	19 00	
		26	Sondes vésicales en gomme	cylindriques noires	Idem.	1 00	
		27		olivaires noires	Idem.	1 65	
		28		avec le bout coupé	Idem.	1 65	
		29		avec le bout coupé et deux yeux latéraux	Idem.	1 65	
		30		à béquilles, noires	Idem.	1 65	
		31		à béquille et extrémité olivaire	Idem.	2 80	
		32		à extrémité filiforme, de Legouest	Idem.	3 75	
		33		à grande courbure	Idem.	1 65	
		34		à ventre, de Ducamp	Idem.	2 20	
		35	Instillateurs de la vessie.	Sondes instillatrices de Guyon, noires	Idem.	1 65	
		36		— — à courbure, de Tuffier	Idem.	1 85	
		37		Instillateurs de Janet	Idem.	1 85	
		38	Sondes vésicales à double courant	cylindriques pour homme	Idem.	3 75	
		39		— pour femme	Idem.	3 75	

DÉNOMINATION ET CLASSIFICATION DES MATIÈRES ET OBJETS.				ESPÈCE des UNITÉS.	PRIX MINISTÉRIELS.	OBSERVA-TIONS.
PAR UNITÉ SOMMAIRE.		PAR SUBDIVISION.				
Numéro et libellé.	Subdivision.	Numéros.	Dénominations.			
					fr. c.	
11 Outillage, instruments et appareils divers.	C BOUGIES, SONDES, CANULES ET AUTRES INSTRUMENTS EN GOMME ET EN CAOUTCHOUC. (Suite.)	40	Olives en gomme pour embout de seringue...........	Nombre.	0 75	
		41	Bougies œsophagiennes en gomme — cylindriques noires, n°° 1 à 30......	Idem.	2 20	
		42	— — n°° 31 à 40.....	Idem.	2 80	
		43	olivaires noires, n°° 1 à 30.........	Idem.	2 50	
		44·	— — n°° 31 à 40........	Idem.	4 05	
		45	Sondes œsophagiennes en gomme — cylindriques noires, n°° 14 à 30.....	Idem.	2 50	
		46	— — n°° 31 à 40.....	Idem.	2 80	
		47	olivaires noires, n°° 6 à 30.........	Idem.	3 15	
		48	— — n°° 31 à 40........	Idem.	4 70	
		49	pour trajet fistuleux, noires........	Idem.	2 80	
		50	pour les oreilles..................	Idem.	2 80	
		51	à béquille, d'Itard................	Idem.	2 80	
		52	à nez, de Piorry..................	Idem.	0 90	
		53	à nez, de Mourre.................	Idem.	0 75	
		54	tampons massage de 1 à 5 $^{c}/_{m}$ de dia-mètre......................	Idem.	2 50	
		55	rectales à double courant, de Baraduc.	Idem.	3 75	
		56	à lavements, noires, pour enfant.....	Idem.	0 35	
		57	Canules diverses en gomme — — petit godet.....	Idem.	0 60	
		58	— — grand godet 12 $^{c}/_{m}$	Idem.	0 60	
		59	— — — 15 $^{c}/_{m}$	Idem.	0 75	
		60	— — — 20 $^{c}/_{m}$	Idem.	0 85	
		61	— — — 25 $^{c}/_{m}$	Idem.	1 00	
		62	— — — 30 $^{c}/_{m}$	Idem.	1 10	
		63	— — — 40 $^{c}/_{m}$	Idem.	1 25	
		64	à injections vaginales, courbes, noires.	Idem.	0 85	
		65	— — droites......	Idem.	0 85	
		66	à injections pour fillettes, courbes ou droites, noires..................	Idem.	0 85	
		67	à injections grosse olive, de Savignac, noires......................	Idem.	2 90	
		68	à injections grosse olive, de Lachapelle.	Idem.	1 55	
		69	Spéculums à glace de Fergusson, 30, 35, 40 $^{m}/_{m}$ de diamètre..........	Idem.	3 75	
		70	Spéculums pour le bain, en gomme noire.....................	Idem.	2 80	
		71	Dilatateurs du rectum — cylindriques, noirs, 10 à 25 $^{m}/_{m}$ de diamètre...................	Idem.	2 50	
		72	cylindriques, noirs, 26 à 35 $^{m}/_{m}$ de diamètre...................	Idem.	2 75	
		73	coniques, noirs, 10 à 25 $^{m}/_{m}$ de dia-mètre....................	Idem.	3 50	
		74	Ballons de Petersen, n°° 1, 2, 3, 4 et 5.............	Idem.	6 25	
		75	vésicales de Nélaton, 32 $^{c}/_{m}$, à godet...	Idem.	0 90	
		76	— — 40 — ...	Idem.	1 10	
		77	Sondes de Nélaton de 40 $^{c}/_{m}$, à béquille.	Idem.	1 55	
		78	Sondes en caoutchouc. Sondes de Nélaton à béquille et oli-vaires...........	Idem.	1 85	
		79	Sondes à demeure, de Malécot.......	Idem.	3 25	
		80	Tubes doubles, de Guyon et Perrier..	Idem.	5 60	
		81	Sondes vésicales à double courant, en caoutchouc..................	Idem.	4 40	
		82	Fixateurs pour sondes............	Idem.	0 75	

13.

DÉNOMINATION ET CLASSIFICATION DES MATIÈRES ET OBJETS.					ESPÈCE des UNITÉS.	PRIX MINISTÉRIELS.	OBSERVA- TIONS.
PAR UNITÉ SOMMAIRE.			PAR SUBDIVISION.				
Numéro et libellé.	Subdivision.	Nu- méros.	Dénominations.				
						fr. c.	
		83	Tube moulé rouge, 1^m5o sur 8, 10, $12^m/_m$....................	Tubes pour le lavage de l'estomac.	Nombre.	6 60	
		84	Tube moulé avec entonnoir cristal....		Idem.	7 80	
		85	Entonnoir cristal seul............		Idem.	1 45	
		86	Tube de Frémont avec balle aspiratrice.		Idem.	11 25	
		87	coniques, pour enfant............		Idem.	0 45	
		88	à lavement, droites, olivaires ou à 2 yeux, $16^c/_m$............		Idem.	1 10	
		89	à lavement, droites, olivaires ou à 2 yeux, $20^c/_m$............		Idem.	1 50	
		90	à lavement, droites, olivaires ou à 2 yeux, $25^c/_m$............		Idem.	1 70	
		91	à lavement, droites, olivaires ou à 2 yeux, $3o^c/_m$............		Idem.	2 00	
11 Outil- lage, instru- ments et appareils divers.	C BOUGIES, SONDES, CANULES, ET AUTRES INSTRUMENTS EN GOMME ET EN CAOUTCHOUC. (Suite.)	92	à lavement, droites, olivaires ou à 2 yeux, $4o^c/_m$............	Canules en caoutchouc	Idem.	2 65	
		93	à lavement, droites, olivaires ou à 2 yeux, $5o^c/_m$............		Idem.	3 25	
		94	à lavement, double courant, iléo-pel- viennes, n° 1............		Idem.	5 00	
		95	à lavement, double courant, iléo-pel- viennes, n° 2............		Idem.	6 25	
		96	à injections, droites ou à olive......		Idem.	1 45	
		97	— courbes ou à olive......		Idem.	1 45	
		98	— de Néris, à 16 trous....		Idem.	1 65	
		99	à injections, d'Aron, avec obturateur en porcelaine et canule en caoutchouc.		Idem.	5 00	
		100	.....				
		101	.....				
		102	.....				
		103	cylindriques....................	Bougies filiformes en gomme, blondes, tissu soie	Nombre.	1 60	
		104	coniques.......................		Idem.	1 60	
		105	olivaires.......................		Idem.	1 60	
		106	cylindriques....................	Bougies en gomme, blondes, tissu soie	Idem.	1 60	
		107	coniques.......................		Idem.	1 80	
		108	olivaires.......................		Idem.	1 80	
		109	cylindriques....................	Sondes en gomme, blondes, tissu soie	Idem.	1 80	
		110	olivaires.......................		Idem.	2 20	
		111	avec bout coupé................		Idem.	2 20	
		112	avec bout coupé et 2 yeux latéraux...		Idem.	2 20	
		113	Sondes à béquille en gomme, blondes, tissu soie........		Idem.	2 20	
		114	Sonde de Legouest —		Idem.	4 40	
		115	Sondes instillatrices de Guyon, blondes, tissu soie......		Idem.	2 20	
	D APPAREILS DE RADIOGRAPHIE ET DE RADIOTHÉRAPIE. D'ÉLECTROTHÉ- RAPIE, DE MÉCANOTHÉRAPIE, DE MASSOTHÉRAPIE, ETC.	1			Nombre.		
		2	Appareil de radiographie....................		Idem.		
		3			Idem.		
		4			Idem.		
		5			Idem.		
		6			Idem.		
		7			Idem.		

DÉNOMINATION ET CLASSIFICATION DES MATIÈRES ET OBJETS.				ESPÈCE des UNITÉS.	PRIX MINISTÉRIELS.	OBSERVA-TIONS.
PAR UNITÉ SOMMAIRE.		PAR SUBDIVISION.				
Numéro et libellé.	Subdivision.	Numéros.	Dénominations.			
					fr. c.	
	D APPAREILS DE RADIOGRAPHIE, ET DE RADIOTHÉRAPIE, ETC. (Suite.)	8	Appareil de Gaiffe	Nombre.		
		9	.....	Idem.		
		10	.....	Idem.		
		11	.....	Idem.		
		12	.....	Idem.		
11 Outillage, instruments et appareils divers.	**E** MATÉRIEL DE DÉSINFECTION.	1	.....	Nombre.		
		2	.....	Idem.		
		3	.....	Idem.		
		4	.....	Idem.		
		5	.....	Idem.		
		6	Bouilleur pour stériliser les instruments	Idem.		
		7	.....	Idem.		
		8	Boîtes en cuivre pour stérilisation des instruments. $0.17 \times 0.07 \times 0.03$	Idem.	8 00	
		9	$0.30 \times 0.5 \times 0.07$	Idem.	27 00	
		10	$0.45 \times 0.25 \times 0.10$	Idem.	40 00	
		11	.....	Idem.		
		12	Cuve à trempage (type Geneste Herscher)	Idem.		
		13	.....	Idem.		
		14	Étuve à désinfection par la vapeur sous pression, système Geneste Herscher	Idem.		
		15	Étuve à désinfection par la vapeur sous pression, système locomobile	Idem.		
		16	.....	Idem.		
		17	.....	Idem.		
		18	.....	Idem.		
		19	Étuve à désinfection, système Vaillard et Besson, type horizontal	Idem.		
		20	Étuve à désinfection, système Vaillard et Besson, type vertical	Idem.		
		21	.....	Idem.		
		22	.....	Idem.		
		23	.....	Idem.		
		24	.....	Idem.		
		25	.....	Idem.		
		26	.....	Idem.		
		27	.....	Idem.		
		28	....	Idem.		
	F FILTRES ET STÉRILISATEURS POUR L'EAU.	1	Filtre simple à pression, à 1 bougie	Nombre.	18 00	
		2	Filtre multiple à pression, à 3 bougies	Idem.	75 00	
		3	— 6 —	Idem.	93 00	
		4	— 14 —	Idem.	168 00	
		5	— 21 —	Idem.	238 00	
		6	Filtre de campagne, à 21 bougies	Idem.	887 00	
		7	Filtre Cosmos sans pression, à 5 bougies	Idem.	32 00	
		8	Fontaine de ménage sans pression, à 5 bougies	Idem.	75 00	
		9	Filtre de voyage, à 1 bougie	Idem.	25 00	
		10	Filtre à flacon amorceur, à 1 bougie	Idem.	6 50	

| DÉNOMINATION ET CLASSIFICATION DES MATIÈRES ET OBJETS. | | | | ESPÈCE des UNITÉS. | PRIX MINISTÉRIELS. | OBSERVATIONS. |
| PAR UNITÉ SOMMAIRE. | | PAR SUBDIVISION. | | | | |
Numéro et libellé.	Subdivision.	Numéros.	Dénominations.			
					fr. c.	
	F FILTRES ET STÉRILISATEURS POUR L'EAU. (Suite.)	11	Filtre à flacon amorceur, à 3 bougies	Nombre.	15 00	
		12	— 5 —	Idem.	20 00	
		13	Filtre sur trépied fer, à 3 bougies	Idem.	55 00	
		14	— 5 —	Idem.	60 30	
		15	Fontaine sans pression, à 15 bougies	Idem.	232 00	
		16	— 25 —	Idem.	350 00	
		17	— 50 —	Idem.	500 00	
		18	Grand filtre sans pression, à 50 bougies	Idem.	440 00	
		19	— 100 —	Idem.	690 00	
		20	Bougie à petite embase	Idem.	1 85	
		21	Manchons en caoutchouc pour bougies	Idem.	0 50	
		22	Robinet d'arrivée	Idem.	6 50	
		23	Robinet de sortie	Idem.	4 00	
		24	Tore caoutchouc pour joint de couvercle	Idem.	2 00	
		25	Clapets en caoutchouc pour robinet	Idem.	0 15	
		26	Isolateurs en caoutchouc pour bougies	Idem.	1 25	
		27	Collecteur en faïence pour 5 bougies	Idem.	6 00	
		28	— 10 —	Idem.	11 00	
		29		Idem.		
		30	Stérilisateurs (genre Desmaroux)	Idem.		
		31		Idem.		
		32		Idem.		
11 **Outillage, instruments et appareils divers.**	**G** MATÉRIEL D'AMPHITHÉATRE.	1		Nombre.		
		2		Idem.		
		3		Idem.		
		4		Idem.		
		5		Idem.		
		6		Idem.		
		7		Idem.		
		8		Idem.		
	H INSTRUMENTS POUR CHIRURGIE VÉTÉRINAIRE.	1	Aiguilles à bourdonnet, manche métal	Nombre.	3 40	
		2	Aiguilles à séton à trois pièces	Idem.	4 80	
		3	Aiguilles à sutures variées	La douz.	2 80	
		4	Bistouri convexe	Nombre.	2 80	
		5	Bistouri boutonné	Idem.	2 80	
		6	Bistouri droit	Idem.	2 80	
		7	Boîte pour zoocautère, vide	Idem.	12 00	
		8	Boîte pour zoocautère, complète	Idem.	186 40	
		9	Brûle-queue	Idem.	3 80	
		10	Caisse en chêne, à coins de cuivre, pour instruments vétérinaires (caisse n° 11), vide	Idem.	60 00	
		11	Caisse pour instruments vétérinaires, complète	Idem.	387 00	
		12	Canule de rechange pour le trocart à anneaux	Idem.	1 90	
		13	Canule de rechange pour le trocart pour le cœcum	Idem.	1 25	
		14	Canule de rechange pour le trocart pour le rumen du bœuf	Idem.	1 60	
		15	Ciseaux courbes forts	Idem.	3 20	

DÉNOMITANION ET CLASSIFICATION DES MATIÈRES ET OBJETS.				ESPÈCE des UNITÉS.	PRIX MINISTÉRIELS.	OBSERVA- TIONS.
PAR UNITÉ SOMMAIRE.		PAR SUBDIVISION.				
Numéro et libellé.	Subdivision.	Nu- méros.	Dénominations.			
					fr. c.	
		16	Ciseaux courbes sur le plat..................	Nombre.	2 80	
		17	Ciseaux droits............................	Idem.	2 40	
		18	Couteau à autopsie........................	Idem.	4 00	
		19	Pince à castration droite...................	Idem.	11 20	
		20	Érigne à javart plate (manche métal)........	Idem.	3 00	
		21	Érigne mousse (manche métal)..............	Idem.	3 00	
		22	Érigne ordinaire pointue (manche métal).....	Idem.	3 00	
		23	Feuilles de sauge, manche métal : à droite....	Idem.	2 40	
		24	— — à gauche........	Idem.	2 40	
		25	— — doubles........	Idem.	2 40	
		26	Flamme à deux lames......................	Idem.	6 40	
		27	— à trois lames......................	Idem.	7 20	
		28	Foyer cutellaire, forme hache, système anglais, pour zoocautère...........................	Idem.	40 00	
		29	Foyer cutellaire pour feux en raies, pour zoocautère....	Idem.	40 00	
		30	Herniotome.............................	Idem.	14 40	
		31	Lancette...............................	Idem.	1 60	
		32	Manche carburateur pour le zoocautère.......	Idem.	12 00	
		33	Pince à anneaux, à pansement..............	Idem.	2 40	
		34	Pince à dents de souris....................	Idem.	2 00	
		35	Pince à griffes...........................	Idem.	2 40	
		36	Pince de Péan...........................	Idem.	2 40	
		37	Pointe-cône pour feux peu profonds, pour zoocautère....	Idem.	20 00	
		38	Pointe demi-fine pour feux pénétrants, pour zoocautère..	Idem.	24 00	
11 Outil- lage, instru- ments et appareils divers.	H INSTRUMENTS POUR CHIRURGIE VÉTÉRINAIRE. (Suite.)	39	Pointe fine, courte........................	Idem.	24 00	
		40	Pointe fine, longue, avec guide de pénétration, pour zoocautère...........................	Idem.	26 50	
		41	Porte-nitrate en caoutchouc durci...........	Idem.	2 00	
		42	Rabot odontriteur........................	Idem.	20 80	
		43	Renette à bourdonnets.....................	Idem.	3 80	
		44	Renette à clous de rue.....................	Idem.	2 40	
		45	Renette à javart (renette ordinaire modifiée).........	Idem.	2 40	
		46	Renette cintrée à droite, dite renette anglaise........	Idem.	2 40	
		47	Rogne-queue............................	Idem.	24 00	
		48	Scie à dos mobile........................	Idem.	8 00	
		49	Seringue en étain, avec canule, grande...........	Idem.	8 00	
		50	— — petite..............	Idem.	5 20	
		51	Sonde cannelée, à spatule..................	Idem.	1 00	
		52	— ordinaire.....................	Idem.	1 20	
		53	Sonde désobturatrice, avec canule..............	Idem.	1 60	
		54	Sonde en plomb.........................	Idem.	0 30	
		55	Sonde en S.............................	Idem.	2 80	
		56	Speculum oris (pas d'âne)..................	Idem.	25 60	
		57	Tondeuse pour médecin-vétérinaire...........	Idem.	12 80	
		58	Trépan................................	Idem.	36 00	
		59	Trocart à anneaux, de Charlier..............	Idem.	3 80	
		60	Trocart à plaque, manche métal, pour le cœcum.......	Idem.	4 80	
		61	— pour le rumen du bœuf, demi-long....	Idem.	4 80	
		62	— — moyen......	Idem.	4 80	
		63	Trocart d'essai..........................	Idem.	3 00	
		64	Trousse vide, en cuir, à poignées, pour instruments vété- rinaires (n° 13).........................	Idem.	24 00	

DÉNOMINATION ET CLASSIFICATION DES MATIÈRES ET OBJETS.				ESPÈCE des UNITÉS.	PRIX MINISTÉRIELS.	OBSERVATIONS.
PAR UNITÉ SOMMAIRE.		PAR SUBDIVISION.				
Numéro et libellé.	Subdivision.	Numéros.	Dénominations.			
					fr. c.	
	H INSTRUMENTS POUR CHIRURGIE VÉTÉRINAIRE. (Suite.)	65	Trousse pour vétérinaire, complète.................	Nombre.	117 30	
		66	Tube à trachéotomie...........................	Idem.	1 60	
		67	Zoocautère..................................	Idem.	160 00	
		68	Sonde vésicale pour chevaux en gomme noire..........	Idem.	4 10	
		69	Sonde pour juments en gomme noire................	Idem.	6 60	
		70	Sonde pour bœufs en gomme noire.................	Idem.	6 25	
		71	Sonde utérine à double courant, pour vaches, en gomme.	Idem.	11 25	
		72	.....	Idem.		
		73	.....	Idem.		
		74	.....	Idem.		
		75	.....	Idem.		
		76	.....	Idem.		
		77	.....	Idem.		
		78	.....	Idem.		
		79	.....	Idem.		
		80	.....	Idem.		
11 Outillage, instruments et appareils divers.	**I** OBJETS DE PANSEMENT.		Bandes en tarlatane empesée, tissu comptant 12 à 13 fils au centimètre carré :			
		1	Bandes de 5ᵐ × 0ᵐ 05, en paquet de 10.........	Paquet.	0 90	
		2	Bandes de 10ᵐ × 0ᵐ 10, en paquet de 5.........	Idem.	1 40	
		3	Bandes de 15ᵐ × 0ᵐ 20, en paquet de 5.........	Idem.	4 90	
			Bandes en toile, tissu comptant 18 fils en chaîne et trame au centimètre carré :			
		4	Bandes de 5ᵐ × 0ᵐ 05, en paquet de 10.........	Idem.	4 10	
		5	Bandes de 10ᵐ × 0ᵐ 065, en paquet de 5........	Idem.	5 20	
			Bandes de coton, tissu comptant 20 fils en chaîne et 12 fils en trame au centimètre carré :			
		6	Bandes de 3ᵐ × 0ᵐ 04, en paquet de 10..........	Idem.	0 60	
		7	Bandes de 5ᵐ × 0ᵐ 05, en paquet de 10..........	Idem.	1 20	
		8	Bandes de 10ᵐ × 0ᵐ 065, en paquet de 5........	Idem.	1 50	
		9	Bandes de 15ᵐ × 0ᵐ 08, en paquet de 5.........	Idem.	2 70	
			Bandes de coton bichlorurées :			
		10	Bandes de 3ᵐ × 0ᵐ 04, en paquet de 10..........	Idem.	0 65	
		11	Bandes de 5ᵐ × 0ᵐ 05, en paquet de 10..........	Idem.	1 25	
		12	Bandes de 10ᵐ × 0ᵐ 065, en paquet de 5........	Idem.	1 55	
			Bandes de flanelle stérilisées :			
		13	Bandes de 5ᵐ × 0ᵐ 05, en paquet de 10..........	Idem.	7 00	
		14	Bandes de 5ᵐ × 0ᵐ 07, en paquet de 10..........	Idem.	9 10	
		15	Bandes de 10ᵐ × 0ᵐ 065, en paquet de 5........	Idem.	9 20	
		16	Bandes de 15ᵐ × 0ᵐ 10, en paquet de 1..........	Idem.	4 29	
			Bandes de gaze stérilisées :			
		17	Bandes de 3ᵐ × 0ᵐ 04, en paquet de 10..........	Idem.	0 45	
		18	Bandes de 5ᵐ × 0ᵐ 05, en paquet de 10..........	Idem.	0 80	
		19	Bandes de 10ᵐ × 0ᵐ 10, en paquet de 5.........	Idem.	1 55	

DÉNOMINATION ET CLASSIFICATION DES MATIÈRES ET OBJETS				ESPÈCE des UNITÉS.	PRIX MINISTÉRIELS.	OBSERVA- TIONS.
PAR UNITÉ SOMMAIRE.		PAR SUBDIVISION.				
Numéro et libellé.	Subdivision.	Nu- méros.	D'nominations.			
					fr. c.	
			Bandes de gaze phéniquées :			
		20	Bandes de 3ᵐ × 0ᵐ 04, en paquet de 10...........	Paquet.	0 40	
		21	Bandes de 5ᵐ × 0ᵐ 05, en paquet de 10.........	Idem.	0 75	
		22	Bandes de 10ᵐ × 0ᵐ 10, en paquet de 5.........	Idem.	1 35	
		23	Bandes de 15ᵐ × 0ᵐ 15, en paquet de 5.........	Idem.	2 90	
			Bandes de gaze bichlorurées :			
		24	Bandes de 3ᵐ × 0ᵐ 04, en paquet de 10.........	Idem.	0 40	
		25	Bandes de 5ᵐ × 0ᵐ 05, en paquet de 10.........	Idem.	0 75	
		26	Bandes de 10ᵐ × 0ᵐ 10, en paquet de 5.........	Idem.	1 35	
		27	Bandes de 15ᵐ × 0ᵐ 15, en paquet de 5.........	Idem.	2 90	
			Compresses en toile stérilisées :			
		28·	Grandes, de 0ᵐ 60 × 0ᵐ 70, en paquet de 5.... .	Idem.	3 40	
		29	Petites, de 0ᵐ 30 × 0ᵐ 35, en paquet de 10......	Idem.	1 75	
			Compresses stérilisées en tissu de coton :			
		30	Grandes, de 0ᵐ 60 × 0ᵐ 70, en paquet de 5......	Idem.	1 25	
		31	Moyennes, de 0ᵐ 45 × 0ᵐ 50, en paquet de 5......	Idem.	0 65	
		32	Petites, de 0ᵐ 30 × 0ᵐ 35, en paquet de 10.......	Idem.	0 70	
		33	Longues, de 0ᵐ 10 × 0ᵐ 60, en paquet de 5......	Idem.	0 40	
			Compresses en gaze stérilisées :			
11 Outil- lage, instru- ments et appareils divers.	I OBJETS DE PANSEMENT. (Suite.)	34	Grandes, de 0ᵐ 65 × 1ᵐ, en paquet de 5.........	Idem..	0 75	
		35	Moyennes, de 0ᵐ 60 × 0ᵐ 50, en paquet de 5......	Idem.	0 40	
		36	Petites, de 0ᵐ 60 × 0ᵐ 20, en paquet de 10.......	Idem.	0 40	
			Compresses en gaze phéniquées :			
		37	Grandes, de 0ᵐ 65 × 1ᵐ, en paquet de 5.........	Idem.	0 70	
		38	Moyennes, de 0ᵐ 60 × 0ᵐ 50, en paquet de 5......	Idem.	0 35	
		39	Petites, de 0ᵐ 60 × 0ᵐ 20, en paquet de 10.......	Idem.	0 35	
			Compresses en gaze bichlorurées :			
		40	Grandes, de 0ᵐ 65 × 1ᵐ, en paquet de 5.........	Idem.	0 70	
		41	Moyennes, de 0ᵐ 60 × 0ᵐ 50, en paquet de 5......	Idem.	0 35	
		42	Petites, de 0ᵐ 60 × 0ᵐ 20, en paquet de 10.......	Idem.	0 35	
			Compresses en gaze iodoformées à 3/10ᵉˢ, boîtes en fer-blanc :			
		43	Moyennes, de 0ᵐ 60 × 0ᵐ 80, en boîte de 10......	Idem.	7 35	
		44	Petites, de 0ᵐ 60 × 0ᵐ 20, en boîte de 20........	Idem.	3 70	
			Compresses en gaze au salol, boîte en fer-blanc :			
		45	Moyennes, de 0ᵐ 60 × 0ᵐ 80, en boîte de 10......	Idem.	2 15	
		46	Petites, de 0ᵐ 60 × 0ᵐ 20, en boîte de 20........	Idem.	1 10	
		47	Coton cardé ordinaire pour rembourrage, en paquet de 1 kilogramme.......................	Idem.	2 00	
			Coton cardé, qualité extra :			
		48	En paquet de 1 kilogramme...................	Idem.	2 20	
		49	En paquet de 0ᵏ 500.....................	Idem.	1 10	
		50	En paquet de 0ᵏ 500, en deux nappes de 1ᵐ × 0ᵐ 60 chacune, entre deux gazes............... ..	Idem.	2 15	

DÉNOMINATION ET CLASSIFICATION DES MATIÈRES ET OBJETS.				ESPÈCE des UNITÉS.	PRIX MINISTÉRIELS.	OBSERVA-TIONS.
PAR UNITÉ SOMMAIRE.		PAR SUBDIVISION.				
Numéro et libellé.	Subdivision.	Nu-méros.	Dénominations.			
			Coton cardé, qualité extra (*suite*) :			
		51	En paquet de 0^k 200, en bandes de $2^m \times 0^m$ 20 cha-cune, entre deux gazes..........................	Paquet.	1 00	
		52	En paquet de 0^k 050.............................	Idem.	0 15	
			Coton hydrophile :			
		53	En paquet de 0^k 500, en bande de 0^m 60 de largeur.	Idem.	1 25	
		54	En paquet de 0^k 250, en bande de 0^m 30 de largeur.	Idem.	0 65	
		55	En paquet de 0^k 100, en bande de 0^m 20 de largeur.	Idem.	0 25	
		56	En paquet de 0^k 050, en bande de 0^m 15 de largeur.	Idem.	0 15	
		57	En paquet de 0^k 025, en bande de 0^m 10 de largeur.	Idem.	0 10	
			Coton absorbant phéniqué :			
		58	En paquet de 0^k 250, en bande de 0^m 30 de largeur.	Idem.	0 80	
		59	En paquet de 0^k 100, en bande de 0^m 20 de largeur.	Idem.	0 35	
		60	En paquet de 0^k 050, en bande de 0^m 15 de largeur.	Idem.	0 15	
		61	En paquet de 0^k 025, en bande de 0^m 10 de largeur.	Idem.	0 10	
			Coton absorbant bichloruré :			
		62	En paquet de 0^k 250, en bande de 0^m 30 de largeur.	Idem.	0 80	
		63	En paquet de 0^k 100, en bande de 0^m 20 de largeur.	Idem.	0 33	
		64	En paquet de 0^k 050, en bande de 0^m 15 de largeur.	Idem.	0 15	
		65	En paquet de 0^k 025, en bande de 0^m 10 de largeur.	Idem.	0 10	
			Étoupe en nappe, purifiée et chimiquement pure :			
11 Outil-lage, instru-ments et appareils divers.	I OBJETS DE PANSEMENTS. (*Suite.*)	66	Paquet de 0^k 500..........................	Idem.	1 35	
		67	Paquet de 0^k 250..........................	Idem.	0 70	
			Étoupe absorbante en plumasseaux stérilisés disposés entre deux gazes :			
		68	Plumasseaux de 0^m 30 $\times$ 0^m 30, en paquet de 10 (poids 300 gr.)............................	Idem.	1 30	
		69	Plumasseaux de 0^m 20 $\times$ 0^m 20, en paquet de 10 (poids 200 gr.)............................	Idem.	0 90	
		70	Plumasseaux de 0^m 15 $\times$ 0^m 15, en paquet de 10 (poids 150 gr.)............................	Idem.	0 70	
		71	Plumasseaux de 0^m 10 $\times$ 0^m 10, en paquet de 10 (poids 100 gr.)............................	Idem.	0 45	
			Étoupe purifiée et phéniquée à 5 p. 100, en plumasseaux :			
		72	Plumasseaux de 0^m 30 $\times$ 0^m 30, en paquet de 10 (poids 300 gr.)............................	Idem.	1 20	
		73	Plumasseaux de 0^m 20 $\times$ 0^m 20, en paquet de 10 (poids 200 gr.)............................	Idem.	0 80	
		74	Plumasseaux de 0^m 15 $\times$ 0^m 15, en paquet de 10 (poids 150 gr.)............................	Idem.	0 60	
		75	Plumasseaux de 0^m 10 $\times$ 0^m 10, en paquet de 10 (poids 100 gr.)............................	Idem.	0 40	
			Étoupe purifiée et bichlorurée au 1/2000e, en plumas-seaux :			
		76	Plumasseaux de 0^m 30 $\times$ 0^m 30, en paquet de 10 (poids 300 gr.)............................	Idem.	1 20	
		77	Plumasseaux de 0^m 20 $\times$ 0^m 20, en paquet de 10 (poids 200 gr.)............................	Idem.	0 80	
		78	Plumasseaux de 0^m 15 $\times$ 0^m 15, en paquet de 10 (poids 150 gr.)............................	Idem.	0 60	
		79	Plumasseaux de 0^m 10 $\times$ 0^m 10, en paquet de 10 (poids 100 gr.)............................	Idem.	0 40	

DÉNOMINATION ET CLASSIFICATION DES MATIÈRES ET OBJETS.				ESPÈCE des UNITÉS.	PRIX MINISTÉRIELS.	OBSERVA-TIONS.
PAR UNITÉ SOMMAIRE.		PAR SUBDIVISION.				
Numéro et libellé.	Subdivision.	Nu-méros.	Dénominations.			
					fr. c.	
			Filasse de chanvre pour service vétérinaire :			
		80	Paquet de 0^k 500	Paquet.	1 00	
		81	Paquet de 0^k 250	Idem.	0 50	
		82	Ouate de tourbe, en paquets de 0^k 250	Idem.	0 50	
		83	Gaze ou tarlatane apprêtée, en paquets de 10^m	Idem.	1 35	
		84	Pansement individuel (paquet de)	Idem.	0 60	
		85	Pansement complet n° 1	Idem.	0 65	
		86	— n° 2	Idem.	0 65	
		87	Appareil de Scultet pour la cuisse	Idem.	15 30	
		88	— pour la jambe	Idem.	12 85	
		89	— pour le bras	Idem.	12 25	
		90	— pour l'avant-bras	Idem.	11 00	
		91	Bandage triangulaire stérilisé, en tissu coton	Nombre.	0 90	
		92	Bandage en T stérilisé, même tissu	Idem.	0 50	
		93	Bandage carré stérilisé, même tissu	Idem.	0 80	
		94	Écharpe triangulaire stérilisée, même tissu	Idem.	0 90	
		95	Écharpe quadrilataire stérilisée, même tissu	Idem.	1 60	
		96	Bandage de corps en coton stérilisé	Idem.	1 85	
		97	— en flanelle stérilisée	Idem.	3 70	
		98	— en toile stérilisée	Idem.	2 15	
		99	Bandage triangulaire stérilisé, en toile	Idem.	1 00	
11 Outil-lage, instru-ments et appareils divers.	I OBJETS DE PANSEMENTS. (Suite.)	100	Bandage carré stérilisé, en toile	Idem.	0 95	
		101	Bandage en T stérilisé, en toile	Idem.	0 80	
		102	Drap fanon stérilisé, en toile, pour cuisse	Idem.	1 85	
		103	— — pour jambe	Idem.	1 20	
		104	Écharpe triangulaire stérilisée, en toile	Idem.	1 00	
		105	Écharpe quadrilataire stérilisée, en toile	Idem.	1 85	
		106	Suspensoir en toile de lin, de 0^m 18 de longueur sous ceinture sur 0^m 14 de largeur	Idem.	1 00	
		107	Suspensoir en toile de lin, de 0^m 16 de longueur sous ceinture sur 0^m 12 de largeur	Idem.	0 95	
		108	Suspensoir en toile de lin, de 0^m 14 de longueur sous ceinture sur 0^m 10 de largeur	Idem.	0 90	
		109	Suspensoir en filet, de 0^m 18 de longueur sous ceinture sur 0^m 14 de largeur	Idem.	0 40	
		110	Suspensoir en filet, de 0^m 16 de longueur sous ceinture sur 0^m 12 de largeur	Idem.	0 40	
		111	Suspensoir en filet, de 0^m 14 de longueur sous ceinture sur 0^m 10 de largeur	Idem.	0 40	
		112	Épingles de sûreté en acier nickelé, longueur 0^m 050, boîte de 12	Boîte.	0 25	
		113	Gaze chiffon ou protective, jaune, de $1^m \times 0^m$ 80	Mètre.	2 35	
		114	— verte, de $1^m \times 0^m$ 80	Idem.	2 35	
		115	Mackintosh, mètre carré	Idem.	3 10	
		116	Crêpe lavable Velpeau : bande de 5^m de longueur sur 0^m 05 de largeur	Nombre.	1 25	
		117	Crêpe lavable Velpeau : bande de 5^m de longueur sur 0^m 10 de largeur	Idem.	2 00	
		118	Crêpe lavable Velpeau : bande de 5^m de longueur sur 0^m 20 de largeur	Idem.	4 00	
			Toile caoutchoutée boriquée	Mètre.	3 50	
		119	Toile vulcanisée blanche, double largeur	Idem.	5 30	
		120				

DÉNOMINATION ET CLASSIFICATION DES MATIÈRES ET OBJETS.				ESPÈCE des UNITÉS.	PRIX MINISTÉRIELS.	OBSERVA- TIONS.
PAR UNITÉ SOMMAIRE.		PAR SUBDIVISION.				
Numéro et libellé.	Subdivision.	Nu- méros.	Dénominations.			
	J LINGE À PANSEMENTS.	1	Grandes compresses...............................	Kilogr.	3 75	
		2	Petites compresses................................	Idem.	3 75	
		3	Grand linge.......................................	Idem.	3 75	
		4	Linge à bandes....................................	Idem.	3 75	
11 Outil- lage, instru- ments et appareils divers.	**K** CATGUTS, CRINS DE FLORENCE, DRAINS ET SOIES.	1	Catguts stérilisés de Répin du n° oo au n° 5 inclus. 1^m long.	Tube.	1 25	
		2	— — — 2^m 5o long.	Idem.	1 40	
		3	Catguts stérilisés au naphtol du n° oo au n° 5 inclus. 2^m 5o long.	Flacon.	0 95	
		4	Crins de Florence de Répin (tube de 6).............	Tube.	1 20	
		5	— — (tube de 25).............	Idem.	1 40	
		6	Crins de Florence, en paquets, non préparés.........	Paquet.	2 00	
		7	Drains en caoutchouc rouge de Répin, n° 1 à 8 inclus...	Tube.	1 40	
		8	Drains en caoutchouc rouge dans une solution phéniquée n°s 1 à 3.....................................	Flacons.	1 55	
		9	Drains en caoutchouc rouge dans une solution phéniquée n°s 4 à 6...................................	Idem.	1 85	
		10	Drains en caoutchouc rouge dans une solution phéniquée n°s 7 à 8...................................	Idem.	2 20	
		11	Drains en caoutchouc rouge non préparés n°s 1 à 5.....	Mètre.	1 00	
		12	— — — n°s 6 à 7....	Idem.	1 20	
		13	— — — n°s 8 à 10....	Idem.	2 05	
		14	Drains en caoutchouc moulé, longueur o^m 16, 3 à 4$^{m}/^{m}$ de diamètre................................	Nombre.	0 40	
		15	Drains en caoutchouc moulé, longueur o^m 14, 5$^{m}/^{m}$ de diamètre...................................	Idem.	0 50	
		16	Drains en caoutchouc moulé, longueur o^m 14 6 à 7$^{m}/^{m}$ de diamètre................................	Idem.	0 60	
		17	Drains en caoutchouc moulé, longueur o^m 14, 8$^{m}/^{m}$ de diamètre...................................	Idem.	0 75	
		18	Drains en caoutchouc moulé, longueur o^m 14, 9 à 10$^{m}/^{m}$ de diamètre............................	Idem.	0 95	
		19	Drains en caoutchouc moulé, longueur o^m 14, 11$^{m}/^{m}$ de diamètre...................................	Idem.	1 10	
		20	Drains en caoutchouc moulé, longueur o^m 14, 12 à 13$^{m}/^{m}$ de diamètre............................	Idem.	1 40	
		21	Drains en caoutchouc moulé, longueur o^m 20, 3 à 4$^{m}/^{m}$ de diamètre............................	Idem.	0 55	
		22	Drains en caoutchouc moulé, longueur o^m 20, 5$^{m}/^{m}$ de diamètre...................................	Idem.	0 75	
		23	Drains en caoutchouc moulé, longueur o^m 20, 6 à 7$^{m}/^{m}$ de diamètre............................	Idem.	0 95	
		24	Drains en caoutchouc moulé, longueur o^m 20. 8$^{m}/^{m}$ de diamètre...................................	Idem.	1 10	
		25	Drains en caoutchouc moulé, longueur o^m 14, 9 à 10$^{m}/^{m}$ de diamètre............................	Idem.	1 45	
		26	Drains en caoutchouc moulé, longueur o^m 14, 11$^{m}/^{m}$ de diamètre...................................	Idem.	1 70	
		27	Drains en caoutchouc moulé, longueur o^m 14, 12 à 13$^{m}/^{m}$ de diamètre............................	Idem.	2 10	
		28	Drains à demeure de Bonnaire.....................	Idem.	3 75	
		29	Drains à demeure en croix........................	Idem.	3 75	
		30	Soie plate de Répin, du n° oo à 5 inclus. 2^m 5o long...	Tube.	0 40	
		31	Soit plate roulée sur bobine de verre du n° oo à 4....	Bobine.	0 40	
		32	— — — n° 5 à 9....	Idem.	0 65	
		33	— — — n° 10 à 14....	Idem.	0 95	

Numéro et libellé.	Subdivision.	Numéros.	Dénominations.	ESPÈCE des UNITÉS.	PRIX MINISTÉRIELS. fr. c.	OBSERVATIONS.
		1	. . . . .	Nombre.		
		2	. . . . .	Idem.		
		3	de 0ᵐ 33 × 0ᵐ 35.	Idem.	0 50	
		4	palette palmaire de 0ᵐ 42 × 0 11. . . .	Idem	1 00	
		5	pour avant-bras de 0ᵐ 25 × 0ᵐ 10. . .	Idem.	0 50	
		6	pour bras de 0ᵐ 35 × 0ᵐ 04.	Idem.	0 50	
		7	Attelles en bois avec gaîne en fer blanc : pour cuisse, grande externe de 1ᵐ 20 × 0ᵐ 06.	Idem.	1 10	
		8	pour cuisse grande interne de 0ᵐ 90 × 0ᵐ 06	Idem.	0 85	
		9	pour jambe, grande interne de 0ᵐ 64 × 0 05.	Idem.	0 60	
		10	. . . . .			
		11	. . . . .	Idem.		
		12	Atteles en métal perforé de Hochet, longueur 0ᵐ 24. . . .	Série de 6.	4 20	
		13	. . . . .	Idem.		
		14	Cerceau à fracture grand.	Idem.	2 25	
		15	— — moyen.	Idem.	2 00	
		16	— — petit.	Idem.	1 50	
		17	. . . . .	Idem.		
		18	. . . . .	Idem.		
		19	de Bonnet, matelassée, pour adulte . .	Idem.	115 00	
	L — APPAREILS ET OBJETS POUR FRACTURES.	20	pour bras et avant-bras (droite ou gauche).	Idem.	2 00	
		21	pour bras et avant-bras articulée au coude (droite ou gauche)	Idem.	3 00	
		22	Gouttière en fil de fer : pour bras et avant-bras avec flexion [droite ou gauche].	Idem.	2 50	
		23	pour cuisse (droite ou gauche).	Idem.	2 00	
		24	pour cuisse et jambe (droite ou gauche)	Idem.	3 75	
		25	pour cuisse et jambe articulée au genou (droite ou gauche).	Idem.	6 50	
		26	pour genou.	Idem.	2 00	
		27	pour jambe.	Idem.	2 50	
11 Outillage, instruments et appareils divers.		28	. . . . .	Idem	
		29	. . . . .	Idem.		
		30	. . . . .	Idem		
		31	. . . . .	Idem.		
		32	. . . . .	Idem.		
		33	. . . . .	Idem.		
		34	. . . . .	Idem.		
		35	. . . . .	Idem.		
		36	. . . . .	Idem.		
		37	. . . . .	Idem.		
		38	. . . . .	Idem.		
		39	. . . . .	Idem.		
		40	. . . . .	Idem.		
		41	Poulie mobile pour tractions continues.	Idem.		
		42	. . . . .	Idem.		
	M — OBJETS ACCESSOIRES POUR PANSEMENTS.	1	Bassin à pansement en cuivre nickelé, réniforme, de 0ᵐ 30 de long.	Idem.	10 00	
		2	Bassin à pansement en cuivre nickelé, réniforme, de 0ᵐ 25 de long.	Idem.	8 75	

DÉNOMINATION ET CLASSIFICATION DES MATIÈRES ET OBJETS.				ESPÈCE des UNITÉS.	PRIX MINISTÉRIELS.	OBSERVA-TIONS.
PAR UNITÉ SOMMAIRE.		PAR SUBDIVISION.				
Numéro et libellé.	Subdivision.	Nu-méros.	Dénominations.		fr. c.	
		3	Bassin à pansement en cuivre nickelé, réniforme, de $0^m 20$ de long	Nombre.	7 75	
		4	Bassin à pansement en cuivre nickelé, triangulaire, de $0^m 26$ de long	Idem.	10 00	
		5	Bassin à pansement en tôle émaillée, réniforme, de $0^m 30$ de long	Idem.	5 00	
		6	Bassin à pansement en tôle émaillée, réniforme, de $0^m 25$ de long	Idem.	4 00	
		7	Bassin à pansement en tôle émaillée, réniforme, de $0^m 20$ de long	Idem.	3 00	
		8	Bassin à pansement en verre, réniforme, de $0^m 30$ de long	Idem.	4 50	
		9	Bassin à pansement en verre, réniforme, de $0^m 25$ de long	Idem.	3 50	
		10	Bassin à pansement en verre, réniforme, de $0^m 20$ de long	Idem.	2 25	
		11	Bassin en porcelaine pour instruments, grand	Idem.	9 30	
	M	12	— moyen	Idem.	5 00	
	OJETS ACCESSOIRES POUR PANSEMENTS. (Suite.)	13	— petit	Idem.	2 50	
		14	Bassin rectangulaire en tôle émaillée évasé, coins arrondis, de $0^m 27 \times 0^m 21$	Idem.	7 25	
		15	Bassin rectangulaire en tôle émaillée évasé, coins arrondis, de $0^m 35 \times 0^m 18$	Idem.	8 50	
11 Outil-lage, instru-ments et appareils divers.		16	Bassin rectangulaire en tôle émaillée évasé, coins arrondis, de $0^m 40 \times 0^m 30$	Idem.	12 75	
		17	Irrigateur Éguisier en cuivre, complet, de 1 litre	Idem.	14 00	
		18	— — 1/2 litre	Idem.	12 00	
		19	Plateau ovale à pansement en fer blanc	Idem.	5 00	
		20	Palette en fer blanc pour saignée	Idem.	1 50	
		21	Ressort de rechange pour irrigateur Éguisier de 1 litre	Idem.	1 00	
		22	— — 1/2 litre	Idem.	0 90	
		23	Robinet en caoutchoc durci avec poussette métallique	Idem.	2 25	
		24	Ruban métrique en étoffe	Idem.	0 25	
		25	Saupoudreur à pansement en caoutchouc durci, grand	Idem.	5 25	
		26	— — petit	Idem.	4 00	
		27	Seringue en verre de 250 grammes pour lavement au nitrate d'argent	Idem.	12 00	
		28	Tube d'irrigateur avec canule	Idem.	2 25	
		29	Vessie à glace en caoutchouc	Idem.	6 75	
		30		Idem.		
		31		Idem.		
		32		Idem.		
		33		Idem.		
		34		Idem.		
		1	Bandages herniaires — simples, droit ou gauche — pour enfant, pelote, poire, etc.	Nombre.	3 75	
	N	2	Bandages herniaires — simples, droit ou gauche — pour cadet, pelote, poire, etc.	Idem.	4 70	
	BANDAGES HERNIAIRES.	3	Bandages herniaires — simples, droit ou gauche — pour homme, pelote, poire, etc.	Idem.	5 60	
		4	Bandages herniaires — doubles, brisés — pour enfant	Idem.	5 00	
		5	Bandages herniaires — doubles, brisés — pour cadet	Idem.	5 30	
		6	Bandages herniaires — doubles, brisés — pour homme	Idem.	8 10	

DÉNOMINATION ET CLASSIFICATION DES MATIÈRES ET OBJETS.				ESPÈCE des UNITÉS.	PRIX MINISTÉRIELS.	OBSERVATIONS.
PAR UNITÉ SOMMAIRE.		**PAR SUBDIVISION.**				
Numéro et libellé.	Subdivision.	Numéros.	Dénominations.			
					fr. c.	
	BANDAGES HERNIAIRES. (Suite.)	7	Bandages herniaires (Suite.) — doubles, à lunettes — pour enfant	Nombre.	5 95	
		8	doubles, à lunettes — pour cadet	Idem.	8 75	
		9	doubles, à lunettes — pour homme	Idem.	10 30	
		10	ombilicaux — pour enfant	Idem.	5 00	
		11	ombilicaux — pour cadet	Idem.	5 30	
		12	ombilicaux — pour homme	Idem.	8 10	
		13		Idem.		
		14		Idem.		
		15		Idem.		
		16		Idem.		
11 Outillage, instruments et appareils divers.	O — APPAREILS DE PROTHÈSE.	1	Bas simple	Nombre.		A décompter au prix d'achat majoré de 25 p. 100.
		2	Bas à genou	Idem.		
		3	Bas à cuisse	Idem.		
		4	Bas molletière	Idem.		
		5	Bas genouillère	Idem.		
		6	Bas cuissard	Idem.		
		7	Bas cuissard à genou	Idem.		
		8	Bras artificiel	Idem.		
		9	Chaussure orthopédique	Idem.		
		10	Cuissard à pilon	Idem.		
		11	Béquilles doubles en bois de frène, grandes	Idem.		
		12	— moyennes	Idem.		
		13	— petites	Idem.		
		14	Béquille simple en bois de frène	Idem.		
		15		Idem.		
		16		Idem.		
	P — LUNETTES ET ACCESSOIRES.	1	Lunettes à verres biconcaves avec étui, pour la myopie	Nombre.	2 00	
		2	Lunettes à verres biconvexes avec étui pour hypermétropie	Idem.	4 30	
		3	Lunettes à verres biconvexes pour opérés de cataracte, avec étui	Idem.	3 75	
		4	Lunettes à verres forme coquille, bleus ou fumés, avec étui	Idem.	4 30	
		5		Idem.		
		6		Idem.		
		7		Idem.		
		8		Idem.		
	Q — VASES ET USTENSILES DE PHARMACIE ET DE CHIMIE.	1	Agitateurs assortis de diamètres, de 20 à 30 centimètres de longueur	Nombre.	0 10	
		2	Alambics en cuivre étamé à l'étain fin avec fourneau en tôle pour chauffage au charbon — 1 litre de bain-marie	Idem.	97 50	
		3	2 — —	Idem.	125 00	
		4	5 — —	Idem.	212 50	
		5	10 — —	Idem.	312 50	
		6	20 — —	Idem.	437 50	
		7	Alambic Salleron, à chaudière métallique	Idem.	31 25	
		7 bis.	Rondelles en caoutchouc de rechange pour alambic Salleron	Paire.	0 25	
		8	Alambic en cuivre pour l'essai des vins (modèle de l'Administration des Douanes)	Nombre.	187 50	
		8 bis.	Rondelles en caoutchouc de rechange pour le n° 8	Paire.	0 45	
		9	Albuminimètre d'Esbach	Nombre.	0 90	

DÉNOMINATION ET CLASSIFICATION DES MATIÈRES ET OBJETS.				ESPÈCE des UNITÉS.	PRIX MINISTÉRIELS.	OBSERVATIONS.
PAR UNITÉ SOMMAIRE.		PAR SUBDIVISION.				
Numéro et libellé.	Subdivision.	Numéros.	Dénominations.			
					fr. c.	
		10	Alcoomètres contrôlés par la régie, gradués par 1/5 de degré de { 0 à 20	Nombre.	4 70	
		11	20 à 40	Idem.	4 70	
		12	40 à 60	Idem.	4 70	
		13	60 à 80	Idem.	4 70	
		14	80 à 100	Idem.	4 70	
		15	Alcoomètre centésimal de Gay-Lussac de 0 à 100	Idem.	1 55	
		16	Alcoomètre centésimal pour appareil Salleron, de { 0 à 25	Idem.	2 50	
		17	25 à 50	Idem.	2 50	
		18	Allonges verre blanc droites ou courbes, de { 1 à 4 litres	Idem.	2 25	
		19	750 grammes	Idem.	0 70	
		20	500 —	Idem.	0 65	
		21	250 —	Idem.	0 50	
		22	125 —	Idem.	0 45	
11	Q	23	Allonges à déplacement non bouchées de { 125 grammes	Idem.	0 65	
Outillage, instruments et appareils divers.	VASES ET USTENSILES DE PHARMACIE ET DE CHIMIE. (Suite.)	24	250 —	Idem.	0 75	
		25	500 —	Idem.	0 90	
		26	750 —	Idem.	0 95	
		27	1 à 4 litres	Idem.	2 50	
		28	Amiante pour filtrer	Kilogr.	6 25	
		29	Ammonimètre de Bobierre pour doser l'ammoniaque dans les engrais	Nombre.	37 50	
		29bis	Tubes de rechange pour ammonimètre de Bobierre	Idem.	0 75	
		30	Ampoules en verre assorties	Cent.	0 10	
		31	Appareil à déplacement avec clef de Robiquet de { 250 grammes	Nombre.	6 90	
		32	500 —	Idem.	7 50	
		33	1,000 —	Idem.	8 75	
		34	2,000 —	Idem.	11 90	
		35	3,000 —	Idem.	13 75	
		36	4,000 —	Idem.	16 25	
		37	Appareil à déplacement de Berjot pour les substances visqueuses	Idem.	75 00	
		38	Appareil à déplacement de Gerhardt pour les liquides volatils (sans support)	Idem.	15 00	
		39	Le même (avec support)	Idem.	27 50	
		40	Appareil à déplacement de Guibourt, de 2 litres	Idem.	18 75	
		41	— 4 litres	Idem.	22 50	
		42	Appareil à déplacement de Payen (sans support)	Idem.	0 40	
		43	Le même (avec support)	Idem.	22 50	
		44	Appareils à déplacement en cuivre étamé à l'étain fin, montés sur pied en fer avec trois disques par appareil de { 5 litres	Idem.	50 25	
		45	10 —	Idem.	75 00	
		46	15 —	Idem.	93 75	
		47	20 —	Idem.	112 50	
		48	Appareil Carré à acide sulfurique à 2 carafes, avec 2 accessoires pour la congélation rapide	Idem.	437 50	
		48 a	Rechanges pour appareils Carré. { Anneaux de caoutchouc	Idem.	0 25	
		48 b	Cire	Kilogr.	15 00	
		48 c	Clapets	Nombre.	1 90	
		48 d	Garniture de pompe en cuir	Idem.	1 90	

DÉNOMINATION ET CLASSIFICATION DES MATIÈRES ET OBJETS.				ESPÈCE	PRIX	OBSERVA-
PAR UNITÉ SOMMAIRE.		PAR SUBDIVISION.		des	MINISTÉRIELS.	TIONS.
Numéro et libellé.	Subdivision.	Nu-méros.	Dénominations.	UNITÉS.		
					fr. c.	
		48 e	Rechanges pour appareils Carré. (Suite.) — Huile épaisse pour pompe......	Flacon.	1 00	
		48 f	— d'olive —	Idem.	1 00	
		48 g	Rondelles de caoutchouc.......	Nombre.	0 25	
		48 h	Tiges de piston.............	Idem.	6 25	
		49	Appareil d'Albert Lévy complet pour le dosage de l'oxygène dans l'eau...................	Idem.	62 50	
		50	Appareil de Boussingault pour le dosage de l'acide carbonique contenu dans l'air avec aspirateur de 25 litres.	Idem.	56 25	
			Appareil de Kipp pour la production de l'hydrogène sulfuré, acide carbonique, etc. :			
		51	Moyen modèle, 4 litres.....................	Idem.	27 50	
		52	Petit modèle, 2 litres.....................	Idem.	22 50	
		53	Appareil de Liebig, avec ajustages, pour analyses organiques..................	Idem.	175 00	»
		54	Appareil de Nessler composé de 6 tubes jaugés et bouchés à l'émeri avec support garni d'une plaque de porcelaine blanche..................	Idem.	40 00	
		55	Appareil du docteur Noël pour le dosage rapide de l'urée.	Idem.	15 00	
11 Outillage, instruments et appareils divers.	Q VASES ET USTENSILES DE PHARMACIE ET DE CHIMIE. (Suite.)	56	Appareil Limousin pour la fabrication de l'oxygène (complet, avec un ballon en caoutchouc de 30 litres).....	Idem.	168 75	
		56bis	Ballon de rechange pour cet appareil.............	Idem.	40 00	
		57	Appareils pour le dosage de l'acide carbonique de — Fresenius et Will.............	Idem.	2 90	
		58	Mohr....................	Idem.	2 90	
		59	Moride et Bobierre..........	Idem.	2 25	
		60	Wurtz....................	Idem.	2 25	
		61	Aréomètres de Baumé pour liquides — plus légers que l'eau..........	Idem.	0 95	
		62	plus lourds que l'eau.........	Idem.	0 95	
		63	Assiettes en grès pour parfum....................	Cent.	0 15	
		64	Baguettes ou tiges en cristal ordinaire, 4 à 25$^{m/m}$ de diamètre..................	Kilogr.	1 90	
			Bain-marie en cuivre rouge, forme bassine, avec rondelles concentriques et niveau constant :			
		65	De 20$^{c/m}$ de diamètre, 6 rondelles.............	Nombre.	33 75	
		66	De 36 — 7 —	Idem.	47 50	
			Les mêmes, sans niveau constant :			
		67	De 20$^{c/m}$ de diamètre, 6 rondelles.............	Idem.	27 50	
		68	De 30 — 7 —	Idem.	41 25	
			Bain-marie en cuivre rouge, forme cylindrique, avec manche et rondelles concentriques, sans niveau :			
		69	De 16$^{c/m}$ de diamètre, 3 rondelles.............	Idem.	18 75	
		70	De 20 — 5 —	Idem.	25 00	
		71	Bain-marie en fer battu étamé avec anses et rondelles concentriques, de — 18$^{c/m}$ de diamètre, 3 rondelles..	Idem.	6 90	
		72	22 — 5 — ..	Idem.	8 75	
		73	26 — 6 — ..	Idem.	11 25	
		74	30 — 7 — ..	Idem.	15 00	
		75	Bains de sable en fonte de — 15$^{c/m}$ de diamètre............	Idem.	0 95	
		76	17 —	Idem.	1 40	
		77	20 —	Idem.	1 75	
		78	22 —	Idem.	2 00	
		79	24 —	Idem.	2 00	
		80	27 —	Idem.	2 45	
		81	30 —	Idem.	5 00	

DÉNOMINATION ET CLASSIFICATION DES MATIÈRES ET OBJETS.				ESPÈCE des UNITÉS.	PRIX MINISTÉRIELS.	OBSERVA-TIONS.
PAR UNITÉ SOMMAIRE.		**PAR SUBDIVISION.**				
Numéro et libellé.	Subdivision.	Nu-méros.	Dénominations.			
					fr. c.	
		82	10°/m de diamètre............	Nombre.	1 25	
		83	Bains de sable — 14	Idem.	1 75	
		84	en tôle, forme capsule, — 18	Idem.	2 50	
		85	de — 22	Idem.	3 15	
		86	— 26	Idem.	3 75	
		87	Bains de sable 14°/m de diamètre...........	Idem.	1 75	
		88	en tôle, forme plate, — 18	Idem.	2 50	
		89	de — 20	Idem.	2 90	
		90	— 25	Idem.	3 75	
		91	Ballon avec tubes ronds pour distillations fractionnées...	Idem.	1 75	
		92	Ballon de Fernbach, avec tubulure latérale et barbotteur.	Idem.	3 75	
		93	Ballon jaugé pour hydrotimètre..................	Idem.	1 90	
		94	1 à 10 litres...............	Idem.	2 50	
		95	1,500 grammes.............	Idem.	0 65	
		96	Ballons ou matras 750 —	Idem.	0 40	
		97	en verre blanc 500 —	Idem.	0 35	
		98	à fond rond, 375 —	Idem.	0 30	
		99	ou plat, 250 —	Idem.	0 25	
11	**Q**	100	à col court ou à col long, 187 —	Idem.	0 20	
Outil-lage, instru-ments et appareils divers.	VASES ET USTENSILES DE PHARMACIE ET DE CHIMIE. (Suite.)	101	de 150 —	Idem.	0 20	
		102	125 grammes et au-dessous...	Idem.	0 20	
		103	Ballons pipettes de Chamberland..................	Idem.	2 00	
		104	1 à 20 litres par grandeur......	Litre de contenance	0 45	
		105	Ballons 750 grammes.............	Nombre.	0 40	
		106	verre vert à fond plat, 500 —	Idem.	0 35	
		107	ou rond col court 350 —	Idem.	0 30	
		108	ou long col, 250 —	Idem.	0 25	
		109	de 125 grammes et au-dessous....	Idem.	0 20	
		110	Barils debout en verre 5 litres.................	Idem.	6 25	
		111	pour eau distillée 10 —	Idem.	8 75	
		112	avec robinet en étain, 20 —	Idem.	16 25	
		113	bouchon en verre, de 50 —	Idem.	37 50	
		114	Barils en verre 5 litres.................	Idem.	11 25	
		115	avec robinet en verre 10 —	Idem.	16 25	
		116	et bouchon en verre, de 20 —	Idem.	35 00	
		117	Baromètre anéroïde pour station météorologique........	Idem.	27 50	
		118	— de Fortin — —	Idem.	137 50	
		119	— — tout en verre........	Idem.	62 50	
		120	4 litres.................	Idem.	16 50	
		121	6 —	Idem.	17 75	
		122	Bassines 8 —	Idem.	25 00	
		123	en cuivre rouge, 10 —	Idem.	27 50	
		124	fond rond avec anses, 15 —	Idem.	37 50	
		125	de 20 —	Idem.	42 50	
		126	25 —	Idem.	50 00	
		127	22°/m de diamètre...........	Idem.	3 15	
		128	Bassines 26 —	Idem.	4 40	
		129	en fer battu fort, 30 —	Idem.	5 65	
		130	étamé, à anses, de 36 —	Idem.	7 80	
		131	40 —	Idem.	9 10	

DÉNOMINATION ET CLASSIFICATION DES MATIÈRES ET OBJETS.				ESPÈCE des UNITÉS.	PRIX MINISTÉRIELS.	OBSERVATIONS.
PAR UNITÉ SOMMAIRE.		**PAR SUBDIVISION.**				
Numéro et libellé.	Subdivision.	Numéros.	Dénominations.			
11 **Outillage, instruments et appareils divers.**	**Q** VASES ET USTENSILES DE PHARMACIE ET DE CHIMIE. (Suite.)	132	Bassines fonte émaillée, à bec et à anses, de — 8 litres	Nombre.	10 65	
		133	11 —	Idem.	12 50	
		134	14 —	Idem.	15 00	
		135	17 —	Idem.	18 75	
		136	20 —	Idem.	21 25	
		137	25 —	Idem.	25 00	
		138	30 —	Idem.	31 25	
		139	Biberons porcelaine opaque	Idem.	0 05	
		140	Bocaux à bords droits dits bocaux à fleurs de — 1 à 12 litres par grandeur	Idem.	0 50	
		141	750 grammes	Idem.	0 40	
		142	500 —	Idem.	0 35	
		143	350 —	Idem.	0 30	
		144	250 —	Idem.	0 25	
		145	180 —	Idem.	0 20	
		146	125 —	Idem.	0 15	
		147	90 —	Idem.	0 15	
		148	60 —	Idem.	0 10	
		149	Boîtes à lait en fer émaillé, de 1 litre	Idem.	2 90	
		150	— de 2 litres	Idem.	3 70	
		151	Boîtes à lait en porcelaine, de 1 litre	Idem.	3 20	
		152	— — de 2 litres	Idem.	3 65	
		153	Boîtes à réactifs, chêne ciré avec couvercle, tiroir et poignées, contenant 35 flacons vides vitrifiés lettres noires et bouchés à l'émeri, de 125 grammes	Idem.	81 25	
		154	Les mêmes avec flacons de 60 grammes	Idem.	62 50	
		155	Boîtes cylindriques en verre, à couvercle rodé, de — 5 c/m de diamètre	Idem.	1 60	
		156	10 —	Idem.	3 65	
		157	15 —	Idem.	5 00	
		158	Boîtes de Kitasato pour cultures anaérobies	Idem.	3 15	
		159	Boîtes en verre rondes de Pétri, de — 4, 5 et 6 c/m de diamètre	Idem.	0 70	
		160	8, 10 et 13 —	Idem.	1 25	
		161	Boîtes rectangulaires avec support intérieur pour stériliser les instruments, modèle de l'Institut Pasteur, en cuivre.	Idem.	25 00	
		162	Les mêmes, en fer émaillé	Idem.	12 50	
		163	Bouchons en caoutchouc, gomme para pur, flottants — pleins, n° 1	Idem.	0 15	
		164	pleins, n° 2	Idem.	0 20	
		165	pleins et à 1 trou, n° 3	Idem.	0 25	
		166	pleins à 1 et à 2 trous, n° 4	Idem.	0 35	
		167	n° 5	Idem.	0 40	
		168	n° 6	Idem.	0 50	
		169	n° 7	Idem.	0 70	
		170	n° 8	Idem.	0 80	
		171	n° 9	Idem.	0 85	
		172	n° 10	Idem.	1 25	
		173	n° 11	Idem.	1 35	
		174	n° 12	Idem.	1 55	
		175	pleins, à 1, 2 et à 3 trous, n° 13	Idem.	2 00	
		176	n° 14	Idem.	2 50	
		177	n° 15	Idem.	3 50	
		178	n° 16	Idem.	4 25	
		179	n° 17	Idem.	4 75	
		180	n° 18	Idem.	5 25	
		181	n° 19	Idem.	5 75	
		182	n° 20	Idem.	6 25	

15.

DÉNOMINATION ET CLASSIFICATION DES MATIÈRES ET OBJETS.				ESPÈCE des UNITÉS.	PRIX MINISTÉRIELS.	OBSERVATIONS.
PAR UNITÉ SOMMAIRE.		PAR SUBDIVISION.				
Numéro et libellé.	Subdivision.	Numéros.	Dénominations.			
					fr. c.	
		183	Bougies Chamberland petit modèle, sans embase.	Nombre.	2 50	
		184	Bougies en amiante au moule de 5, 7, 10, 12 et $15^{m}/_{m}$, sans embase.	Idem.	2 50	
		185	Bougies en porcelaine au moule de 5, 7, 10, 12 et $15^{m}/_{m}$, sans embase.	Idem.	2 50	
		186	Bougies en terre de pipe de $5^{m}/_{m}$ au moule, sans embase.	Idem.	2 50	
		187	Bouteilles à bague saillante pour eaux gazeuses.	Idem.	0 30	
		188	Bouteilles en grès de — 3 litres.	Idem.	0 95	
		189	— 2 litres.	Idem.	0 75	
		190	— 1 litre.	Idem.	0 65	
		191	— 50 centil.	Idem.	0 65	
		192	Bouteilles verre vert bouchées à l'émeri de — 4 litres.	Idem.	2 50	
		193	— 3 litres.	Idem.	1 60	
		194	— 2 litres.	Idem.	0 95	
		195	— 1 litre.	Idem.	0 65	
11	Q	196	Bouteilles verre vert non bouchées forme anglaise de — 6 litres.	Idem.	1 50	
Outillage, instruments et appareils divers.	VASES ET USTENSILES DE PHARMACIE ET DE CHIMIE. (Suite.)	197	— 5 litres.	Idem.	1 25	
		198	— 4 litres.	Idem.	1 00	
		199	— 3 litres.	Idem.	0 90	
		200	— 2 litres.	Idem.	0 65	
		201	— 1 litre.	Idem.	0 35	
		202	— 50 centil.	Idem.	0 30	
		203	Burettes dites anglaises divisées de — 10^{cc} par 1/10 de ^{cc}.	Idem.	2 50	
		204	— 25^{cc} —	Idem.	4 05	
		205	— 50^{cc} par $1/2^{cc}$.	Idem.	3 45	
		206	— 100^{cc} par ^{cc}.	Idem.	3 75	
		207	Burettes de Gay-Lussac à bout recourbé de : — 10^{cc} par 1/10 de ^{cc}.	Idem.	2 50	
		208	— 25 —	Idem.	4 05	
		209	— 35 —	Idem.	4 70	
		210	— 50^{cc} par $1/2^{cc}$.	Idem.	3 45	
		211	— 100^{cc} par ^{cc}.	Idem.	3 75	
		212	Burettes de Mohr avec pince, tube en caoutchouc et tube d'écoulement de — 10^{cc} par 1/10 de ^{cc}.	Idem.	3 45	
		213	— 25 —	Idem.	5 00	
		214	— 35 —	Idem.	5 95	
		215	— 50^{cc} par $1/2$ ^{cc}.	Idem.	5 00	
		216	— 100^{cc} par ^{cc}.	Idem.	5 95	
		217	Burettes de Mohr avec robinet de — 10^{cc} par 1/10 de ^{cc}.	Idem.	5 65	
		218	— 25 —	Idem.	7 50	
		219	— 35 —	Idem.	8 75	
		220	— 50^{cc} par $1/2^{cc}$.	Idem.	6 90	
		221	— 100^{cc} par ^{cc}.	Idem.	7 50	
		222	Burette hydrotimétrique.	Idem.	3 75	
		223	Capsules à incinération en porcelaine de Saxe de — $40^{m}/_{m}$ de diamètre.	Idem.	0 65	
		224	— 50 —	Idem.	0 65	
		225	Capsules en argent de — $30^{m}/_{m}$ de diamètre, poids 4 gr. environ.	Idem.	2 50	
		226	— $40^{m}/_{m}$ de diamètre, poids 8 gr. environ.	Idem.	4 40	
		227	— $50^{m}/_{m}$ de diamètre, poids 14 gr. environ.	Idem.	7 50	
		228	— $60^{m}/_{m}$ de diamètre, poids 22 gr. environ.	Idem.	10 00	

DÉNOMINATION ET CLASSIFICATION DES MATIÈRES ET OBJETS.				ESPÈCE des UNITÉS.	PRIX MINISTÉRIELS.	OBSERVATIONS.
PAR UNITÉ SOMMAIRE.		PAR SUBDIVISION.				
Numéro et libellé.	Subdivision.	Numéros.	Dénominations.			
		229	Capsules en argent de (Suite.)	70^m/^m de diamètre, poids 32 gr. environ	Nombre.	15 00
		230		80^m/^m de diamètre, poids 48 gr. environ	Idem.	21 25
		231	Capsules en fer-blanc verni assorties de couleurs avec filets en or pour flacons et bocaux de 40 à 120^m/^m de diamètre		Idem.	0 50
		232	Capsules en nickel pur fond rond ou plat de	40^m/^m de diamètre	Idem.	1 25
		233		50 —	Idem.	1 60
		234		60 —	Idem.	1 90
		235		70 —	Idem.	2 00
		236		80 —	Idem.	2 25
		237		90 —	Idem.	2 75
		238		100 —	Idem.	3 65
		239		120 —	Idem.	5 00
		240		150 —	Idem.	6 25
11 Outillage, instruments et appareils divers.	Q VASES ET USTENSILES DE PHARMACIE ET DE CHIMIE. (Suite.)	241	Capsules en platine à fond plat du modèle adopté par le comité des arts et manufactures pour l'extrait des vins.		Idem.	162 50
		242	Capsule en platine fond rond ou plat de	15^m/^m de diamètre, poids 1 gr. 5 environ	Idem.	9 40
		243		20^m/^m de diamètre, poids 2 gr. environ	Idem.	12 50
		244		30^m/^m de diamètre, poids 4 gr. environ	Idem.	27 50
		245		40^m/^m de diamètre, poids 8 gr. environ	Idem.	50 00
		246		50^m/^m de diamètre, poids 14 gr. environ	Idem.	77 50
		247		60^m/^m de diamètre, poids 22 gr. environ	Idem.	125 00
		248		70^m/^m de diamètre, poids 32 gr. environ	Idem.	187 50
		249		80^m/^m de diamètre, poids 48 gr. environ	Idem.	275 00
		250	Capsules en porcelaine de Bayeux à fond rond ou plat et à bec de	27^m/^m de diamètre	Idem.	0 15
		251		40 —	Idem.	0 25
		252		55 —	Idem.	0 30
		253		84 —	Idem.	0 55
		254		110 —	Idem.	0 80
		255		140 —	Idem.	1 30
		256		167 —	Idem.	1 80
		257		195 —	Idem.	2 25
		258		223 —	Idem.	3 20
		259		250 —	Idem.	4 55
		260		280 —	Idem.	5 95
		261		305 —	Idem.	7 20
		262		360 —	Idem.	13 75
		263	Capsules en verre mince de Bohême, à fond rond, avec ou sans bec, hémisphériques ou évasées, de	40^m/^m de diamètre	Idem.	0 35
		264		50 —	Idem.	0 40
		265		60 —	Idem.	0 50
		266		70 —	Idem.	0 65
		267		80 —	Idem.	0 70
		268		90 —	Idem.	0 75
		269		110 —	Idem.	0 95
		270		120 —	Idem.	1 00
		271		130 —	Idem.	1 15
		272		160 —	Idem.	1 40

Numéro et libellé.	Subdivision.	Numéros.	Dénominations.	ESPÈCE des UNITÉS.	PRIX MINISTÉRIELS. (fr. c.)	OBSERVATIONS.
		273	Capuchons de caoutchouc pour tubes à cultures, de $15^{m/m}$.	Nombre.	0 15	
		274	Capuchons de caoutchouc pour tubes à cultures, de $18^{m/m}$.	Idem.	0 20	
		275	Capuchons de caoutchouc pour tubes à cultures, de $20^{m/m}$.	Idem.	0 25	
		276	— — — $25^{m/m}$.	Idem.	0 35	
		277	Carafes jaugées, cristal épais, de 250 grammes	Idem.	1 90	
		278	de 500 —	Idem.	2 50	
		279	de 1,000 —	Idem.	3 15	
		280	Carafe pour appareil Carré.	Idem.	1 65	
		281	Carafe pour appareil Carré, à brisure, pour congélation.	Idem.	7 20	
		282	Carton à préparation à deux volets.	Idem.	1 60	
		283	Chalumeau de Berzélius, bout en cuivre.	Idem.	4 40	
11	Q	283 bis	— en platine.	Idem.	7 50	
Outillage, instruments et appareils divers.	VASES ET USTENSILES DE PHARMACIE ET DE CHIMIE. (Suite.)	284	Bouts de rechange pour ces chalumeaux en cuivre.	Idem.	0 65	
		284 bis	— — en platine	Idem.	4 40	
		285	Chambre humide de Malassez.	Idem.	8 15	
		286	Charbon de rechange pour pile de Bunsen, de 0^m16 de hauteur	Idem.	0 75	
		287	de 0^m18 —	Idem.	1 00	
		288	de 0^m22 —	Idem.	1 40	
		289	Chevalets pour 12 tubes à essais, ouverture des trous $20^{m/m}$.	Idem.	2 20	
		290	Les mêmes, pour 24 tubes	Idem.	3 75	
		291	Cloches à bouton ou à douille, forme haute, de 250 grammes	Idem.	0 65	
		292	de 500 —	Idem.	0 90	
		293	de 1 litre	Idem.	1 00	
		294	de 2 —	Idem.	1 40	
		295	de 4 —	Idem.	2 50	
		296	de 6 —	Idem.	4 05	
		297	Cloches à bouton ou à douille, forme basse, de 0^m16 de diamètre	Idem.	0 75	
		298	de 0^m19 —	Idem.	0 95	
		299	de 0^m22 —	Idem.	1 25	
		300	de 0^m25 —	Idem.	1 60	
		301	de 0^m28 —	Idem.	2 20	
		302	Cloches à dessécher à étagères en verre (4 étagères) de 0^m15 de diamètre sur 0^m25 de hauteur; cloche de 0^m48 de hauteur sur 0^m19 de diamètre intérieur, avec plaque carrée en verre dépoli	Idem.	27 20	
		303	Cloches à recouvrement, de 0^m20 de diamètre	Idem.	2 20	
		304	de 0^m25 —	Idem.	2 50	
		305	de 0^m30 —	Idem.	6 25	
		306	Cloches à robinet en cuivre, graduées, de 1 litre	Idem.	10 00	
		307	de 2 —	Idem.	11 25	
		308	de 3 —	Idem.	15 00	
		309	de 4 —	Idem.	16 90	
		310	de 6 —	Idem.	19 20	
		311	Cloches courbes assorties	Idem.	0 40	
		312	Cloches de 0^m20 de diamètre, à bords rodés, à douille munie d'un robinet de verre	Idem.	6 25	
		313	Cloches en verre pour microscope, à bouton taillé, de 35×24	Idem.	6 25	
		314	Compte-gouttes de Lebaigue	Idem.	1 60	
		315	— de 150 grammes, à 2 tubulures, pour boîtes à réactifs	Idem.	4 40	
		316	ordinaires	Idem.	0 10	

DÉNOMINATION ET CLASSIFICATION DES MATIÈRES ET OBJETS.					ESPÈCE des UNITÉS.	PRIX MINISTÉRIELS.	OBSERVATIONS.
PAR UNITÉ SOMMAIRE.		**PAR SUBDIVISION.**					
Numéro et libellé.	Subdivision.	Numéros.	Dénominations.			fr. c.	
		317	Conserves forme basse à 2 cordons, avec couvercle, contenance approximative	de 2 litres..................	Nombre.	3 25	
		318		de 3 —	Idem.	3 45	
		319		de 4 —	Idem.	5 00	
		320		de 5 —	Idem.	6 25	
		321		de 6 —	Idem.	6 90	
		322	Cornues en biscuit, émaillées à l'intérieur, non tubulées,	de 2 litres..................	Idem.	8 75	
		323		de 1 —	Idem.	6 25	
		324		de 750 grammes.............	Idem.	5 65	
		325		de 500 —	Idem.	5 00	
		326		de 250 —	Idem.	4 05	
		327	Cornues en biscuit, émaillées à l'intérieur, tubulées	de 2 litres..................	Idem.	12 50	
		328		de 1 —	Idem.	8 75	
		329		de 500 grammes.............	Idem.	6 25	
		330		de 250 —	Idem.	5 00	
		331		de 90 —	Idem.	3 25	
		332		de 60 —	Idem.	2 75	
		333		de 30 —	Idem.	2 40	
11 Outillage, instruments et appareils divers.	**Q** VASES ET USTENSILES DE PHARMACIE ET DE CHIMIE. (Suite.)	334	Cornues en grès non tubulées	de 10 litres..................	Idem.	11 25	
		335		de 8 —	Idem.	9 40	
		336		de 6 —	Idem.	6 25	
		337		de 5 —	Idem.	6 25	
		338		de 4 —	Idem.	5 00	
		339		de 3 —	Idem.	3 25	
		340		de 2 —	Idem.	2 00	
		341		de 1 —	Idem.	1 25	
		342		de 500 grammes.............	Idem.	1 10	
		343		de 250 —	Idem.	0 75	
		344	Cornues en grès tubulées	de 10 litres..................	Idem.	12 50	
		345		de 8 —	Idem.	10 00	
		346		de 6 —	Idem.	6 90	
		347		de 5 —	Idem.	6 90	
		348		de 4 —	Idem.	6 25	
		349		de 3 —	Idem.	3 75	
		350		de 2 —	Idem.	2 85	
		351		de 1 —	Idem.	1 40	
		352		de 500 grammes.............	Idem.	1 15	
		353		de 250 —	Idem.	0 95	
		354	Cornues verre blanc ordinaire ou vert clair	de 1 à 20 litres (par grandeur)..	Litre.	0 50	
		355		de 750 grammes.............	Nombre.	0 40	
		356		de 500 —	Idem.	0 35	
		357		de 350 —	Idem.	0 30	
		358		de 250 —	Idem.	0 25	
		359		de 125 —	Idem.	0 20	
		360		de 90 —	Idem.	0 20	
		361		de 60 —	Idem.	0 20	
		362		de 30 —	Idem.	0 20	
		363	Cornues verre blanc ou verre clair tubulées, bouchées à l'émeri	de 1 à 20 litres (par grandeur)..	Litre.	1 30	
		364		de 750 grammes.............	Nombre.	1 20	
		365		de 500 —	Idem.	1 10	
		366		de 350 —	Idem.	1 00	
		367		de 250 —	Idem.	0 95	
		368		de 125 —	Idem.	0 75	

DÉNOMINATION ET CLASSIFICATION DES MATIÈRES ET OBJETS.				ESPÈCE des UNITÉS.	PRIX MINISTÉRIELS.	OBSERVATIONS.
PAR UNITÉ SOMMAIRE.		PAR SUBDIVISION.				
Numéro et libellé.	Subdivision.	Numéros.	Dénominations.			
					fr. c.	
		369	Cornues verre blanc ou verre clair, etc. (Suite.) { de 9o —	Nombre.	0 75	
		370	de 6o —	Idem.	0 75	
		371	de 3o —	Idem.	0 75	
		372	Coton de verre............................	Kilogr.	31 25	
		373	Coupelles en grès, assorties................	Nombre.	0 15	
		374	Coupelles en os empapillotées { n° 1 pesant 4 grammes.......	Idem.	0 10	
		375	2 — 5 —	Idem.	0 10	
		376	3 — 10 .—	Idem.	0 10	
		377	4 — 13 —	Idem.	0 10	
		378	5 — 17 —	Idem.	0 10	
		379	6 — 21 —	Idem.	0 15	
		380	.7 — 28 —	Idem.	0 25	
		381	8 — 3g —	Idem.	0 50	
		382	Couteaux à bouchons, lames mince et large, acier fondu.	Idem.	3 15	
		383	Couteaux en platine manche buffle { poids de la lame, 12 gr. environ.	Idem.	77 50	
		384	— 15 —	Idem.	87 50	
		385	Couteaux pour couper le verre, grand modèle.........	Idem.	3 15	
		386	Couvercles pour creusets ronds en grès de Hesse, assortis.	Idem.	0 20	
		387	Couvercles pour creusets triangulaires en grès de Hesse, assortis....................	Idem.	0 25	
11 Outillage, instruments et appareils divers.	Q VASES ET USTENSILES DE PHARMACIE ET DE CHIMIE. (Suite.)	388	Couvercles ronds, terre de Paris, assortis aux creusets...	Idem.	0 25	
		389	Crémomètres de Quévenne...................	Idem.	3 15	
		390	Creusets avec couvercle et tube de Rôse, de { 37 $^{m}/^{m}$ de hauteur...........	Idem.	1 90	
		391	53 —	Idem.	3 75	
		392	Creusets de Hesse triangulaires, avec leurs couvercles, { série de 8.................	Série.	3 25	
		393	— 6.................	Idem.	1 90	
		394	— 5.................	Idem.	1 55	
		395	— 5 petits.............	Idem.	1 25	
		396	Creusets de Plattner de { 25 $^{m}/^{m}$ de hauteur...........	Nombre.	0 75	
		397	3o —	Idem.	0 85	
		398	Creusets en argent avec couvercles, forme capsule ou à bouton, de { 10 cent. c.; poids 10 gr. environ..	Idem.	7 50	
		399	15 — 15 — .	Idem.	9 40	
		400	20 — 20 — .	Idem.	11 25	
		401	25 — 25 — .	Idem.	12 50	
		402	3o — 3o — .	Idem.	15 00	
		403	35 — 35 — .	Idem.	16 25	
		404	4o — 4o — .	Idem.	18 75	
		405	5o — 5o — .	Idem.	21 25	
		406	6o — 6o — .	Idem.	25 00	
		407	8o — 8o — .	Idem.	33 75	
		408	100 — 100 — .	Idem.	43 75	
		409	5oo grammes.............	Idem.	1 20	
		410	25o —	Idem.	0 90	
		411	125 —	Idem.	0 75	
		412	Creusets en biscuit avec couvercles, de { 9o —	Idem.	0 65	
		413	6o —	Idem.	0 65	
		414	3o —	Idem.	0 45	
		415	15 —	Idem.	0 40	
		416	9 —	Idem.	0 40	
		417	6 —	Idem.	0 40	

DÉNOMINATION ET CLASSIFICATION DES MATIÈRES ET OBJETS.				ESPÈCE des UNITÉS.	PRIX MINISTÉRIELS.	OBSERVA-TIONS.
PAR UNITÉ SOMMAIRE.		PAR SUBDIVISION.				
Numéro et libellé.	Subdivision.	Nu-méros.	Dénominations.			
					fr. c.	
11 Outil-lage, instru-ments et appa-reils divers.	Q VASES ET USTENSIBLES DE PHARMACIE ET DE CHIMIE. (Suite.)	418	Creusets nickel pur avec couvercles, forme capsule, de — 35 $^m/_m$ de diamètre sur 22 $^m/_m$ de hauteur...............	Nombre.	2 25	
		419	40 $^m/_m$ de diamètre sur 38 $^m/_m$ de hauteur...............	Idem.	2 65	
		420	50 $^m/_m$ de diamètre sur 45 $^m/_m$ de hauteur...............	Idem.	3 25	
		421	Creusets en platine avec couvercles, forme capsule, forme haute ou forme basse, de — 4 cent. c.; poids 4 gr. environ..	Idem.	31 25	
		422	6 — 6 — ..	Idem.	40 00	
		423	8 — 8 — ..	Idem.	52 50	
		424	10 — 10 — ..	Idem.	62 50	
		425	15 — 15 — ..	Idem.	93 75	
		426	20 — 20 — ..	Idem.	118 75	
		427	30 — 30 — ..	Idem.	175 00	
		428	40 — 40 — ..	Idem.	225 00	
		429	50 — 50 — ..	Idem.	300 00	
		430	Creusets en porcelaine émaillée, avec couvercle, de — 25 $^m/_m$ de hauteur............	Idem.	0 35	
		431	30 —	Idem.	0 35	
		432	40 —	Idem.	0 40	
		433	55 —	Idem.	0 45	
		434	63 —	Idem.	0 50	
		435	70 —	Idem.	0 50	
		436	Creusets ronds de Hesse sans couvercles. — hauteur 38 $^m/_m$, capacité 15 gr..	Idem.	0 20	
		437	— 65 — 70 ..	Idem.	0 35	
		438	— 85 — 150 ..	Idem.	0 45	
		439	— 110 — 300 ..	Idem.	0 50	
		440	— 140 — 500 ..	Idem.	0 75	
		441	— 168 — 800 ..	Idem.	1 05	
		442	— 190 — 1,200 ..	Idem.	1 45	
		443	— 210 — 1,800 ..	Idem.	2 20	
		444	— 245 — 2,500 ..	Idem.	2 50	
		445	Creusets ronds en terre de Paris sans couvercles, — n° 0, hauteur 35 $^m/_m$, diamètre 33 $^m/_m$, capacité 10 grammes.	Idem.	0 10	
		446	n° 1, hauteur 50 $^m/_m$, diamètre 35 $^m/_m$, capacité 12 grammes.	Idem.	0 10	
		447	n° 2, hauteur 55 $^m/_m$, diamètre 45 $^m/_m$, capacité 20 grammes.	Idem.	0 10	
		448	n° 3, hauteur 70 $^m/_m$, diamètre 45 $^m/_m$, capacité 30 grammes.	Idem.	0 15	
		449	n° 4, hauteur 75 $^m/_m$, diamètre 50 $^m/_m$, capacité 35 grammes.	Idem.	0 15	
		450	n° 5, hauteur 80 $^m/_m$, diamètre 55 $^m/_m$, capacité 60 grammes.	Idem.	0 15	
		451	n° 6, hauteur 90 $^m/_m$, diamètre 60 $^m/_m$, capacité 80 grammes.	Idem.	0 15	
		452	n° 7, hauteur 105 $^m/_m$, diamètre 65 $^m/_m$, capacité 120 grammes.	Idem.	0 20	
		453	n° 8, hauteur 115 $^m/_m$, diamètre 70 $^m/_m$, capacité 180 grammes.	Idem.	0 20	
		454	n° 9, hauteur 135 $^m/_m$, diamètre 78 $^m/_m$, capacité 250 grammes.	Idem.	0 35	
		455	n° 10, hauteur 150 $^m/_m$, diamètre 85 $^m/_m$, capacité 370 grammes.	Idem.	0 40	
		456	n° 11, hauteur 165 $^m/_m$, diamètre 90 $^m/_m$, capacité 450 grammes.	Idem.	0 50	
		457	n° 12, hauteur 172 $^m/_m$, diamètre 100 $^m/_m$, capacité 560 grammes.	Idem.	0 65	

| DÉNOMINATION ET CLASSIFICATION DES MATIÈRES ET OBJETS. | | | | ESPÈCE des UNITÉS. | PRIX MINISTÉRIELS. | OBSERVATIONS. |
| PAR UNITÉ SOMMAIRE. | | PAR SUBDIVISION. | | | | |
Numéro et libellé.	Subdivision.	Numéros.	Dénominations.			
					fr. c.	
11 Outillage, instruments et appareils divers.	**Q** VASES ET USTENSILES DE PHARMACIE ET DE CHIMIE. (Suite.)	458	Creusets triangulaires en grès de Hesse, sans couvercles, — hauteur 40 m/m, capacité 15 gr..	Nombre.	0 15	
		459	— 62 — 30 ..	Idem.	0 20	
		460	— 70 — 60 ..	Idem.	0 25	
		461	— 88 — 125 ..	Idem.	0 40	
		462	— 110 — 250 ..	Idem.	0 50	
		463	— 140 — 500 ..	Idem.	1 00	
		464	— 165 — 1,000 ..	Idem.	1 40	
		465	Cristallisoirs en verre de 30, 40 et 55 m/m............	Idem.	0 50	
		466	70, 85 et 95	Idem.	0 60	
		467	Cristallisoirs en verre de 110, 125 et 140 m/m............	Idem.	1 00	
		468	150, 160 et 180	Idem.	1 15	
		469	Cristallisoirs en verre de Bohême de 40, 45 et 50	Idem.	0 65	
		470	55, 65 et 80	Idem.	0 70	
		471	90, 105 et 120	Idem.	0 75	
		472	130, 140 et 160	Idem.	0 90	
		473	Cuillers en fer assorties de 0.54 à 0.135............	Idem.	1 25	
		474	Cuillers en platine sans manches de 8 m/m de diam., poids 1 gr. 1 envir.	Idem.	8 15	
		475	10 — 1 3 — .	Idem.	9 40	
		476	12 — 2 ″ — .	Idem.	13 15	
		477	14 — 2 7 — .	Idem.	18 75	
		478	16 — 3 6 — .	Idem.	23 75	
		479	18 — 5 2 — .	Idem.	31 25	
		480	20 — 6 9 — .	Idem.	45 00	
		481	Manches de toute grandeur pour les cuillers en platine ci-dessus............................	Idem.	2 20	
		482	Cuivre (ou clinquant) recuit, jaune..................	Kilogr.	5 65	
		483	— — rouge.................	Idem.	6 25	
		484	Cuves à mercure en porcelaine, de 1 lit. 50..................	Nombre.	16 25	
		485	80 centil..................	Idem.	11 25	
		486	Cuves en zinc verni, avec entonnoir et robinet de 25 litres................	Idem.	22 50	
		487	de 50 —	Idem.	32 50	
		488	Cuvettes horizontales, en porcelaine, pour photographie, de 13 c/m × 11 c/m..............	Idem.	0 95	
		489	20 × 14	Idem.	1 90	
		490	24 × 18	Idem.	2 20	
		491	30 × 24	Idem.	3 75	
		492	36 × 30	Idem.	6 25	
		493	44 × 31	Idem.	10 00	
		494	Cuvettes horizontales, en verre, pour photographie, de 115 m/m × 140 m/m............	Idem.	1 60	
		495	156 × 210	Idem.	2 50	
		496	200 × 255	Idem.	4 40	
		497	Cylindres en carton pour tubes à culture de 10 c/m de diamètre.	Idem.	1 15	
		498	Les mêmes de 20 c/m de diamètre.................	Idem.	2 00	
		499	Dames-jeannes verre vert, bouchées liège, clissées osier blanc, de 5 litres.................	Idem.	2 20	
		500	10 —	Idem.	3 15	
		501	15, —	Idem.	3 75	
		502	20 —	Idem.	4 40	
		503	Densimètre chercheur de 600 à 1,000 par centièmes.....	Idem.	3 15	
		504	— 1,000 à 1,900 —	Idem.	3 15	
		505	Densimètre de précision de 600 à 700 par millièmes..	Idem.	4 70	
		506	— 700 à 800 — ..	Idem.	4 70	
		507	— 800 à 900 — ..	Idem.	4 70	
		508	— 900 à 1,000 — ..	Idem.	4 70	
		509	— 1,000 à 1,100 — ..	Idem.	4 70	
		510	— 1,100 à 1,200 — ..	Idem.	4 70	
		511	— 1,200 à 1,300 — ..	Idem.	4 70	

DÉNOMINATION ET CLASSIFICATION DES MATIÈRES ET OBJETS.				ESPÈCE des UNITÉS.	PRIX MINISTÉRIELS.	OBSERVATIONS.
PAR UNITÉ SOMMAIRE.		**PAR SUBDIVISION.**				
Numéro et libellé.	Subdivision.	Numéros.	Dénominations.			
					fr. c.	
		512	Densimètre de précision de 1,300 à 1,400 — ..	Nombre.	4 70	
		513	— 1,400 à 1,500 — ..	Idem.	4 70	
		514	— 1,500 à 1,600 — .	Idem.	4 70	
		515	— 1,600 à 1,700 —. .	Idem.	4 70	
		516	— 1,700 à 1,800 — ..	Idem.	4 70	
		517	— 1,800 à 1,900 — ..	Idem.	4 70	
		518	Densimètre de Rousseau gradué sur tige, pour liquides plus lourds ou plus légers que l'eau, dans un étui en carton.	Idem.	5 00	
		519	Densimètre pèse-sirops de 1,200 à 1,400 par 2 millièmes.	Idem.	2 85	
		520	— pour urines.	Idem.	2 20	
		521	Dés en caoutchouc pour garnir l'extrémité de baguettes de verre.	Idem.	0 10	
		522	Dessiccateur composé d'une glace polie, d'une cloche de $20^c/_m$ de diamètre, à bords rodés, à douille munie d'un robinet de verre, d'un vase en porcelaine à compartiments et d'un triangle de verre formant support..	Idem.	10 00	
		523	Dialyseurs de Graham, $160^m/_m$ de diamètre.	Idem.	5 00	
		524	$180^m/_m$ —	Idem.	6 25	
		525	$200^m/_m$ —	Idem.	6 90	
		526	Diamants montés pour écrire sur le verre.	Idem.	5 00	
		527	Disques en papier chimiquement pur, Schleicher et Schull, n° 589. $55^m/_m$ de diamètre.	Mille.	27 50	
		528	$70^m/_m$ —	Idem.	30 00	
11 Outillage, instruments et appareils divers.	**Q** Vases et ustensiles de pharmacie et de chimie. (Suite.)	529	$90^m/_m$ —	Idem.	44 25	
		530	$110^m/_m$ —	Idem.	50 75	
		531	Disques en verre double, de $60^m/_m$ de diamètre.	Nombre.	0 15	
		532	$70^m/_m$ —	Idem.	0 15	
		533	$80^m/_m$ —	Idem.	0 20	
		534	$90^m/_m$ —	Idem.	0 20	
		535	$100^m/_m$ —	Idem.	0 20	
		536	$120^m/_m$ —	Idem.	0 25	
		537	$150^m/_m$ —	Idem.	0 25	
		538	$200^m/_m$ —	Idem.	0 65	
		539	$250^m/_m$ —	Idem.	0 75	
		540	$300^m/_m$ —	Idem.	0 95	
		541	Élaïomètre de Berjot pour déterminer la quantité d'huile contenue dans les graines oléagineuses.	Idem.	75 00	
		542	Entonnoirs à angle de 60° à douille taillée en biseau de 35^{mm} de diamètre extérieur....	Idem.	0 25	
		543	40 —	Idem.	0 25	
		544	55 —	Idem.	0 25	
		545	70 —	Idem.	0 25	
		546	85 —	Idem.	0 25	
		547	100 —	Idem.	0 35	
		548	110 —	Idem.	0 40	
		549	Emporte-pièce pour pommes de terre.	Idem.	6 25	
		550	Entonnoirs à boule en verre pour filtrations avec amiante ou coton, de $50^m/_m$ de diamètre.	Idem.	0 40	
		551	$65^m/_m$ —	Idem.	0 50	
		552	$80^m/_m$ —	Idem.	0 65	
		553	$90^m/_m$ —	Idem.	0 75	
		554	$150^m/_m$ —	Idem.	0 95	
		555	Entonnoirs à séparations, à robinet et bouchés en haut, de 250 grammes	Idem.	4 40	
		556	500 —	Idem.	4 70	
		557	1,000 —	Idem.	6 25	
		558	en verre soufflé de 100°°.	Idem.	4 10	
		559	Entonnoirs cannelés pour filtrations rapides, de 250 grammes	Idem.	0 90	
		560	500 —	Idem.	1 00	
		561	1 litre.	Idem.	1 40	
		562	2 litres.	Idem.	2 20	

16.

DÉNOMINATION ET CLASSIFICATION DES MATIÈRES ET OBJETS.				ESPÈCE des UNITÉS.	PRIX MINISTÉRIELS.	OBSERVA- TIONS.
PAR UNITÉ SOMMAIRE.		PAR SUBDIVISION.				
Numéro et libellé.	Subdivision.	Numéros.	Dénominations.			
					fr. c.	
		563	Entonnoirs de Joulie........................	Nombre.	0 50	
		564	Entonnoirs en cuivre à double paroi, pour filtrer à chaud, de { 10°/m de diamètre............	Idem.	8 75	
		565	15°/m —	Idem.	11 25	
		566	20°/m —	Idem.	13 75	
		567	Entonnoirs en demi-cristal à robinet, de { 2 litres	Idem.	5 65	
		568	1 —	Idem.	4 40	
		569	500 grammes............	Idem.	3 45	
		570	250 —	Idem.	3 15	
		571	125 —	Idem.	2 85	
		572	Entonnoir en fer-blanc, à double paroi, pour filtrer à chaud, de { 10°/m de diamètre............	Idem.	6 25	
		573	15°/m —	Idem.	7 50	
		574	20°/m —	Idem.	8 75	
		575	Entonnoirs en grès de { 3 litres............	Idem.	3 75	
11 Outillage, instruments et appareils divers.	Q VASES ET USTENSILES DE PHARMACIE ET DE CHIMIE. (Suite.)	576	2 —	Idem.	2 50	
		577	1 —	Idem.	1 95	
		578	500 grammes............	Idem.	1 25	
		579	Entonnoirs en verre blanc ordinaires à longue tige, de { 1 à 3 litres (par grandeur).....	Idem.	0 45	
		580	750 grammes............	Idem.	0 40	
		581	500 —	Idem.	0 35	
		582	350 —	Idem.	0 30	
		583	250 —	Idem.	0 30	
		584	125 —	Idem.	0 20	
		585	90 —	Idem.	0 20	
		586	60 —	Idem.	0 20	
		587	30 —	Idem.	0 20	
		588	15 —	Idem.	0 15	
		589	Entonnoirs soufflés pour le mercure................	Idem.	0 15	
		590	— soufflés cylindriques à robinet et à longue tige.	Idem.	4 40	
		591	Eolipyles à jet horizontal, enveloppe en tôle n° 3.......	Idem.	5 95	
		592	Éprouvettes à dessécher { de 20°/m de hauteur............	Idem.	1 60	
		593	23 —	Idem.	1 95	
		594	25 —	Idem.	2 00	
		595	30 —	Idem.	2 20	
		596	35 —	Idem.	2 65	
		597	40 —	Idem.	3 00	
		598	45 —	Idem.	3 65	
		599	50 —	Idem.	4 70	
		600	Éprouvettes à gaz, de toutes dimensions................	Idem.	1 75	
		601	Éprouvettes à gaz graduées en tube ou en cloche de { 10° par 1/10............	Idem.	1 85	
		602	20 — 1/5............	Idem.	2 85	
		603	25 — 1/2............	Idem.	2 20	
		604	50 — —	Idem.	2 85	
		605	100 — —	Idem.	3 45	
		606	Éprouvettes à pi.d, bouchées émeri, divisées, { de 250 grammes par 2cc......	Idem.	2 85	
		607	500 — 5.......	Idem.	3 45	
		608	1,000 — 10.......	Idem.	5 00	
		609	Éprouvettes à pied et à bec, divisées, { de 15 grammes par 1cc......	Idem.	0 90	
		610	30 — 1.......	Idem.	0 95	
		611	60 — 1.......	Idem.	1 00	
		612	100 — 1.......	Idem.	1 60	
		613	125 — 1.......	Idem.	1 90	
		614	250 — 2.......	Idem.	2 20	
		615	500 — 5.......	Idem.	2 50	
		616	1,000 — 10.......	Idem.	3 15	

DÉNOMINATION ET CLASSIFICATION DES MATIÈRES ET OBJETS.				ESPÈCE des UNITÉS.	PRIX MINISTÉRIELS.	OBSERVATIONS.
PAR UNITÉ SOMMAIRE.		PAR SUBDIVISION.				
Numéro et libellé.	Subdivision.	Numéros.	Dénominations.			
					fr. c.	
		617	Éprouvettes à pied et bec, ordinaires, toutes grandeurs..	Kilogr.	1 90	
		618	Étau à main, noir, à filet carré de { 9 centimètres..............	Nombre.	5 00	
		619	{ 15 —	Idem.	8 75	
		620	Étiquettes gommées............................	Boîte.	0 40	
		621	Étuves à air chaud de Coulier, en fer-blanc { avec quinquet	Nombre.	31 25	
		622	{ sans —	Idem.	27 50	
		623	Étuves à eau de Gay-Lussac, en cuivre, porte à 1 compartiment....................	Idem.	62 50	
		624	Étuves à huile de Gay-Lussac, en cuivre, porte à 2 compartiments....................	Idem.	87 50	
		625	Exsiccateurs à pied conique avec couvercle à bouton, pleins.....................	Idem.	3 15	
		626	Les mêmes avec couvercle à boutons, percés...........	Idem.	4 40	
		627	Fils de platine montés sur tige de verre pour ensemencement.....................	Idem.	2 20	
		628	Filtre à toxines, modèle Martin, complet, grand modèle.	Idem.	3 15	
11 Outillage, instruments et appareils divers.	Q VASES ET USTENSILES DE PHARMACIE ET DE CHIMIE. (Suite.)	629	Le même, petit modèle..................	Idem.	2 50	
		630	Filtre Kitasato....................	Idem.	6 90	
		631	Filtres Laurent plissés blancs de { 13 c/m pour entonnoir de 30 gr...	Cent.	1 50	
		632	15 — — .	Idem.	1 50	
		633	19 — 100 —..	Idem.	1 65	
		634	25 — 250 —..	Idem.	1 90	
		635	33 — 500 —..	Idem.	2 50	
		636	40 — 1,000 —..	Idem.	3 15	
		637	45 — 1,500 —..	Idem.	3 75	
		638	50 — 2,000 —..	Idem.	4 40	
		639	Filtre papier Chardin pour huiles et sirops............	Idem.	10 00	
		640	Fioles à fond plat en verre vert clair, à col coupé et à bec, de 125, 187 et 250 grammes....................	Nombre.	0 40	
		641	Fioles à fond plat, en verre mince jaugées à un trait, à { 50cc.....................	Idem.	0 95	
		642	100.....................	Idem.	1 15	
		643	125.....................	Idem.	1 60	
		644	250.....................	Idem.	2 20	
		645	Fioles à fond plat, en verre mince, jaugées à deux traits, à { 50 et 55cc.....................	Idem.	1 15	
		646	100 et 110	Idem.	1 50	
		647	Fioles coniques en verre épais avec tubulure latérale, pour filtrer à l'aide de la trompe, de { 125cc.....................	Idem.	1 90	
		648	250.....................	Idem.	2 50	
		649	500.....................	Idem.	3 15	
		650	750.....................	Idem.	3 75	
		651	1 litre.....................	Idem.	4 40	
		652	Fioles de Gayon de 10 c/m de diamètre au fond.........	Idem.	2 00	
		653	— 15 —	Idem.	3 45	
		654	— 20 —	Idem.	4 70	
		655	Flacons à densité jaugés { pour solides, de 50cc...........	Idem.	2 85	
		656	— 25cc...........	Idem.	2 50	
		657	pour liquides, de 50cc...........	Idem.	2 50	
		658	— 25cc...........	Idem.	1 90	
		659	Flacons barboteurs pour cultures en courant d'air, modèle de l'Institut Pasteur....................	Idem.	7 50	
		660	Flacons barboteurs de Miquel....................	Idem.	4 40	
		661	Flacons carrés «Marine» à larges ouvertures bouchés à l'émeri, de { 15 grammes..............	Idem.	0 15	
		662	30 —	Idem.	0 20	
		663	45 —	Idem.	0 25	
		664	60 —	Idem.	0 25	
		665	90 —	Idem.	0 25	

DÉNOMINATION ET CLASSIFICATION DES MATIÈRES ET OBJETS.				ESPÈCE des UNITÉS.	PRIX MINISTÉRIELS.	OBSERVA-TIONS.
PAR UNITÉ SOMMAIRE.		**PAR SUBDIVISION.**				
Numéro et libellé.	Subdivision.	Nu-méros.	Dénominations.			
					fr. c.	
		666	Flacons carrés «Marine» à large ouverture bouchés à l'émeri, de (Suite.)	125 —	Nombre.	0 30
		667		250 —	Idem.	0 40
		668		500 —	Idem.	0 45
		669		750 —	Idem.	0 60
		670		1 litre...................	Idem.	0 65
		671		1 litre 1/2................	Idem.	0 75
		672		2 litres..................	Idem.	1 00
		673	Flacons carrés «Marine» à ouverture ordinaire, bouchés à l'émeri, de	15 grammes...............	Idem.	0 20
		674		30 —	Idem.	0 25
		675		45 —	Idem.	0 30
		676		60 —	Idem.	0 40
		677		90 —	Idem.	0 40
		678		125 —	Idem.	0 45
		679		250 —	Idem.	0 60
		680		500 —	Idem.	0 65
		681		750 —	Idem.	0 75
		682		1 litre...................	Idem.	0 90
		683		1 litre 1/2................	Idem.	1 25
		684		2 litres..................	Idem.	1 50
11 Outil-lage, instru-ments et appa-reils divers.	**Q** VASES ET USTENSILES DE PHARMACIE ET DE CHIMIE. (Suite.)	685	Flacons compte-gouttes, bouchons à champignon, à bec, de 30 grammes, en verre blanc ou jaune............		Idem.	0 65
		686	Les mêmes, de 50 grammes....................		Idem.	0 75
		687	Flacons de Durand ..	250cc......................	Idem.	3 15
		688		500	Idem.	3 45
		689		250cc avec tube de sûreté......	Idem.	3 45
		690		500 —	Idem.	3 75
		691	Flacons d'Erlenmeyer pour culture, contenance de 30 à 500 grammes.....................		Idem.	0 50
		692	Flacons jaugés à traits circulaires pour l'hydrotimétrie...		Idem.	1 90
		693	Flacons légers pour tare, bouchés à l'émeri............		Idem.	1 40
		694	Flacons en verre blanc pour appareil de Woolf, non bouchés, avec ou sans tubulure au bas, de	de 8 litres.................	Idem.	5 00
		695		6 —	Idem.	3 75
		696		5 —	Idem.	3 15
		697		4 —	Idem.	2 25
		698		3 —	Idem.	1 75
		699		2 —	Idem.	1 40
		700		1 —	Idem.	1 00
		701		de 750 grammes.............	Idem.	0 95
		702		500 —	Idem.	0 90
		703		350 —	Idem.	0 90
		704		250 —	Idem.	0 85
		705		125 —	Idem.	0 75
		706		90 —	Idem.	0 75
		707		60 —	Idem.	0 75
		708	Flacons poudriers à col droit, large ouverture avec bourrelet, en verre blanc, bleu ou jaune,	de 1 à 12 litres.............	Litre de cont.	0 45
		709		de 750 grammes.............	Nombre.	0 40
		710		500 —	Idem.	0 35
		711		350 —	Idem.	0 30
		712		250 —	Idem.	0 25
		713		125 —	Idem.	0 15
		714		90 —	Idem.	0 15
		715		60 —	Le cent.	0 15
		716		30 —	Idem.	0 15
		717		15 — et au-dessous...	Idem.	0 10

Numéro et libellé.	Subdivision.	Numéros.	Dénominations.		ESPÈCE des UNITÉS.	PRIX MINISTÉRIELS.	OBSERVATIONS.
						fr. c.	
		718		de 4 litres	Nombre.	2 80	
		719		3 —	Idem.	2 00	
		720		2 —	Idem.	1 50	
		721		1 —	Idem.	0 90	
		722	Flacons ronds	750 grammes	Idem.	0 85	
		723	en demi-cristal,	500 —	Idem.	0 65	
		724	bouchés à l'émeri,	350 —	Idem.	0 55	
		725	large ouverture, verre blanc	250 —	Idem.	0 50	
		726	bleu ou jaune,	180 —	Idem.	0 50	
		727		125 —	Idem.	0 45	
		728		90 —	Idem.	0 40	
		729		60 —	Le cent.	0 35	
		730		30 — et au-dessous	Nombre.	0 25	
		731		de 1 litre à 12 litres	Litre de cont.	0 65	
		732		750 grammes	Nombre.	0 55	
		733		500 —	Idem.	0 50	
		734	Flacons ronds	350 —	Idem.	0 45	
		735	en demi-cristal	250 —	Idem.	0 40	
		736	bouchés à l'émeri,	180 —	Le cent.	0 35	
		737	ouverture ordinaire,	125 —	Idem.	0 35	
		738	en verre blanc, bleu	90 —	Idem.	0 25	
		739	ou jaune,	60 —	Idem.	0 20	
		740		30 —	Idem.	0 20	
11 Outillage, instruments et appareils divers.	Q VASES ET USTENSILES DE PHARMACIE ET DE CHIMIE. (Suite.)	741		15 — et au-dessous	Idem.	0 15	
		742	Flacons ronds	de 6 litres	Nombre.	10 00	
		743	en demi-cristal,	4 —	Idem.	7 50	
		744	bouchés à l'émeri,	3 —	Idem.	6 90	
		745	ouverture ordinaire	2 —	Idem.	6 25	
		746	et robinet au bas,	1 litre 500	Idem.	5 00	
		747		de 1 à 12 litres	Litre de cont.	0 50	
		748		750 grammes	Nombre.	0 45	
		749		500 —	Idem.	0 35	
		750		350 —	Idem.	0 30	
		751	Flacons ronds en verre	250 —	Idem.	0 25	
		752	blanc,	180 —	Idem.	0 25	
		753	bleu ou jaune,	125 —	Idem.	0 15	
		754	à goulot renversé	90 —	Idem.	0 15	
		755	et ouverture ordinaire,	60 —	Idem.	0 10	
		756		30 —	Idem.	0 10	
		757		15 — et au-dessous	Idem.	0 10	
		758	Flotteurs d'Erdmann, modifiés par Gwalavski		Idem.	1 60	
		759		514 $^{m}/_{m}$ de diamètre intérieur	Idem.	62 50	
		760		460 —	Idem.	31 25	
		761		406 —	Idem.	25 00	
		762		352 —	Idem.	15 00	
		763	Fourneaux	298 —	Idem.	12 50	
		764	à bassine cerclés, de	271 —	Idem.	8 75	
		765		244 —	Idem.	6 90	
		766		216 —	Idem.	6 25	
		767		189 —	Idem.	5 00	
		768		162 —	Idem.	3 75	

DÉNOMINATION ET CLASSIFICATION DES MATIÈRES ET OBJETS.				ESPÈCE des UNITÉS.	PRIX MINISTÉRIELS.	OBSERVATIONS.
PAR UNITÉ SOMMAIRE.		**PAR SUBDIVISION.**				
Numéro et libellé.	Subdivision.	Numéros.	Dénominations.		fr. c.	
		769	Fourneaux à coupelles ovales, cerclés, dits de Darcet, munis de 2 moufles chacun, de — 324 m/m, moyens..........	Nombre.	118 75	
		770	244 m/m, petits...............	Idem.	68 65	
		771	Fourneaux à main cerclés en fer, de — 90 m/m de diamètre intérieur...	Idem.	1 25	
		772	110 — ...	Idem.	1 60	
		773	130 — ...	Idem.	1 90	
		774	160 — ...	Idem.	2 20	
		775	190 — ...	Idem.	2 50	
		776	Fourneau à pétrole H. R., dessus fonte émaillée n° 4, lampe en cuivre nickelé, corps cuivre rouge, bec 21 lignes.....................	Idem.	15 00	
		776 bis	Mèche pour ledit fourneau (en paquet de 12 mèches)...	Paquet.	1 25	
		777	Fourneaux à pétrole, modèle Primus n° 1, sans mèche, à 1 bec....................	Nombre.	23 15	
		778	Les mêmes, à 4 becs.....................	Idem.	56 00	
11 Outillage, instruments et appareils divers.	Q VASES ET USTENSILES DE PHARMACIE ET DE CHIMIE. (Suite.)	779	— à 1 bec Meleni (lampe Ætna)............	Idem.	31 25	
			Rechanges pour fourneaux Primus :			
		779 a	Aiguilles à déboucher.....................	Idem.	0 15	
		779 b	Bec pour fourneau à 1 bec.................	Idem.	6 90	
		779 c	— à 4 becs...................	Idem.	8 50	
		779 d	— Ætna..................	Idem.	0 50	
		780	Fourneaux à réverbère complets, cerclés, de : — 433 m/m de diamètre intérieur...	Idem.	87 75	
		781	406 — ...	Idem.	75 00	
		782	379 — ...	Idem.	62 50	
		783	352 — ...	Idem.	50 00	
		784	298 — ...	Idem.	31 25	
		785	271 — ...	Idem.	25 00	
		786	244 — ...	Idem.	20 00	
		787	216 — ...	Idem.	16 25	
		788	189 — ...	Idem.	15 00	
		789	162 — ...	Idem.	12 50	
		790	Fourneaux quadrilatères oblongs, cerclés, dits fourneaux pour tubes, avec une porte au dôme, de 50 c/m de longueur intérieure, sur 20 c/m de largeur............	Idem.	56 25	
		791	Galactimètre d'Adam.....................	Idem.	8 75	
		792	Gazogènes Fèvre, contenance 2 bouteilles............	Idem.	10 00	
		793	Glaces dépolies, de... — 18 c/m................	Idem.	1 25	
		794	22	Idem.	2 50	
		795	26	Idem.	3 75	
		796	30	Idem.	4 70	
		797	35	Idem.	7 50	
		798	Goulots ou courtines en verre blanc, bleu ou jaune, avec inscription « Hôpitaux-Colonies » de — 15 grammes et au-dessous.....	Le cent.	4 40	
		799	30 —	Idem.	5 00	
		800	45 —	Idem.	5 65	
		801	60 —	Idem.	5 95	
		802	90 —	Idem.	6 25	
		803	125 —	Idem.	6 90	
		804	155 —	Idem.	7 50	
		805	187 —	Idem.	8 15	
		806	210 —	Idem.	8 75	
		807	250 —	Idem.	9 40	
		808	310 —	Idem.	12 50	

| DÉNOMINATION ET CLASSIFICATION DES MATIÈRES ET OBJETS. | | | | ESPÈCE des UNITÉS. | PRIX MINISTÉRIELS. | OBSERVATIONS. |
| PAR UNITÉ SOMMAIRE. | | PAR SUBDIVISION. | | | | |
Numéro et libellé.	Subdivision.	Numéros.	Dénominations.			
					fr. c.	
		809	Goupillons en crin avec tige en cuivre pour nettoyer les tubes à essais.	Nombre.	0 25	
		810	Goupillons en crin, manches fil de fer, pour bouteilles...	Idem.	0 50	
		811	Grille en tôle avec écran, de 50°/m de long.	Idem.	6 00	
		812	Grille en tôle avec écran, de 60°/m —	Idem.	7 50	
		813	Hydrotimètre de Boutron et Boudet complet, pour déterminer les sels calcaires contenus dans les eaux (dans une boîte avec instruction).	Idem.	37 50	
		814	Hygromètre de Saussure à cheveu, monture cuivre.	Idem.	25 00	
		815	Lacto-densimètre de Quévenne.	Idem.	2 50	
		816	Lacto-butyromètre de Marchand modifié, à curseur, avec étui en fer-blanc.	Idem.	7 50	
		817	Lames creuses à une concavité.	Idem.	0 40	
		818	Lames creuses avec chambre pour cultures.	Idem.	0 65	
		819	Lames en verre porte-objet de 76/26.	Le cent.	5 00	
		820	Lamelles en verre carrées ou rondes extra-minces de { 16 m/m	Idem.	3 75	
11 Outillage, instruments et appareils divers.	Q VASES ET USTENSILES DE PHARMACIE ET DE CHIMIE. (Fin.)	821	18	Idem.	3 75	
		822	20	Idem.	4 40	
		823	22	Idem.	5 65	
		824	Lampes à alcool en cuivre avec bouchon à vis, porte-mèche et mèche, { de 6°/m de diamètre	Nombre.	1 90	
		825	de 8°/m de diamètre	Idem.	3 15	
		826	Lampes à alcool en verre, bouchées, avec porte-mèche en cuivre et mèche, { petit modèle	Idem.	1 00	
		827	grand —	Idem.	1 40	
		828	moyen —	Idem.	1 15	
		829	Lampes à alcool en verre, tabulées, bouchées émeri, avec porte-mèche et mèche, { moyen modèle	Idem.	2 50	
		830	grand —	Idem.	2 85	
		830 bis	Mèches pour lampes à alcool.	Mètre.	0 15	
		831	Lampes Berzélius en laiton poli avec tablette fonte.	Nombre.	30 00	
		831 bis	Mèches pour ces lampes.	Paquet.	0 75	
		832	Limes emmanchées demi-rondes de 10°/m de longueur.	Nombre.	0 75	
		833	— — 14 —	Idem.	0 95	
		834	— — 19 —	Idem.	1 40	
		835	— — 25 —	Idem.	2 00	
		836	— plates 10 —	Idem.	0 75	
		837	— — 14 —	Idem.	0 95	
		838	— — 19 —	Idem.	1 40	
		839	— — 25 —	Idem.	2 00	
		840	— rondes 10 —	Idem.	0 75	
		841	— — 14 —	Idem.	0 95	
		842	— — 19 —	Idem.	1 40	
		843	— — 25 —	Idem.	2 00	
		844	— triangulaires 10 —	Idem.	0 65	
		845	— — 16 —	Idem.	1 15	
		846	Lingotières en fer à 6 cylindres.	Idem.	27 50	
		847	Mâche-bouchons, crocodile.	Idem.	3 45	
		848	Mains en corne { de 7°/m de longueur	Idem.	1 00	
		849	de 12°/m de longueur	Idem.	1 00	
		850	de 18°/m de longueur	Idem.	2 50	

DÉNOMINATION ET CLASSIFICATION DES MATIÈRES ET OBJETS.				ESPÈCE des UNITÉS.	PRIX MINISTÉRIELS.	OBSERVATIONS.
PAR UNITÉ SOMMAIRE.		PAR SUBDIVISION.				
Numéro et libellé.	Subdivision.	Numéros.	Dénominations.		fr. c.	
11 Outillage, instruments et appareils divers.	Q VASES ET USTENSILES DE PHARMACIE ET DE CHIMIE. (Suite.)	851	Matras Pasteur, bouchon rodé, à cheminée — de 60 grammes..............	Nombre.	1 15	
		852	de 250 grammes..............	Idem.	2 50	
		853	Molettes à broyer en 1/2 cristal, de 100 à 500 grammes..	Idem.	2 50	
		854	Mortiers d'Abich en acier avec pilon et anneau — de 35 millimètres..............	Idem.	15 00	
		855	40 —	Idem.	18 75	
		856	48 —	Idem.	22 50	
		857	55 —	Idem.	31 25	
		858	Mortiers en agate avec pilons — de $35^{m/m}$ de diamètre..........	Idem.	4 40	
		859	40 —	Idem.	5 00	
		860	45 —	Idem.	6 25	
		861	50 —	Idem.	6 90	
		862	60 —	Idem.	8 75	
		863	70 —	Idem.	12 50	
		864	80 —	Idem.	18 75	
		865	Mortiers en bronze avec pilon : — de 1/2 litre..............	Idem.	34 75	
		866	1 —	Idem.	50 75	
		867	2 litres..............	Idem.	131 25	
		868	Mortiers en cristal ordinaire avec pilons, forme haute ou basse, de 3 à $7^{c/m}$ de diamètre..............	Idem.	1 25	
		869	Mortiers en cristal ordinaire avec pilons, forme haute ou basse, de $8^{c/m}$ de diamètre et au-dessus..............	Idem.	1 15	
		870	Mortiers en fonte de fer tournés et polis intérieurement avec pilon en fer tourné de — de 1/2 litre..............	Idem.	15 00	
		871	1 —	Idem.	25 00	
		872	2 litres..............	Idem.	37 50	
		873	4 —	Idem.	47 50	
		874	6 —	Idem.	50 00	
		875	Mortiers en porcelaine forme basse — de $120^{m/m}$ de diamètre extérieur.	Idem.	1 25	
		876	150 — .	Idem.	1 90	
		877	175 — .	Idem.	2 50	
		878	185 — .	Idem.	2 85	
		878 bis.	Pilons en porcelaine pour les mortiers ci-dessus........	Idem.	0 05	
		879	Mortiers en porcelaine forme haute, — de $97^{m/m}$ de diamètre extérieur.	Idem.	1 40	
		880	120 — .	Idem.	1 90	
		881	140 — .	Idem.	2 50	
		882	167 — .	Idem.	3 15	
		883	185 — .	Idem.	3 75	
		883 bis.	Pilons en porcelaine, manches buis, pour les mortiers ci-dessus................	Idem.	1 25	
			Moufles en terre réfractaire pour fourneau à coupelles de :			
		884	$100^{m/m}$ de longueur $50^{m/m}$ de hauteur $70^{m/m}$ de largeur..	Idem.	0 75	
		885	120 — 70 — 85 — ..	Idem.	0 85	
		886	140 — 80 — 95 — ..	Idem.	0 95	
		887	150 — 90 — 105 — ..	Idem.	1 25	
		888	190 — 100 — 125 — ..	Idem.	1 40	
		889	200 — 100 — 135 — ..	Idem.	1 50	
		890	220 — 105 — 140 — ..	Idem.	1 90	
		891	230 — 110 — 160 — ..	Idem.	2 00	
			Moulins à farine de lin, modèle Peugeot frères :			
		892	N° 1, produisant 9 kilogrammes de farine à l'heure.....	Idem.	43 75	
		893	N° 2, produisant 15 kilogrammes de farine à l'heure....	Idem.	93 75	
		894	Nacelles porcelaine de — $100^{m/m}$ de long. et $24^{m/m}$ de larg.	Idem.	0 65	
		895	75 — 18 — .	Idem.	0 50	
		896	63 — 13 — .	Idem.	0 40	

DÉNOMINATION ET CLASSIFICATION DES MATIÈRES ET OBJETS.				ESPÈCE des UNITÉS.	PRIX MINISTÉRIELS.	OBSERVA-TIONS.
PAR UNITÉ SOMMAIRE.		PAR SUBDIVISION.				
Numéro et libellé.	Subdivision.	Nu-méros.	Dénominations.		f. c.	
		897	Nécessaires à coloration de Borrel, à 6 flacons, avec couvercles et socle en bois	Nombre.	10 00	
		898	Nécessaires de Ranvier, avec 6 flacons et pipettes (sans réactifs), socle et cloche en verre	Idem.	6 25	
		899	Niveaux à bulle d'air longs de 11^{cm},	Idem.	3 15	
		900	Niveaux à bulle d'air sphériques de 28^{cm}	Idem.	3 75	
		901	Œillères en porcelaine	Idem.	0 20	
		902	Œnobaromètre de Houdart pour déterminer la quantité d'extrait sec contenu dans les vins, avec instruction	Idem.	5 00	
		903	Le même, complet (dans une boîte)	Idem.	31 25	
		904	Oléomètre de Lefebvre, avec instruction	Idem.	12 50	
		905	Opaline laminée en plaques de 0^m 30 × 0^m 30	Idem.	3 15	
		906	— 0^m 30 × 0^m 60	Idem.	11 25	
		907	— 0^m 60 × 0^m 60	Idem.	25 00	
		908	Paniers à stériliser en fil de fer de 0^m 20, 0^m 25 et 0^m 30 de diamètre	Idem.	15 00	
		909	Les mêmes en fil de laiton	Idem.	43 75	
		910	Parchemin pour dialyseurs	Feuille.	0 95	
		911	Perce-bouchons en cuivre (série de 6)	Série.	6 25	
11	Q	912	Percerettes pour bouchons	Nombre.	0 50	
Outil-lage, instru-ments et appareils divers.	VASES ET USTENSILES DE PHARMACIE ET DE CHIMIE. (Suite.)	913	Pèse-filtres en verre léger, bouchés à l'émeri	Idem.	1 60	
		914	Peson à cadran de 10 kilogrammes et panier pour animaux (lapins, cobayes)	Idem.	62 50	
		915	Piles Bunsen complètes de 16^{cm} de hauteur	Idem.	4 40	
		916	18 —	Idem.	5 35	
		917	22 —	Idem.	6 25	
		918	Piles Grenet ou piles bouteilles complètes de 500 grammes	Idem.	4 40	
		919	1,000 —	Idem.	5 65	
		920	2,000 —	Idem.	7 60	
		921	Piles Leclanché à vase poreux complètes. Petit modèle	Idem.	4 40	
		922	Moyen modèle	Idem.	5 65	
		923	Grand modèle	Idem.	6 90	
		924	Piluliers en cuivre à 25 rainures	Idem.	15 00	
		925	Piluliers en cuivre à 50 rainures	Idem.	37 50	
		926	Pinces à charbons avec serrage pour fils	Idem.	0 65	
		927	— à charbons avec serrage pour lanières	Idem.	0 50	
		928	Pinces à mâchoires coupantes de 16$^{c/m}$ de longueur	Idem.	3 75	
		929	— plates de 16$^{c/m}$ de longueur	Idem.	2 50	
		930	— rondes de 16$^{c/m}$ de longueur	Idem.	3 75	
		931	Pinces à pointes très fines pour lamelles	Idem.	1 60	
		932	— à ressort pour burettes de Mohr	Idem.	0 95	
		933	— à zincs avec serrage pour fils	Idem.	0 60	
		934	— à zincs avec serrage pour lanières	Idem.	0 70	
		935	Pince-brucelles en cuivre	Idem.	1 90	
		936	— maillechort avec bouts en ivoire	Idem.	3 75	
		937	Pinces du docteur Cornet, nickelées	Idem.	1 90	
		938	Pinces en bois à ressort, pour matras. Grand modèle	Idem.	0 75	
		939	Petit modèle	Idem.	0 65	
		940	Pinces en fer à charbons, courbes, de 30$^{c/m}$ de longueur	Idem.	2 50	
		941	40 —	Idem.	3 75	
		942	50 —	Idem.	4 40	

DÉNOMINATION ET CLASSIFICATION DES MATIÈRES ET OBJETS.				ESPÈCE des UNITÉS.	PRIX MINISTÉRIELS.	OBSERVA-TIONS.
PAR UNITÉ SOMMAIRE.		**PAR SUBDIVISION.**				
Numéro et libellé.	Subdivision.	Nu-méros.	Dénominations.		fr. c.	
		943	Pinces en fer à creusets, à olives droites et courbes, de $\{$	$30^{c}/^{m}$ de longueur............	Nombre.	2 50
		944		40 —	Idem.	3 45
		945		5o —	Idem.	4 40
		946	Pinces longues pour saisir les animaux............		Idem.	25 00
		947	Pinces pour burettes de Mohr, à vis............		Idem.	1 25
		948	Pipette à boule de Miquel............		Idem.	1 25
		949	Pipettes à cylindre divisées, de $\{$	5^{cc} par ^{cc}............	Idem.	1 15
		950		1o —	Idem.	1 40
		951		2o —	Idem.	1 60
		952		25 —	Idem.	1 75
		953		25 — $1/2^{cc}$............	Idem.	2 20
		954		5o — Id............	Idem.	2 50
		955		5o — par $1/2^{cc}$............	Idem.	3 15
		956		1oo — 1^{cc}............	Idem.	3 75
		957	Pipettes à boule et à cylindre, droites et courbes.......		Idem.	0 50
		958	Pipettes à double robinet pour dosage de l'oxygène dans les eaux............		Idem.	10 95
11 Outil-lage, instru-ments et appareils divers.	**Q** VASES ET USTENSILES DE PHARMACIE ET DE CHIMIE. (Suite.)	959	Pipettes droites divisées, de $\{$	1^{cc} par $1/2^{cc}$............	Idem.	0 95
		960		1 — 1/10............	Idem.	1 15
		901		2 — 1/2............	Idem.	0 95
		962		4 — $1/10^{cc}$............	Idem.	1 15
		963		5 — 1^{cc}............	Idem.	1 15
		964		5 — $1/10^{cc}$............	Idem.	1 60
		965		1o — 1^{cc}............	Idem.	1 40
		966		1o — $1/10^{cc}$............	Idem.	2 20
		967	Pipettes jaugées à un trait de : $\{$	$1/2^{cc}$............	Idem.	0 75
		968		1	Idem.	0 75
		969		2	Idem.	0 90
		970		5	Idem.	1 00
		971		1o	Idem.	1 15
		972		15	Idem.	1 25
		973		2o	Idem.	1 25
		974		25	Idem.	1 25
		975		5o	Idem.	1 65
		976		1oo	Idem.	2 20
		977	Pipettes jaugées entre 2 traits, de $\{$	2^{cc}............	Idem.	1 00
		978		5	Idem.	1 15
		979		1o	Idem.	1 25
		980		15	Idem.	1 50
		981		2o	Idem.	1 50
		982		25	Idem.	1 50
		983		5o	Idem.	2 20
		984		1oo	Idem.	2 85
		985	Pissettes entourées d'osier pour le lavage à l'eau chaude $\{$	de 5oo grammes............	Idem.	1 65
		986		de 1,000 grammes............	Idem.	2 20
		987	Plaque poreuse en porcelaine de $110^{m}/^{m} \times 160$............		Idem.	1 40
		988	Plateaux à autopsie en zinc, pour lapins, de $0^{m}3o \times 0^{m}8o$.		Idem.	15 00
		989	Plateaux pour cobayes, de $0^{m}25 \times 0^{m}4o$............		Idem.	12 50
		990	Platine en fils et lames assortis de toute grosseurs et épaisseurs............		Kilogr.	5,625 00
		991	Platines chauffantes, cuivre nickelé, 3 étages, avec lampe à alcool............		Nombre.	17 50
		992	Pluviomètre de Babinet, avec éprouvette............		Idem.	43 75

DÉNOMINATION ET CLASSIFICATION DES MATIÈRES ET OBJETS.				ESPÈCE des UNITÉS.	PRIX MINISTÉRIELS.	OBSERVA-TIONS.
PAR UNITÉ SOMMAIRE.		PAR SUBDIVISION.				
Numéro et libellé.	Subdivision.	Nu-méros.	Dénominations.			
					fr. c.	
11 Outil-lage, instru-ments et appareils divers.	Q VASES ET USTENSILES DE PHARMACIE ET DE CHIMIE. (Suite.)	993	Pluviomètre en zinc de l'Association scientifique, avec éprouvette.	N mbre.	15 00	
		994	Pompe de Gay-Lussac, aspirante et foulante, avec socle en fonte.	Idem.	35 00	
		995	Pots à onguents cylindriques en porcelaine opaque, de — 2 litres	Idem.	0 85	
		996	1 1/2 litre	Idem.	0 65	
		997	1 litre	Idem.	4 45	
		998	750 grammes	Idem.	0 40	
		999	500 —	Idem.	0 35	
		1000	250 —	Idem.	0 20	
		1001	180 —	Idem.	0 20	
		1002	125 —	Idem.	0 50	
		1003	90 —	Idem.	0 10	
		1004	60 —	Idem.	0 10	
		1005	30 —	Idem.	0 10	
		1006	15 —	Idem.	0 05	
		1007	Pots à onguents cylindriques en terre émaillée, de — 8 à 10 litres	Idem.	6 25	
		1008	6 à 7 —	Idem.	3 75	
		1009	5 litres	Idem.	3 15	
		1010	4 —	Idem.	2 50	
		1011	3 —	Idem.	1 90	
		1012	Pots bans bouchés émeri, de 15 —	Idem.	0 25	
		1013	— de 30 —	Idem.	0 25	
		1014	— de 60 —	Idem.	0 35	
		1015	— de 90 grammes	Idem.	0 40	
		1016	— de 125 —	Idem.	0 45	
		1017	Pots en grès à col rétréci, de — 10 litres	Idem.	2 35	
		1018	8 —	Idem.	1 90	
		1019	6 —	Idem.	1 55	
		1020	5 —	Idem.	0 95	
		1021	4 —	Idem.	0 90	
		1022	3 —	Idem.	0 75	
		1023	2 —	Idem.	0 65	
		1024	1 —	Idem.	0 35	
		1025	750 grammes	Idem.	0 35	
		1026	500 —	Idem.	0 25	
		1027	250 —	Idem.	0 20	
		1028	125 —	Idem.	0 20	
		1029	90 —	Idem.	0 15	
		1030	60 —	Idem.	0 15	
		1031	30 —	Idem.	0 15	
		1032	Pots en grès pour bains locaux, 7 $^{c}/_{m}$ de diamètre sur 12 $^{c}/_{m}$ de haut.	Idem.	0 35	
		1033	Pots en porcelaine opaque, pour boissons acides, de 1 litre, avec couvercle.	Idem.	0 90	
		1034	Pots en porcelaine pour pharmacien, forme bourse, avec couvercle, de 26 $^{c}/_{m}$ de hauteur totale.	Idem.	2 50	
		1035	Presse de laboratoire à volant, avec cu-vette émaillée et seau en fer étamé, de.. — 1 litre	Idem.	17 50	
		1036	2 litres	Idem.	25 00	
		1037	3 —	Idem.	56 25	
		1038	4 —	Idem.	75 00	
		1039	Psychromètre d'August, sur tôle émaillée en guérite, avec thermomètre.	Idem.	18 75	
		1040	Râpes emmanchées, demi-rondes, de 10 $^{c}/_{m}$ de longueur..	Idem.	0 75	

DÉNOMINATION ET CLASSIFICATION DES MATIÈRES ET OBJETS.				ESPÈCE des UNITÉS.	PRIX MINISTÉRIELS.	OBSERVA-TIONS.
PAR UNITÉ SOMMAIRE.		PAR SUBDIVISION.				
Numéro et libellé.	Subdivision.	Nu-méros.	Dénominations.		fr. c.	
		1041	Râpes emmanchées, demi-rondes, de 14 °/ᵐ de longueur..	Nombre.	0 95	
		1042	— — 19 — ...	Idem.	1 40	
		1043	— — 25 — ...	Idem.	2 00	
		1044	— plates 10 — ...	Idem.	0 75	
		1045	— — 14 — ...	Idem.	0 95	
		1046	— — 19 — ...	Idem.	1 40	
		1047	— — 25 — ...	Idem.	2 00	
		1048	— rondes 10 — ...	Idem.	0 75	
		1049	— — 14 — ...	Idem.	0 95	
		1050	— — 19 — ...	Idem.	1 40	
		1051	— — 25 — ...	Idem.	2 00	
		1052	500 grammes..............	Idem.	1 90	
		1053	Récipients florentins 1 litre....................	Idem.	1 90	
		1054	forme poire, de... 2 litres	Idem.	2 65	
		1055	4 —	Idem.	4 40	
		1056	50°/ᵐ de long	Idem.	5 00	
		1057	Réfrigérants de Liébig 55 —	Idem.	6 25	
		1058	en zinc ordinaire de 60 —	Idem.	6 90	
		1058bis	Tube de rechange pour réfrigérant de Liébig...........	Idem.	1 25	
		1059	Réfrigérants de Liébig modifiés par Cloez en 50°/ᵐ de long..............	Idem.	18 40	
11	Q	1060	cuivre, montés sur 60 —	Idem.	22 50	
Outil-lage, instru-ments et appareil divers.	VASES ET USTENSILES DE PHARMACIE ET DE CHIMIE. (Suite.)	1061	supports en fer de. Réfrigérants en verre 40°/ᵐ de long..............	Idem.	5 00	
		1062	de Liébig modifiés 50 —	Idem.	5 65	
		1063	par Cloez, de..... 60 —	Idem.	6 25	
		1064	Robinets courbes en étain, à vis, de 83ᵐ/ᵐ de long......	Idem.	1 65	
		1065	Robinets droits en cuivre à bouts disposés pour tubes en caoutchouc, de 4ᵐ/ᵐ de diamètre de voie..........	Idem.	3 15	
		1066	grands....................	Idem.	6 25	
		1067	Robinets en 1/2 cris-tal pour flacons.... moyens...................	Idem.	5 00	
		1068	petits....................	Idem.	3 75	
		1069	Robinets en verre soufflé (tubes à robinets)...........	Idem.	2 50	
		1070	Seringues à injections, piston garni en peau, avec étui à pans carrés	Idem.	0 35	
		1071	Serpentin en verre avec réfrigérant à deux tubulures....	Idem.	9 40	
		1072	— de rechange de 2ᵐ de longueur............	Idem.	6 00	
		1073	Serre-fils.................	Idem.	0 25	
		1074	Siphons à eau de Seltz, à petit levier, monture en métal extra-blanc et verre de premier choix	Idem.	3 15	
		1075	Soucoupes en porcelaine........................	Idem.	0 25	
		1076	à boule....................	Idem.	1 90	
		1077	à branches..................	Idem.	1 65	
		1078	Siphons.......... de Bloch...................	Idem.	3 15	
		1079	simples....................	Idem.	0 65	
		1080	Spatules à grains d'émétique en fer	Idem.	1 25	
		1080bis	— — en os....................	Idem.	0 95	
		1081	16°/ᵐ de long................	Idem.	1 00	
		1082	18 —	Idem.	1 15	
		1083	Spatules 20 —	Idem.	1 25	
		1084	à manche lame acier 22 —	Idem.	1 50	
		1085	flexible ou rigide, 24 —	Idem.	1 65	
		1086	de : 26 —	Idem.	1 90	
		1087	30 —	Idem.	2 50	

DÉNOMINATION ET CLASSIFICATION DES MATIÈRES ET OBJETS.				ESPÈCE des UNITÉS.	PRIX MINISTÉRIELS.	OBSERVA-TIONS.
PAR UNITÉ SOMMAIRE.		PAR SUBDIVISION.				
Numéro et libellé.	Subdivision.	Nu-méros.	Dénominations.			
					fr. c.	
		1088	Spatules en buis, de. { 11 $^{c/m}$ de long	Nombre.	0 15	
		1089	13 —	Idem.	0 15	
		1090	15 —	Idem.	0 15	
		1091	18 —	Idem.	0 20	
		1092	20 —	Idem.	0 25	
		1093	24 —	Idem.	0 35	
		1094	28 —	Idem.	0 45	
		1095	30 —	Idem.	0 50	
		1096	35 —	Idem.	0 65	
		1097	40 —	Idem.	0 90	
		1098	50 —	Idem.	1 75	
		1099	Spatules en fer droites et courbes, de : { 11 $^{c/m}$ de long	Idem.	0 70	
		1100	16 —	Idem.	1 00	
		1101	18 —	Idem.	1 25	
		1102	22 —	Idem.	1 65	
		1103	26 —	Idem.	2 50	
		1104	30 —	Idem.	2 60	
		1105	35 —	Idem.	3 00	
		1106	40 —	Idem.	3 15	
11 Outillage, instruments et appareils divers.	**Q** VASES ET USTENSILES DE PHARMACIE ET DE CHIMIE. (Suite)	1107	Spatules en os, de… { 11 $^{c/m}$ de long	Idem.	0 25	
		1108	13 —	Idem.	0 35	
		1109	16 —	Idem.	0 40	
		1110	19 —	Idem.	0 75	
		1111	21 —	Idem.	0 90	
		1112	24 —	Idem.	0 65	
		1113	27 —	Idem.	1 25	
		1114	Spatules en porcelaine de : { 167 $^{m/m}$ de long	Idem.	0 95	
		1115	195 —	Idem.	1 10	
		1116	223 —	Idem.	1 40	
		1117	280 —	Idem.	2 20	
		1118	335 —	Idem.	3 15	
		1119	Spatules en verre ordinaires	Kilogr.	2 20	
		1120	Supports à entonnoirs, 3 anneaux fer, pince, plateaux en tôle ou en fonte	Nombre.	8 75	
		1121	Supports *dits* fromages, en terre réfractaire, assortis	Idem.	0 65	
		1122	Supports en bois, à… { charnières en bois, de Gay-Lussac.	Idem.	4 10	
		1123	crochet	Idem.	2 60	
		1124	étagère tournante pour 12 pi-pettes	Idem.	10 00	
		1125	fourche	Idem.	2 60	
		1126	gouttière	Idem.	4 10	
		1127	pince de côté	Idem.	3 40	
		1128	pince droite verticale	Idem.	3 15	
		1129	plateau	Idem.	3 15	
		1130	6 trous pour tubes à essais	Idem.	1 25	
		1131	Supports en porcelaine, pour filtres : { à 2 branches	Idem.	1 25	
		1132	à 3 branches	Idem.	1 90	
		1133	Supports pour burettes de Mohr simples, plateaux tôle	Idem.	0 90	
		1134	— pour 2 burettes de Mohr simples, plateaux tôle	Idem.	10 00	
		1135	— universels	Idem.	50 00	
		1136	Tamis à tambour, en soie, de : { 20 $^{c/m}$ de diamètre	Idem.	6 25	
		1137	25 —	Idem.	10 00	
		1138	30 —	Idem.	13 75	

| DÉNOMINATION ET CLASSIFICATION DES MATIÈRES ET OBJETS. | | | | ESPÈCE des UNITÉS. | PRIX MINISTÉRIELS. | OBSERVATIONS. |
| PAR UNITÉ SOMMAIRE. | | PAR SUBDIVISION. | | | | |
Numéro et libellé.	Subdivision.	Numéros.	Dénominations.			
					fr. c.	
		1139	Tamis en crin noir de Venise, de : { 20 $^{c}/_{m}$ de diamètre............	Nombre.	2 50	
		1140	25 —	Idem.	3 15	
		1141	3o —	Idem.	5 00	
		1142	Tamis en laiton, de.. { 20 $^{c}/_{m}$ de diam. { n°s 16, 25, 4o, 6o.	Idem.	2 85	
		1143	n°s 8o, 100.......	Idem.	6 25	
		1144	n° 12o............	Idem.	7 50	
		1145	3o $^{c}/_{m}$ de diam. { n°s 16, 25, 4o, 6o.	Idem.	6 25	
		1146	n°s 8o, 100.......	Idem.	7 50	
		1147	n° 12o............	Idem.	8 75	
		1148	Tamis en soie, de .... { 20 $^{c}/_{m}$ de diamètre............	Idem.	2 20	
11	Q	1149	25 —	Idem.	3 45	
Outillage, instruments et appareils divers.	VASES ET USTENSILES DE PHARMACIE ET DE CHIMIE. (Suite.)	1150	3o —	Idem.	5 35	
		1151	Terrines en grès dur, vernies blanc à l'intérieur de : { 14o $^{m}/_{m}$ de diamètre extérieur...	Idem.	0 45	
		1152	16o — ...	Idem.	0 65	
		1153	195 — ...	Idem.	0 75	
		1154	22o — ...	Idem.	0 95	
		1155	25o — ...	Idem.	1 25	
		1156	28o — ...	Idem.	1 65	
		1157	3o5 $^{m}/_{m}$ de diamètre extérieur....	Idem.	1 90	
		1158	36o — ...	Idem.	2 85	
		1159	.39o — ...	Idem.	3 75	
		1160	42o — ...	Idem.	4 70	
		1161	45o — ...	Idem.	5 00	
		1162	5oo — ...	Idem.	8 75	
		1163	Têts à gaz en porcelaine, de : { 55 $^{m}/_{m}$ de diamètre...........	Idem.	0 25	
		1164	7o —	Idem.	0 40	
		1165	84 —	Idem.	0 50	
		1166	97 —	Idem.	0 60	
		1167	11o —	Idem.	0 65	
		1168	Têts à rôtir en terre réfractaire de : { 135 $^{m}/_{m}$ de diamètre...........	Idem.	0 50	
		1169	1o8 —	Idem.	0 40	
		1170	81 —	Idem.	0 20	
		1171	Têts en grès à rôtir, de : { 11 à 12 $^{c}/_{m}$ de diamètre........	Idem.	0 35	
		1172	1o $^{c}/_{m}$ —	Idem.	0 25	
		1173	7 à 9 —	Idem.	0 20	
		1174	3 à 4 —	Idem.	0 15	
		1175	Thermomètres à..... { maxima de Negretti...} sur glace	Idem.	11 25	
		1176	minima de Rotherford.} dépolie	Idem.	8 75	
		1177	maxima de Negretti...{ divisés	Idem.	5 00	
		1178	minima de Rutherford.} sur tige	Idem.	5 00	
		1178bis	Cadres métalliques avec 2 fils doubles à coulants pour supporter les thermomètres avec division sur tige........	Idem.	3 15	
		1179	Thermomètres à très petit réservoir, gradués sur tige par dixième, de 28 à 44 donnant la température en trente secondes	Idem.	9 40	
		1179bis	Les mêmes, par cinquième, de 2o à 44..............	Idem.	8 75	
		1180	Thermomètre d'appartement ordinaires au mercure, sur planchette façon acajou de o° à 6o°...............	Idem.	2 50	
		1181	Thermomètres de précision divisés sur tige émaillée : { à l'alcool de — 6o° à + 5o°...	Idem.	5 00	
		1182	au mercure, de { — 1o° à + 6o°...	Idem.	3 15	
		1183	— 1o° à + 1oo°..	Idem.	4 40	
		1184	— 1o° à + 15o°..	Idem.	5 00	
		1185	— 1o° à + 2oo°..	Idem.	6 25	
		1186	— 1o° à + 25o°..	Idem.	7 50	

DÉNOMINATION ET CLASSIFICATION DES MATIÈRES ET OBJETS.				ESPÈCE des UNITÉS.	PRIX MINISTÉRIELS.	OBSERVA-TIONS.
PAR UNITÉ SOMMAIRE.		PAR SUBDIVISION.				
Numéro et libellé.	Subdivision.	Nu-méros.	Dénominations.		fr. c.	
		1187	Thermomètres de précision divisés sur tige émaillé : (Suite.) } au mercure, { — 10° à + 300°..	Nombre.	8 15	
		1188	de { — 10° à + 360°..	Idem.	8 75	
		1189	Thermomètre de 0° à 40° par 1/2 degré, contrôlé par l'État, pour observations alcoométriques............	Idem.	4 70	
		1190	Thermomètre étalon à mercure, vérifié et contrôlé, de — 10° à + 100°, divisé par degré sur tige émaillée..	Idem.	25 00	
		1191	Thermomètres fronde......................	Idem.	7 50	
		1192	— pour bains avec liège................	Idem.	1 00	
		1193	Toile métallique fine en fil de fer de 30°/ᵐ de largeur...	Mètre.	1 25	
		1194	— en laiton de 30°/ᵐ de largeur........	Idem.	2 50	
		1195	Trépieds fil de fer pour lampes à alcool (forts)........	Nombre.	1 00	
		1196	11°/ᵐ de côté...............	Idem.	0 40	
		1197	Triangles en fer, plats } 16 —	Idem.	0 50	
		1198	ou ronds, de : { 25 —	Idem.	0 65	
		1199	30 —	Idem.	0 75	
		1200	Triangles en terre de pipe, assortis..................	Idem.	0 40	
		1201	— en verre, assortis......................	Le cent.	0 50	
11	Q	1202	— en verre, à pieds.......................	Nombre.	0 95	
Outil-lage, instru-ments et appareils divers.	VASES ET USTENSILES DE PHARMACIE ET DE CHIMIE. (Suite.)	1203	Trompes à eau en verre avec monture en fonte.........	Idem.	27 50	
		1204	— à eau en verre soufflé....................·.	Idem.	6 90	
		1205	— de Golaz, petit modèle....................	Idem.	37 50	
		1206	Tubes abducteurs à deux courbures avec crochet.......	Idem.	0 40	
		1207	Tubes à chlorure { ordinaire..................	Idem.	0 35	
		1208	de calcium { d'Erdmann..................	Idem.	0 75	
		1209	Tubes à dessécher les substances organiques, à entonnoir.	Idem.	0 85	
		1210	Tubes à filtrer de Soxhlet......................	Idem.	0 95	
		1211	Tubes à pommes de terre, de 15ᵐ/ᵐ de diamètre sur 15°/ᵐ de long........................	Idem.	0 40	
		1212	Les mêmes, de 18ᵐ/ᵐ de diamètre sur 18°/ᵐ de long....	Idem.	0 40	
		1213	Tubes à réduction........................	Idem.	0 25	
		1214	— à vaccin avec renflement....................	Le mille.	12 50	
		1215	Tubes { à robinet, 3 voies...........	Nombre.	4 40	
		1216	de communication { — 4 voies...........	Idem.	5 65	
		1217	Tube de communication avec robinet en verre à tige courbe, spécial pour cloche à vide...................	Idem.	3 75	
		1218	Tubes de Lebel et Henninger avec toile de platine { à deux boules..............	Idem.	7 50	
		1219	{ à trois boules..............	Idem.	10 00	
		1220	Tubes de Liebig pour absorber l'acide carbonique (nou-veau modèle)......................	Idem.	3 45	
		1221	Tubes de Nessler jaugés à 50°/° bouchés émeri........	Idem.	2 50	
		1222	Tubes de Pasteur doubles.....................	Idem.	3 15	
		1223	— simples.....................	Idem.	0 75	
		1224	Tubes de Payen à 3 boules.....................	Idem.	1 25	
		1225	Tubes de Rose pour doser l'huile de fusel dans les alcools.	Idem.	10 65	
		1226	Tubes de Roux pour anaérobies.................	Idem.	0 95	
		1227	Tubes de Schlœsing à absorption...................	Idem.	1 90	
		1228	Tube de Welter...........................	Idem.	0 95	
		1229	Tubes de Will et Warentrapp....................	Idem.	0 95	
		1230	Tubes de Wurtz { à 2 boules.................	Idem.	1 65	
		1231	{ à 3 boules.................	Idem.	2 20	
		1232	Tubes droits { jusqu'à 25ᵐ/ᵐ de diamètre.....	Le cent.	0 15	
		1233	en verre blanc { — 40 —	Idem.	0 35	

18

DÉNOMINATION ET CLASSIFICATION DES MATIÈRES ET OBJETS.				ESPÈCE des UNITÉS.	PRIX MINISTÉRIELS.	OBSERVA-TIONS.
PAR UNITÉ SOMMAIRE.		PAR SUBDIVISION.				
Numéro et libellé.	Subdivision.	Numéros.	Dénominations.			
					fr. c.	
11 Outillage, instruments et appareils divers.	Q VASES ET USTENSILES DE PHARMACIE ET DE CHIMIE. (Suite.)	1234	Tubes droits en verre vert pour analyses de 1 à 40$^{m}/^{m}$.	Nombre.	0 35	
		1235	1$^{m}/^{m}$ de diamètre intérieur....	Mètre.	0 50	
		1236	2 —	Idem.	0 50	
		1237	3 —	Idem.	0 65	
		1238	4 —	Idem.	0 70	
		1239	Tubes en caoutchouc, feuille anglaise, gris, rouge ou noir, de : 5 —	Idem.	0 85	
		1240	6 —	Idem.	1 15	
		1241	7 —	Idem.	1 50	
		1242	8 —	Idem.	1 65	
		1243	9 —	Idem.	1 90	
		1244	10 —	Idem.	2 50	
		1245	5$^{m}/^{m}$ de diamètre intérieur, 16$^{m}/^{m}$ de diamètre extérieur.......	Idem.	3 50	
		1246	8$^{m}/^{m}$ de diamètre intérieur, 14$^{m}/^{m}$ de diamètre extérieur:......	Idem.	1 90	
		1247	Tubes en caoutchouc moulé, feuille française, de : 13$^{m}/^{m}$ de diamètre intérieur, 20$^{m}/^{m}$ de diamètre extérieur..	Idem.	3 15	
		1248	20$^{m}/^{m}$ de diamètre intérieur, 28$^{m}/^{m}$ de diamètre extérieur..	Idem.	5 65	
		1249	25$^{m}/^{m}$ de diamètre intérieur, 33$^{m}/^{m}$ de diamètre extérieur..	Idem.	0 90	
		1250	30$^{m}/^{m}$ de diamètre intérieur, 38$^{m}/^{m}$ de diamètre extérieur..	Idem.	8 15	
		1251	Tubes en caoutchouc moulé, garnis d'une toile extérieure, pour pompe à mercure, etc.	Idem.	2 50	
		1252	Tubes en porcelaine émaillés à l'intérieur, de : 56$^{c}/^{m}$ à 60$^{c}/^{m}$ de long et 35$^{m}/^{m}$ de diamètre.	Nombre.	3 75	
		1253	45$^{c}/^{m}$ à 50$^{c}/^{m}$ de long et 15$^{m}/^{m}$ à 20$^{m}/^{m}$ de diamètre.........	Idem.	1 65	
		1254	Tubes en verre vert pour analyses organiques fermés d'un bout ...:........	Idem.	0 65	
		1255	effilés	Idem.	0 65	
		1256	Tubes en S à cylindre...........................	Idem.	0 65	
		1257	Tubes en S ordinaires........................	Idem.	0 50	
		1258	Tubes en T...........................	Idem.	0 65	
		1259	Tubes en U de 10$^{c}/^{m}$..........................	Idem.	0 45	
		1260	— 12	Idem.	0 50	
		1261	— 14	Idem.	0 50	
		1262	— 16	Idem.	0 60	
		1263	— 18	Idem.	0 70	
		1264	— 20	Idem.	0 75	
		1265	Tubes fermés pour essais au chalumeau..............	Le cent.	12 50	
		1266	Tubes fermés pour essais de : 15$^{c}/^{m}$ long. × 15$^{m}/^{m}$ diam......	Idem.	6 25	
		1267	18$^{c}/^{m}$ long. × 18$^{m}/^{m}$ diam......	Idem.	7 50	
		1268	Tubes laveurs de Mitscherlich.	Nombre.	1 25	
		1269	Tubes remplis de mercure pour baromètre Fortin......	Idem.	25 00	
		1270	Tuyaux en grès de 35 à 65$^{c}/^{m}$ de longueur et de 2 à 6$^{m}/^{m}$ de diamètre...........................	Idem.	3 15	
		1271	Tuyaux en terre réfractaire de 2 à 6$^{c}/^{m}$ de diamètre et de 35 à 65$^{c}/^{m}$ de longueur par dimension.............	Idem.	2 50	
		1272	Uréomètre du docteur Esbach pour le dosage de l'urée (complet dans une boîte)......................	Idem.	27 50	
		1273	Uréomètre d'Yvon, à mercure....................	Idem.	10 00	
		1274	— — avec cuve et support.............	Idem.	56 25	

DÉNOMINATION ET CLASSIFICATION DES MATIÈRES ET OBJETS.				ESPÈCE des UNITÉS.	PRIX MINISTÉRIELS.	OBSERVATIONS.
PAR UNITÉ SOMMAIRE.		PAR SUBDIVISION.				
Numéro et libellé.	Subdivision.	Numéros.	Dénominations.			
					fr. c.	
		1275	Valets de paille. { $4^{c/m}$ de diamètre intérieur.....	Nombre.	0 35	
		1276	6 —	Idem.	0 45	
		1277	8 —	Idem.	0 50	
		1278	10 —	Idem.	0 60	
		1279	12 —	Idem.	0 70	
		1280	14 —	Idem.	0 75	
		1281	16 —	Idem.	0 95	
		1282	18 —	Idem.	1 15	
		1283	Vases à filtrations chaudes en verre de Bohême, forme ordinaire, à bec, de : { 20^{cc}.....................	Idem.	0 35	
		1284	30^{cc}.....................	Idem.	0 35	
		1285	50^{cc}.....................	Idem.	0 45	
		1286	100^{cc}.....................	Idem.	0 45	
		1287	140^{cc}.....................	Idem.	0 65	
		1288	200^{cc}.....................	Idem.	0 75	
		1289	330^{cc}.....................	Idem.	0 90	
		1290	460^{cc}.....................	Idem.	1 00	
11 Outillage, instruments et appareils divers.	Q Vases et ustensiles de pharmacie et de chimie. (Suite.)	1291	950^{cc}.....................	Idem.	1 25	
		1292	$1,350^{cc}$.....................	Idem.	1 40	
		1293	1 litre et au-dessus...........	Litre de contenance.	0 50	
		1294	Vases à précipités, cylindriques, à bec, et vases à saturation de { 500 grammes	Nombre.	0 40	
		1295	250 —	Idem.	0 25	
		1296	125 —	Idem.	0 20	
		1297	90 —	Idem.	0 20	
		1298	60 —	Idem.	0 15	
		1299	30 —	Idem.	0 15	
		1300	Vases en grès pour pile Bunsen, de { 16^{cm} de hauteur.............	Idem.	0 65	
		1301	18^{cm} —	Idem.	0 75	
		1302	22^{cm} —	Idem.	1 00	
		1303	Vase en porcelaine à compartiments pour acide sulfurique.	Idem.	5 65	
		1304	Vases en verre à chlorure de calcium { grand modèle................	Idem.	2 20	
		1305	petit —	Idem.	1 40	
		1306	Vases en verre à tulipes de : { 2 litres.....................	Idem.	1 00	
		1307	3 —	Idem.	1 40	
		1308	4 —	Idem.	2 20	
		1309	5 —	Idem.	2 85	
		1310	Vases poreux pour piles Bunsen, de { 16^{cm}.....................	Idem.	0 35	
		1311	18^{cm}.....................	Idem.	0 40	
		1312	22^{cm}.....................	Idem.	0 90	
		1313	Ventouses, avec ou sans bouton, de 3 à $8^{c/m}$ de diamètre..	Le cent.	0 35	
		1314	Verres à expériences, à bec, de : { 1,000 grammes..............	Nombre.	0 75	
		1315	750 —	Idem.	0 65	
		1316	500 —	Idem.	0 65	
		1317	250 —	Idem.	0 50	
		1318	150 —	Idem.	0 40	
		1319	125 —	Idem.	0 35	
		1320	100 —	Idem.	0 30	
		1321	90 —	Idem.	0 30	
		1322	60 —	Le cent.	0 25	
		1323	30 —	Idem.	0 25	
		1324	20 —	Nombre.	0 25	
		1325	Verres à pied gradués, de : { 15 grammes..............	Idem.	0 90	
		1326	30 —	Idem.	0 95	
		1327	60 —	Idem.	1 00	

Numéro et libellé.	Subdivision.	Numéros.	Dénominations.	Espèce des unités.	Prix ministériels.	Observations.
					fr. c.	
		1328	Verres à pied gradués, de : (Suite.) 100 —	Nombre.	1 25	
		1329	125 —	Idem.	1 60	
	Q	1330	200 —	Idem.	1 90	
		1331	250 —	Idem.	2 00	
	VASES	1332	500 —	Idem.	2 50	
	ET USTENSILES	1333	750 —	Idem.	3 15	
	DE PHARMACIE	1334	1,000 —	Idem.	3 45	
	ET DE CHIMIE.	1335	Verres de montre assortis de 30 à 60 m/m	Le cent.	0 35	
	(Suite et fin.)	1336	Verres de montre équilibrés	La paire.	2 50	
		1336bis	Brides en laiton pour ces verres de montre	Nombre.	1 00	
		1337	Zincs de rechange pour pile Bunsen, de : 16 cm de hauteur	Idem.	2 85	
		1338	18 cm —	Idem.	3 15	
		1339	22 cm —	Idem.	4 00	
11		1	Appareil à polarisation simple	Nombre.	56 00	
Outillage, instruments		2	Appareil à polarisation avec oculaire polarisateur. cercle divisé	Idem.	75 00	
et appareils divers.		3	Boîtes en bois blanc à rainures pour 50 préparations	Idem.	1 25	
		4	Bras porte-loupe du docteur Malassez	Idem.	56 00	
		5	Cadres métalliques à inclusion dans la paraffine	Idem.	7 80	
		6	Chambre claire à angle variable	Idem.	37 50	
		7	Cloche pour recouvrir les microscopes	Idem.	8 75	
		8	Plaque en verre pour la cloche	Idem.	6 25	
		9	Carré de feutre pour la cloche	Idem.	2 50	
		10	Compte-globules du docteur Malassez, complet, dans un écrin	Idem.	56 00	
		11	Mélangeur Potain de rechange	Idem.	8 75	
		12	Lamelle de rechange	Idem.	0 30	
		13	Flacon de sérum de rechange	Flacon.	1 25	
		14	Huile de cèdre pour objectif à immersion, flacon de 100 grammes	Idem.	6 25	
	R	15	Loupe de Brucke	Nombre.	22 50	
		16	Loupe à main montée en corne	Idem.	15 00	
	MICROSCOPES	17	Micromètre oculaire	Idem.	18 75	
	ET ACCESSOIRES.	18	Micromètre objectif 1/100	Idem.	22 50	
		19	Microscope grand modèle du docteur Roux, avec éclairage Abbé, diaphragme iris et diaphragme à tube, le tout renfermé dans une solide boîte-armoire en acajou massif	Idem.	281 00	
		20	Microscope n° III, du professeur Radais, avec éclairage Abbé, etc. (comme ci-dessus)	Idem.	220 00	
		21	Microscope grand modèle n° IV, du docteur Calmette, avec platine exploratrice, éclairage Abbé, etc. (comme ci-dessus)	Idem.	400 00	
		22	Microscope grand modèle du docteur Calmette, spécial pour les travaux histologiques courants, éclairage Abbé, etc. (comme ci-dessus)	Idem.	200 00	
		23	Microscope grand modèle colonial ; grand instrument se réduisant, sans rien démonter, à un très petit volume, facilement transportable, dans une boîte solide en acajou massif	Idem.	194 00	
		24	Platine mobile à chariot, mouvements rectangulaires, avec divisions	Idem.	112 50	
		25	Microtome Minot, avec un rasoir	Idem.	294 00	
		26	Rasoir de rechange pour le microtome Minot	Idem.	18 75	

DÉNOMINATION ET CLASSIFICATION DES MATIÈRES ET OBJETS.				ESPÈCE des UNITÉS.	PRIX MINISTÉRIELS.	OBSERVA- TIONS.
PAR UNITÉ SOMMAIRE.		PAR SUBDIVISION.				
Numéro et libellé.	Subdivision.	Nu- méros.	Dénominations.		fr. c.	
		27	Microtome à main de Ranvier, grand modèle, avec glace..................................	Nombre.	18 75	
		28	Microtome à main de Ranvier, petit modèle, avec glace..................................	Idem.	10 00	
		29	Objectif achromatique à sec, n° 1....................	Idem.	20 00	
		30	— — n° 2....................	Idem.	20 00	
		31	— — n° 3....................	Idem.	25 00	
		32	— — n° 4....................	Idem.	27 50	
		33	— — n° 5....................	Idem.	33 75	
		34	— — n° 6....................	Idem.	38 75	
		35	— — n° 7....................	Idem.	42 50	
		36	— — n° 8....................	Idem.	56 25	
		37	— — n° 9....................	Idem.	77 50	
		38	Objectif à immersion homogène 1/12................	Idem.	125 00	
		39	— — 1/15................	Idem.	137 00	
	R	40	— — 1/16................	Idem.	187 00	
	MICROSCOPES ET ACCESSOIRES. (Suite et fin.)	41	— — 1/18................	Idem.	212 00	
		42	Oculaire de Huyghens n°ˢ 1, 2, 3....................	Idem.	7 50	
		43	Oculaires compensateurs n°ˢ 4, 6, 9................	Idem.	15 00	
		44	— — n°ˢ 12 et 18..............	Idem.	31 25	
		45	Oculaire à diaphragme carré mobile, spécial pour l'usage de la platine exploratrice......................	Idem.	42 50	
		46	Oculaire spectroscopique simple.....................	Idem.	56 25	
		47	Pied porte-loupe à 2 articulations....................	Idem.	18 75	
		48	Pied porte-loupe à 3 articulations....................	Idem.	25 00	
11 Outil- lage, instru- ments et appareils divers.		49	Doublet achromatique pour les pieds de loupe ci-dessus.	Idem.	8 75	
		50	Pince Cornet...	Idem.	1 60	
		51	Pince Debrand.......................................	Idem.	3 75	
		52	Pince porte-lames, nickel poli........................	Idem.	0 90	
		53	Plaque chauffante du docteur Malassez...............	Idem.	12 50	
		54	Rasoir emmanché pour coupes histologiques..........	Idem.	5 00	
		55	Revolver pour 2 objectifs............................	Idem.	27 50	
		56	— pour 3 objectifs........................	Idem.	35 50	
		57	— pour 4 objectifs........................	Idem.	37 50	
		1	.....	Idem.	″	
		2	.....	Idem.	″	
		3	.....	Idem.	″	
		4	Autoclave...	Idem.	″	
		5	.....	Idem.	″	
		6	.....	Idem.	″	
		7	.....	Idem.	″	
		8	.....	Idem.	″	
	S	9	.....	Idem.	″	
	MATÉRIEL DE BACTÉRIOLOGIE.	10	Étuve...	Idem.	″	
		11	.....	Idem.	″	
		12	.....	Idem.	″	
		13	.....	Idem.	″	
		14	.....	Idem.	″	
		15	.....	Idem.	″	
		16	Four à flamber......................................	Idem.	″	
		17	.....	Idem.	″	
		18	.....	Idem.	″	
		19	.....	Idem.	″	

| DÉNOMINATION ET CLASSIFICATION DES MATIÈRES ET OBJETS. | | | | ESPÈCE des UNITÉS. | PRIX MINISTÉRIELS. | OBSERVA-TIONS. |
| PAR UNITÉ SOMMAIRE. | | PAR SUBDIVISION. | | | | |
Numéro et libellé.	Subdivision.	Numéros.	Dénominations.			
					fr. c.	
	S MATÉRIEL DE BACTÉRIOLOGIE.	20	.....	Nombre.	//	
		21	.....	Idem.	//	
		22	.....	Idem.	//	
		23	.....	Idem.	//	
		24	.....	Idem.	//	
		25	.....	Idem.	//	
		26	.....	Idem.		
		27	.....	Idem.	//	
		28	.....	Idem.	//	
		29	.....	Idem.	//	
		30	.....	Idem.	//	
		31	.....	Idem.	//	
		32	.....	Idem.	//	
		33	.....	Idem.	//	
		34	.....	Idem.	//	
		35	.....	Idem.	//	
		36	.....	Idem.	//	
		37	.....	Idem.	//	
		38	.....	Idem.	//	
		39	.....	Idem.	//	
		40	.....	Idem.	//	
11 Outillage, instruments et appareils divers.	**T** ENREGISTREURS MÉTÉOROLOGIQUES ET ACCESSOIRES.	1	Baromètre anéroïde enregistreur, modèle moyen........	Nombre.	125 00	
		2	Thermomètre enregistreur........................	Idem.	143 75	
		3	Hygromètre enregistreur.........................	Idem.	143 75	
		4	Psychomètre enregistreur........................	Idem.	237 50	
		5	Bouteille d'encre..............................	Idem.	1 25	
		6	Papiers diagrammes............................	La feuille.	0 10	
		7	Plumes de rechange...........................	Nombre.	3 00	
		8	Clef de rechange..............................	Idem.	1 25	
		9	.....	Idem.	//	
		10	.....	Idem.	//	
		11	.....	Idem.	//	
		12	.....	Idem.	//	
	U MATÉRIEL DE PHYSIQUE ET DE CHIMIE.	1	.....	Nombre.	//	
		2	.....	Idem.	//	
		3	.....	Idem.	//	
		4	.....	Idem.	//	
		5	.....	Idem.	//	
		6	.....	Idem.	//	
		7	.....	Idem.	//	
		8	.....	Idem.	//	
		9	.....	Idem.	//	
		10	.....	Idem.	//	
		11	.....	Idem.	//	
		12	.....	Idem.	//	
		13	.....	Idem.	//	
		14	.....	Idem.	//	
		15	.....	Idem.	//	
		16	.....	Idem.	//	

DÉNOMINATION ET CLASSIFICATION DES MATIÈRES ET OBJETS.				ESPÈCE des UNITÉS.	PRIX MINISTÉRIELS.	OBSERVA- TIONS.
PAR UNITÉ SOMMAIRE.		PAR SUBDIVISION.				
Numéro et liballé.	Subdivision.	Nu- méros.	Dénominations.			
					fr. c.	
	U MATÉRIEL DE PHYSIQUE ET DE CHIMIE. *(Suite et fin.)*	17	.....	Nombre.	//	
		18	.....	Idem.	//	
		19	.....	Idem.	//	
		20	.....	Idem.	//	
		21	.....	Idem.	//	
		22	.....	Idem.	//	
		23	.....	Idem.	//	
		24	.....	Idem.	//	
11 Outil- lage, instru- ments et appareils divers.		1	Ballons en caoutchouc pour oxygène, complet.........	Nombre.	30 00	
		2	Bassins de lit, forme ronde, en faïence de 23 centi- mètres....................................	Idem.	4 50	
		3	Bassins de lit, forme ronde, en faïence de 26 centi- mètres....................................	Idem.	5 25	
		4	Bassins de lit, forme ronde, en faïence de 29 centi- mètres....................................	Idem.	6 25	
		5	Bassins de lit, plats, en porcelaine de 26 centimètres....	Idem.	8 75	
		6	Bassins de lit, plats, en porcelaine de 29 centimètres....	Idem.	9 50	
		7	Bassin en tôle émaillée, à tube d'écoulement..........	Idem.	10 50	
		8	Bidet grand modèle, cuvette émaillé.................	Idem.	15 00	
		9	Bock injecteur de 2 litres, tôle émaillée, complet......	Idem.	8 25	
	V OBJETS SPÉCIAUX À L'USAGE DES MALADES.	10	Bock injecteur de 5 litres, tôle émaillée, complet.......	Idem.	13 00	
		11	Bout de sein ordinaire............................	Idem.	1 00	
		12	Bout de sein à soupape de Fournier.................	Idem.	2 50	
		13	Canules de rechange pour bocks injecteurs : courbes....	Idem.	0 75	
		14	Canules de rechange pour bocks injecteurs : droites.....	Idem.	0 30	
		15	Canules de rechange pour bocks injecteurs : effilées.....	Idem.	0 30	
		16	Canules en caoutchouc durci pour irrigateurs..........	Idem.	0 35	
		17	Canules en os pour irrigateurs.....................	Idem.	0 70	
		18	Canule en verre à pansements.....................	Idem.	0 30	
		19	Canule en verre courbe pour injections..............	Idem.	0 35	
		20	Canules en verre droites pour injections..............	Idem.	0 35	
		21	Canules en verre pour l'urèthre de Janet.............	Idem.	0 35	
		22	Coussin en caoutchouc avec tube de gonflement et obtura- teur.....................................	Idem.	16 00	
		23	Crachoirs individuels en verre ou porcelaine...........	Idem.	1 00	
		24	Cuvette de rechange pour bidet....................	Idem.	10 00	
		25	Gants en crin...................................	Idem.	1 80	
		26	Gants en molleton..............................	Idem.	1 80	
		27	Lampe veilleuse en porcelaine.....................	Idem.	1 70	
		28	Moine en étain.................................	Idem.	7 50	
		29	Pot à tisane en porcelaine........................	Idem.	1 85	
		30	Téterelle en forme de ballon......................	Idem.	3 00	
		31	Tube en caoutchouc de rechange pour bock injecteur....	Idem.	2 25	
		32	Seau d'aisance inodore...........................	Idem.	//	
		33	Urinal en faïence pour femme......................	Idem.	3 00	
		34	Urinal en faïence pour homme.....................	Idem.	2 50	
		35	Urinal en verre pour homme.......................	Idem.	1 75	
		36	Toile caoutchoutée noire pour alèzes.................	Mètre.	4 35	
		37	.....	Nombre.	//	
		38	.....	Idem.	//	
		39	.....	Idem.	//	
		40	Canule de Tuffier (en cristal).......................	Idem.	1 00	

DÉNOMINATION ET CLASSIFICATION DES MATIÈRES ET OBJETS.				ESPÈCE des UNITÉS.	PRIX MINISTÉRIELS.	OBSERVA- TIONS.
PAR UNITÉ SOMMAIRE.		PAR SUBDIVISION.				
Numéro et libellé.	Subdivision.	Nu- méros.	Dénominations.		f.. c.	
			Appareil à douches complet (grand modèle)	Nombre.		Prix d'achat.
			Appareil à douches complet (petit modèle)............	Idem.		Idem.
			Appareil à sudation pour bains d'air chaud............	Idem.		Idem.
			Appareil à sudation pour bains de vapeur et fumigations aromatiques.............................	Idem.		Idem.
			Armoire étuve.............................	Idem.		Idem.
			Baignoire de bras, en cuivre................	Idem.		
			Baignoire de bras, en zinc..................	Idem.		
			Baignoire de corps, en cuivre..............	Idem.		
			Baignoire de corps, en fonte émaillée........	Idem.		
			Baignoire de corps, en zinc................	Idem.		
			Baignoire de pieds, en cuivre..............	Idem.		
			Baignoire de pieds, en zinc................	Idem.		
			Baignoire de siège, en cuivre..............	Idem.		
			Baignoire de siège, en tôle émaillée........	Idem.		
			Baignoire de siège, en zinc................	Idem.		
			Bains de siège à douches variées..........	Idem.		
			Bonnet en caoutchouc....................	Idem.		
			Caleçon de bain........................	Idem.		
	W		Chauffe-linge calorifère..................	Idem.		
	OBJETS SPÉCIAUX POUR LE SERVICE DES BAINS.		Col de cygne pour douches en pluie avec deux pommes d'arrosoir..........................	Idem.		
			Colonne en cuivre pour douches en pluie et douches dorsales	Idem.		
			Coquille à savon en fonte émaillée..........	Idem.		
			Douche générale complète.................	Idem.		
			Douche locale..........................	Idem.		
			Éventail en cuivre rouge pour douches........	Idem.		
			Générateur pour douches de vapeur et bains de vapeur avec cassolette pour aromates..................	Idem.		
11			Hydromélangeur pour douches..............	Idem.		
Outil- lage, instru- ments et appareils divers.			Lances à deux jets, à spatule, pour douches simples.....	Idem.		
			Panier à chauffer le linge..................	Idem.		
			Peignoir de bain, en toile.................	Idem.		
			Peignoir-éponge........................	Idem.		
			Planchette dite descente de bains...........	Idem.		
			Sablier compteur........................	Idem.		
			Support roulant pour baignoire de corps........	Idem.		
			Thermomètre pour les bains...............	Idem.		
			Tuyau en caoutchouc pour douches, 3 mètres.......	Idem.		
			Tuyau en caoutchouc pour douches, 2 mètres.......	Idem.		
			Tuyau en caoutchouc pour douches, 1 mètre.......	Idem.		
			Tuyau en cuivre.........................	Idem.		
	X		Arc-boutant de tendeur...................	Nombre.		
	OBJETS POUR LE SERVICE DE LA BUANDERIE.		Aréomètre pèse-lessive...................	Idem.		
			Boîte de laveuse en sapin.................	Idem.		
			Brouette de buanderie à 3 roues............	Idem.		
			Brouette de buanderie à 1 roue............	Idem.		
			Buanderie portative pour 200 kilogr. de linge........	Idem.		
			Buanderie portative pour 100 kilogr. de linge........	Idem.		
			Buanderie portative pour 50 kilogr. de linge........	Idem.		

DÉNOMINATION ET CLASSIFICATION DES MATIÈRES ET OBJETS.				ESPÈCE des UNITÉS.	PRIX MINISTÉRIELS.	OBSERVATIONS.
PAR UNITÉ SOMMAIRE.		PAR SUBDIVISION.				
Numéro et libellé.	Subdivision.	Numéros.	Dénominations.			
11 Outillage, instruments et appareils divers.	X Objets pour le service de la buanderie. (Suite.)		Chevalet à lessive, en hêtre (grand) 3,00 × 1,00	Nombre.		
			Chevalet à lessive, en hêtre (moyen) 2,25 × 1,00	Idem.		
			Chevalet à lessive, en hêtre, (petit) 1,50 × 0,95	Idem.		
			Couvercle de cuvier de 1 m,90 de diamètre en cuivre	Idem.		
			Couvercle de cuvier de 1 m,30 de diamètre en cuivre	Idem.		
			Cuvier à lessive en sapin cerclé en fer de : 2 mètres de diamètre	Idem.		
			1 m,50 de diamètre	Idem.		
			1 mètre de diamètre	Idem.		
			⸱m,75 de diamètre	Idem.		
			Essoreuse	Idem.		
			Fil de fer fort galvanisé, pour séchoir	Mètre.		
			Lessiveuse avec foyer pour 10 kilogr. de linge	Nombre.		
			Lessiveuse avec foyer pour 6 kilogr. de linge	Idem.		
			Lessiveuse sans foyer pour 4 kilogr. de linge	Idem.		
			Piton double pour tendeur de séchoir	Idem.		
			Tendeur de séchoir	Idem.		
			Trépied à cuvier à lessive : grand, 1,20 × 0,33	Idem.		
			moyen, 1,00 × 0,33	Idem.		
			petit, 0,80 × 0,33	Idem.		
			Tréteau à lessive, en hêtre 0,75 × 0,34	Idem.		
			Tringle en fil de fer galvanisé, pour séchoir	Idem.		
	Y Objets et ustensiles pour ateliers.		Affiloir triangulaire	Nombre.		
			Aiguille à emballer	Idem.		
			Aiguille de matelassier	Idem.		
			Alène de cordonnier avec manche	Idem.		
			Archet	Idem.		
			Arrache-clous	Idem.		
			Bain cylindre pour étamer, en tôle	Idem.		
			Bec d'âne de menuisier	Idem.		
			Bec d'âne de serrurier	Idem.		
			Bigorne	Idem.		
			Bigorneau	Idem.		
			Billot d'enclume	Idem.		
			Boîte à forer	Idem.		
			Bordoir de ferblantier	Idem.		
			Boule coudée	Idem.		
			Bouterolle	Idem.		
			Bouvet à approfondir	Idem.		
			Bouvet double	Idem.		
			Bouvet simple pour rainure	Idem.		
			Bouvet à languette (paire de)	Idem.		
			Cordes pour la laine (paire de)	Idem.		
			Chassoir de tonnelier	Idem.		
			Cisaille d'établi	Idem.		
			Cisaille de ferblantier (grande)	Idem.		
			Cisaille de ferblantier (petite)	Idem.		
			Ciseau à déballer	Idem.		
			Ciseau à froid	Idem.		
			Ciseau ordinaire	Idem.		
			Claie pour battre la laine	Idem.		
			Clef anglaise (grande)	Idem.		

DÉNOMINATION ET CLASSIFICATION DES MATIÈRES ET OBJETS.				ESPÈCE des UNITÉS.	PRIX MINISTÉRIELS.	OBSERVATIONS.
PAR UNITÉ SOMMAIRE.		PAR SUBDIVISION.				
Numéro et libellé.	Subdivision.	Nu-méros.	Dénominations.			
			Clef anglaise (petite)...........................	Nombre.		
			Compas..	Idem.		
			Compas d'épaisseur............................	Idem.		
			Composteur complet............................	Idem.		
			Compte-fils....................................	Idem.		
			Couteau à champ ou à demi-champ..............	Idem.		
			Couteau à feuillure ou à demi-feuillure..........	Idem.		
			Couteau à mastiquer ou à démastiquer...........	Idem.		
			Couteau à rebouter............................	Idem.		
			Cuiller à fondre en tôle.........................	Idem.		
			Demi-masse de ferblantier......................	Idem.		
			Demi-varlope..................................	Idem.		
			Diamant pour couper le verre...................	Idem.		
			Doucine.......................................	Idem.		
			Drille...	Idem.		
			Écouane demi-ronde............................	Idem.		
			Écouane plate.................................	Idem.		
			Emporte-pièce.................................	Idem.		
			Emporte-pièce avec trois bouts de rechange........	Idem.		
			Enclume......................................	Idem.		
			Équerre en bois...............................	Idem.		
			Équerre en fer................................	Idem.		
			Établi de menuisier............................	Idem.		
11 Outillage, instruments et appareils divers.	Y OBJETS ET USTENSILES POUR ATELIERS. (Suite.)		Étau à main..................................	Idem.		
			Étau d'établi (grand)..........................	Idem.		
			Étau d'établi (moyen).........................	Idem.		
			Étau d'établi (petit)..........................	Idem.		
			Fer à repasser................................	Idem.		
			Fer à souder..................................	Idem.		
			Filière à coussinets (grande)...................	Idem.		
			Filière à coussinets (petite)...................	Idem.		
			Filière à truelle...............................	Idem.		
			Foret pour métaux.............................	Idem.		
			Forge volante.................................	Idem.		
			Fourche en bois...............................	Idem.		
			Fourche en fer................................	Idem.		
			Gouge..	Idem.		
			Guillaume....................................	Idem.		
			Hache..	Idem.		
			Hachette.....................................	Idem.		
			Herminette...................................	Idem.		
			Jeu de chiffres à froid, en acier.................	Idem.		
			Jeu de lettres à froid en acier..................	Idem.		
			Jeu de marques pour la réforme.................	Idem.		
			Lampe à souder...............................	Idem.		
			Langue de carpe burin.........................	Idem.		
			Langue de carpe pour percer la pierre............	Idem.		
			Lettre emmanchée.............................	Idem.		
			Lime carrée...................................	Idem.		
			Lime demi-ronde..............................	Idem.		
			Lime au paquet...............................	Idem.		
			Lime plate ordinaire...........................	Idem.		
			Lime plate pointue et d'entrée..................	Idem.		

DÉNOMINATION ET CLASSIFICATION DES MATIÈRES ET OBJETS.				ESPÈCE des UNITÉS.	PRIX MINISTÉRIELS.	OBSERVA-TIONS.
PAR UNITÉ SOMMAIRE.		PAR SUBDIVISION.				
Numéro et libellé.	Subdivision.	Nu-méros.	Dénominations.			
			Lime ronde..............................	Nombre.		
			Madriers pour échaffaudage de 4 mètres............	Idem.		
			Madriers pour échafaudage de 3 mètres............	Idem.		
			Madriers pour échafaudage de 2 mètres............	Idem.		
			Madriers pour échafaudage de 1m,50...............	Idem.		
			Maillet en bois, de ferblantier...................	Idem.		
			Maillet en bois ordinaire......................	Idem.		
			Marteau à dresser, de ferblantier................	Idem.		
			Marteau à frapper devant, de forgeron............	Idem.		
			Marteau à gorge, de ferblantier.................	Idem.		
			Marteau à main............................	Idem.		
			Marteau à main, de forgeron...................	Idem.		
			Marteau à rentrer, de ferblantier................	Idem.		
			Marteau de cordonnier.......................	Idem.		
			Marteau de tapissier........................	Idem.		
			Marteau de vitrier..........................	Idem.		
			Marteau échancré d'un bout....................	Idem.		
			Marteau ordinaire (grand).....................	Idem.		
			Marteau ordinaire (petit).....................	Idem.		
11 Outil-lase, instru-ments et appereils divers.	Y OBJETS ET USTENSILES POUR ATELIERS. (Suite.)		Masse en fer..............................	Idem.		
			Mèche à cuiller, de vilbrequin..................	Idem.		
			Mèche à fraiser pour bois.....................	Idem.		
			Mèche anglaise de vilbrequin...................	Idem.		
			Mèche à vrille.............................	Idem.		
			Merlin...................................	Idem.		
			Métier à matelas...........................	Idem.		
			Meule en grès.............................	Idem.		
			Moule d'emballage à 2 plombs...................	Idem.		
			Outil à moulure............................	Idem.		
			Peigne pour faux bois........................	Idem.		
			Presse (petite).............................	Idem.		
			Pied de biche.............................	Idem.		
			Pierre à émeri.............................	Idem.		
			Pierre à repasser et à aiguiser..................	Idem.		
			Pince à plomber les colis.....................	Idem.		
			Pince à souder............................	Idem.		
			Pince de cordonnier.........................	Idem.		
			Plane ordinaire............................	Idem.		
			Pied en fer, de cordonnier.....................	Idem.		
			Plateau pour étamer, en tôle...................	Idem.		
			Pot à colle avec bain-mari en cuivre..............	Idem.		
			Rabot....................................	Idem.		
			Racloir pour bois...........................	Idem.		
			Racloir pour peintre.........................	Idem.		
			Râpe ronde, demi-ronde, plate..................	Idem.		
			Scie à araser..............................	Idem.		
			Scie à bûches.............................	Idem.		
			Scie à chantourner..........................	Idem.		
			Scie à mains..............................	Idem.		
			Scie à mains dite égoïne......................	Idem.		
			Scie à métaux.............................	Idem.		
			Scie à refendre............................	Idem.		
			Scie dite de menuisier.......................	Idem.		

DÉNOMINATION ET CLASSIFICATION DES MATIÈRES ET OBJETS.				ESPÈCE des UNITÉS.	PRIX MINISTÉRIELS.	OBSERVA-TIONS.
PAR UNITÉ SOMMAIRE.		PAR SUBDIVISION.				
Numéro et libellé.	Subdivision.	Nu-méros.	Dénominations.			
	Y Objets et ustensiles pour ateliers. (Suite et fin.)		Scie passe-partout............................	Nombre.		
			Serre-joint en bois...........................	Idem.		
			Serre-joint en fer............................	Idem.		
			Servante d'établi, en fer......................	Idem.		
			Soufflet d'atelier............................	Idem.		
			Soufflet de forge............................	Idem.		
			Tablier en cuir...............................	Idem.		
			Taraud......................................	Idem.		
			Tarrière....................................	Idem.		
			Tas en acier.................................	Idem.		
			Tenaille de forgeron	Idem.		
			Tenaille de cordonnier.......................	Idem.		
			Tenaille de menuisier	Idem.		
			Tiers-point.................................	Idem.		
			Timbre humide pour réception du matériel..........	Idem.		
			Timbre humide pour rejet du matériel..............	Idem.		
			Timbre humide pour marquage du linge H. C..........	Idem.		
			Timbre humide H. S...........................	Idem.		
			Tournevis...................................	Idem.		
11 **Outil-lage, instru-ments et appareils divers.**			Tournevis pour lunettes.......................	Idem.		
			Tranche à chaud.............................	Idem.		
			Tranche à froid..............................	Idem.		
			Tranche droite...............................	Idem.		
			Tranchet....................................	Idem.		
			Tréteau pour échafaudage......................	Idem.		
			Triangle-niveau..............................	Idem.		
			Truelle.....................................	Idem.		
			Trusquin....................................	Idem.		
			Valet d'établi................................	Idem.		
			Varlope.....................................	Idem.		
			Vilebrequin	Idem.		
			Vrilles diverses..............................	Idem.		
	Z Objets et ustensiles pour jardiniers.		Arrosoir de jardin, en tôle galvanisée, avec pomme.....	Nombre.		
			Bêche......................................	Idem.		
			Binette.....................................	Idem.		
			Caisse en bois à arbustes......................	Idem.		
			Ceinture pour étui de pierre à faux..............	Idem.		
			Chassis en fer vitré pour couches................	Idem.		
			Cisaille de jardinier..........................	Idem.		
			Croissant pour jardinier.......................	Idem.		
			Échenilloir..................................	Idem.		
			Enclumette pour faux........................	Idem.		
			Étui pour pierre à faux........................	Idem.		
			Faux montée................................	Idem.		
			Fourche ou trident en fer......................	Idem.		
			Greffoir....................................	Idem.		
			Houe.......................................	Idem.		
			Lance pour tuyau d'arrosage, en cuivre.............	Idem.		
			Marteau pour faux...........................	Idem.		
			Pelle de terrassier...........................	Idem.		
			Pioche.....................................	Idem.		

DÉNOMINATION ET CLASSIFICATION DES MATIÈRES ET OBJETS.				ESPÈCE des UNITÉS.	PRIX MINISTÉRIELS.	OBSERVATIONS.
PAR UNITÉ SOMMAIRE.		PAR SUBDIVISION.				
Numéro et libellé.	Subdivision.	Numéros.	Dénominations.		fr c.	
	Z — OBJETS ET USTENSILES POUR JARDINIER. (Suite.)		Plantoir ferré	Nombre.		
			Pompe à main pour arrosage, en cuivre	Idem.		
			Râteau	Idem.		
			Ratissoire	Idem.		
			Scie de jardinier	Idem.		
			Sécateur	Idem.		
			Serpe	Idem.		
			Serpette	Idem.		
			Tondeuse pour le gazon	Idem.		
			Tuyau d'arrosage	Idem.		
	A¹ — OBJETS ET USTENSILES POUR PERRUQUIER.		Blaireau	Nombre.		
			Brosse à tête	Idem.		
			Brosse à peigne	Idem.		
			Brosse en soie	Idem.		
			Ciseaux (paire de)	Idem.		
			Cuir à rasoir	Idem.		
			Pâte à rasoir	Idem.		
			Peigne à démêler	Idem.		
			Peigne fin	Idem.		
			Pierre à affiler les rasoirs	Idem.		
			Rasoir	Idem.		
			Tondeuse	Idem.		
11 Outillage, instruments et appareils divers.	**B¹** — MACHINES.		Cardeuse à main (grande)	Nombre.		
			Cardeuse à main (petite)	Idem.		
			Cardeuse à pied (grande)	Idem.		
			Cardeuse à pied (petite)	Idem.		
			Machine à boucher les bouteilles	Idem.		
			Machine à découper les bandes	Idem.		
			Métier à rouler les bandes	Idem.		
			Objets de rechange pour pompe à incendie — Bâche pour couvrir une pompe	Idem.		
			Chariot à 2 roues	Idem.		
			Crépine d'aspiration	Idem.		
			Lance	Idem.		
			Orifices de lance de 0ᵐ,013 à 0ᵐ,017	Idem.		
			Seaux en toile	Idem.		
			Tamis en osier	Idem.		
			Tuyaux d'aspiration avec raccord	Idem.		
			Tuyaux de refoulement avec raccord	Idem.		
			Pompe à incendie complète	Idem.		
	C¹ — MATÉRIEL ROULANT.		Brouette à claire-voie	Nombre.		
			Brouette à coffre	Idem.		
			Charrette dite fourragère	Idem.		
			Chariot pour transport des blessés	Idem.		
			Corbillard	Idem.		
			Diable garnie de fer	Idem.		
			Pousse-pousse	Idem.		
			Voiture à bras	Idem.		
			Voiture d'ambulance	Idem.		
			Tombereau	Idem.		

DÉNOMINATION ET CLASSIFICATION DES MATIÈRES ET OBJETS.				ESPÈCE des UNITÉS.	PRIX MINISTÉRIELS.	OBSERVA-TIONS.
PAR UNITÉ SOMMAIRE.		PAR SUBDIVISION.				
Numéro et libellé.	Subdivision.	Numéros.	Dénominations.			
			Balance Roberval de la portée de : 1^k, diamètre des plateaux. 0^m,14.	Nombre.		

DÉNOMINATION ET CLASSIFICATION DES MATIÈRES ET OBJETS.				ESPÈCE des UNITÉS.	PRIX MINISTÉRIELS.	OBSERVA- TIONS.
PAR UNITÉ SOMMAIRE.		PAR SUBDIVISION.				
Numéro et libellé.	Subdivision.	Nu- méros.	Dénominations.			
1í Outil- lage, instru- ments et appareils divers.	Dⁱ BALANCES, POIDS ET MESURES. (Suite.)		Poids en fonte de cuivre de 2 grammes.............	Nombre.		
			Poids en fonte de cuivre de 1 gramme.............	Idem.		
			Poids en fonte de cuivre, division du gramme.........	Idem.		
			Poids en fonte de fer de 20 kilogrammes............	Idem.		
			Poids en fonte de fer de 10 kilogrammes............	Idem.		
			Poids en fonte de fer de 5 kilogrammes............	Idem.		
			Poids en fonte de fer de 2 kilogrammes............	Idem.		
			Poids en fonte de fer de 1 kilogramme............	Idem.		
			Poids en fonte de fer de 500 grammes............	Idem.		
			Poids en fonte de fer de 200 grammes............	Idem.		
			Poids en fonte de fer de 100 grammes............	Idem.		
			Poids en fonte de fer de 50 grammes............	Idem.		
			Toise à signalement (double mètre)...............	Idem.		
			.....	Idem.		
			.....	Idem.		
			.....	Idem.		
			.....	Idem.		
			.....	Idem.		
			.....	Idem.		
			.....	Idem.		
			.....	Idem.		
			.....	Idem.		

DÉNOMINATION ET CLASSIFICATION DES MATIÈRES ET OBJETS.				ESPÈCE des UNITÉS.	PRIX MINISTÉRIELS.	OBSERVA- TIONS.
PAR UNITÉ SOMMAIRE.		PAR SUBDIVISION.				
Numéro et libellé.	Subdivision.	Nu- méros.	Dénominations.			
					fr. c.	
	A Aiguilles, boutons, fils, rubans, tresses, etc.		Agrafe et porte-agrafe.	Nombre.		
			Aiguille à coudre, diverses	Idem.		
			— à machine	Idem.		
			— à repriser	Idem.		
			Boucles	Idem.		
			Boutons en bois	Idem.		
			— en fer	Idem.		
			— en nacre	Idem.		
			— en os	Idem.		
			— en porcelaine	Idem.		
			Cordonnets	Kilogr.		
			Coton à marquer	Idem.		
			— à repriser	Idem.		
			Crochets	Nombre.		
			Épingles ordinaires	Kilogr.		
			Fils à coudre, divers	Idem.		
			Galon en coton	Mètre.		
			— en fil	Idem.		
			— en laine	Idem.		
			Ganses	Idem.		
14 Matières et objets destinés aux travaux.			Lacets	Nombre.		
			Laine à marquer	Kilogr.		
			— à repriser	Idem.		
			Ruban en coton	Mètre.		
			— en fil	Idem.		
			— en laine	Idem.		
			Soies à coudre, diverses	Kilogr.		
			Tresses en coton	Mètre.		
			— en fil	Idem.		
			— en laine	Idem.		
	B Bois.	1	Chêne	Mèt. cube.		
		2	Hêtre	Idem.		
		3	Noyer	Idem.		
		4	Pitchpin	Idem.		
		5	Sapin	Idem.		
		6		Idem.		
		7	Chêne	Mèt. carré.		
		8	Hêtre	Idem.		
		9	Noyer	Idem.		
		10	Pitchpin	Idem.		
		11	Sapin	Idem.		
	C Draps, toiles et étoffes.	1	Calicot blanc pour con- fections diverses..... largeur $0^m 80$	Mètre.	0 65	
		2	— $1^m 00$	Idem.	0 85	
		3	— $1^m 12$	Idem.	0 90	
		4	— $1^m 25$	Idem.	1 10	
		5	— $1^m 36$	Idem.	1 15	
		6	— $1^m 65$	Idem.	1 25	
		7	Calicot dit « pékin » assorti, largeur $0^m 80$	Idem.	0 75	
		8	Cretonne blanche pour taie d'oreiller, largeur $0^m 70$	Idem.	0 75	
		9	Coutil chiné bleu et blanc, pour meubles, largeur $1^m 60$.	Idem.	1 80	

DÉNOMINATION ET CLASSIFICATION DES MATIÈRES ET OBJETS.				ESPÈCE des UNITÉS.	PRIX MINISTÉRIELS.	OBSERVA- TIONS.
PAR UNITÉ SOMMAIRE.		**PAR SUBDIVISION.**				
Numéro et libellé.	Subdivision.	Nu- méros.	Dénominations.			
					fr. c,	
		10	Coutil chaîne coton trame fil rayé bleu et blanc, pour oreiller et traversin....... — largeur 1ᵐ 00.........	Mètre.	2 20	
		11	— 1ᵐ 40.........	Idem.	3 10	
		12	Étamine grande laine, lar- geur 50/52 .... — blanche............	Idem.	0 75	
		13	— bleu national.........	Idem.	0 75	
		14	— rouge.............	Idem.	0 75	
		15	Drap beige, largeur 1ᵐ 20.....................	Idem.	"	
		16	— bleu — —	Idem.	"	
		17	.....	Idem.	"	
		18	Indiennes, largeur 132/135.. — rayures 1 fil bleu, 1 fil blanc.............	Idem.	1 50	
14 Matières et objets destinés aux travaux.	C DRAPS, TOILES ET ÉTOFFES. (Fin.)	19	rayures 2 fils bleus, 2 fils blancs............	Idem.	1 50	
		20	carreaux 4 fils bleus, 4 fils blancs........	Idem.	1 50	
		21	pour robes, dessins et couleurs assorties	Idem.	0 75	
		22	Lustrine blanche, largeur 1ᵐ.....................	Idem.	0 75	
		23	— bleue, — 0ᵐ 80 à 0ᵐ 85.............	Idem.	0 70	
		24	— noire, — —	Idem.	0 70	
		25	— rouge, — —	Idem.	0 70	
		26	— verte, — —	Idem.	0 70	
		27	.....	Idem.	"	
		28	.....	Idem.	"	
		29	Mousseline blanche unie. pour rideaux, largeur 0ᵐ 80 à 0ᵐ 82.....................................	Idem.	1 25	
		30	Mousseline blanche unie, pour rideaux, largeur 1ᵐ 18 à 1ᵐ 20.....................................	Idem.	1 30	
		31	Mousseline blanche brodée, pour rideaux, largeur 0ᵐ 70 à 0ᵐ 80.....................................	Idem.	0 80	
		32	Mousseline blanche brodée, pour rideaux, largeur 0ᵐ 68 à 0ᵐ 70.....................................	Idem.	0 80	
		33	.....	Idem.	"	
		34	Reps pour rideaux, largeur 1ᵐ 25 à 1ᵐ 30............	Idem.	4 70	
		35	.....	Idem.	"	
		36	Toile de coton écru. pour suaires. largeur 1ᵐ 65.......	Idem.	1 40	
		37	.....	Idem.	"	
		88	Toile de coton rayée bleu et blanc, pour matelas et paillasses............. — largeur 1ᵐ 20.........	Idem.	1 25	
		39	— 1ᵐ 40.........	Idem.	2 60	
		40	— 1ᵐ 80.........	Idem.	3 10	
		41	.....	Idem.	"	
		42	.....	Idem.	"	
		43	Toile damasée, à damiers, pour nappes.............	Idem.	3 75	
		44	.....	Idem.	"	
		45	Tulle blanc, pour moustiquaires d'officier (6 fils, 6 mailles au cent, carré) largeur 2ᵐ...................	Idem.	1 60	
		46	.....	Idem.	"	
		47	.....	Idem.	"	
		48	Tulle écru ou crémé, pour moustiquaires de soldat (6 fils, 5 à 6 mailles au cent, carré) largeur 2ᵐ.....	Idem.	1 20	
		49	.....	Idem.	"	
		50	.....	Idem.	"	
		51	.....	Idem.	"	
		52	.....	Idem.	"	
		53	.....	Idem.	"	
		54	.....	Idem.	"	

DÉNOMINATION ET CLASSIFICATION DES MATIÈRES ET OBJETS.				ESPÈCE des UNITÉS.	PRIX MINISTÉRIELS.	OBSERVA-TIONS.
PAR UNITÉ SOMMAIRE.		PAR SUBDIVISION.				
Numéro et libellé.	Subdivision.	Nu-méros.	Dénominations.			
					fr. c.	
	D MATIÈRES DE COUCHAGE.	1	Crin animal pur.........	Kilogr.	3 45	
		2	Crin végétal.........	Idem.	0 23	
		3	Laine pure.........	Idem.	5 75	
		4	Plumes pour oreiller.........	Idem.	3 62	
		5	.....	Idem.		
		6	.....	Idem.		
		7	.....	Idem.		
		8	.....	Idem.		
		9	.....	Idem.		
		10	.....	Idem.		
		11	.....	Idem.		
		12	.....	Idem.		
		13	.....	Idem.		
14 Matières et objets destinés aux travaux.	**E** MÉTAUX.	1	Cuivre.........	Idem.		
		2	Étain.........	Idem.		
		3	Fer.........	Idem.		
		4	Plomb.........	Idem.		
		5	.....	Idem.		
		6	.....	Idem.		
		7	.....	Idem.		
		8	.....	Idem.		
		9	.....	Idem.		
		10	.....	Idem.		
		11	.....	Idem.		
		12	.....	Idem.		
	F QUINCAILLERIE.		Boulons divers.........	Nombre.		
			Cadenas.........	Idem.		
			Charnières.........	Idem.		
			Clefs.........	Idem.		
			Clous.........	Kilogr.		
			Crampons.........	Nombre.		
			Crochets.........	Idem.		
			Ficelles.........	Kilogr.		
			Fils en métaux.........	Idem.		
			Gonds.........	Nombre.		
			Loquets.........	Idem.		
			Papier à l'émeri.........	Feuille.		
			Patères.........	Nombre.		
			Pattes.........	Idem.		
			Pentures.........	Idem.		
			Pitons.........	Idem.		
			Pointes.........	Kilogr.		
			Rivets.........	Idem.		
			Serrures.........	Nombre.		
			Targettes.........	Idem.		
			Toiles à l'émeri.........	Mètre.		
			Toile métallique.........	Idem.		
			Verrous.........	Nombre.		
			Vis.........	Idem.		

DÉNOMINATION ET CLASSIFICATION DES MATIÈRES ET OBJETS.				ESPÈCE des UNITÉS.	PRIX MINISTÉRIELS.	OBSERVA-TIONS.
PAR UNITÉ SOMMAIRE.		PAR SUBDIVISION.				
Numéro et libellé.	Subdivision.	Nu-méros.	Dénominations.			
14 Matières et objets destinés aux travaux.	**G** Peinture, vitrerie, ingrédients et objets divers.		Blanc d'Espagne	Kilogr.		
			Chaux éteinte (à blanchir)	Barrique.		
			— hydraulique	Sac.		
			Ciment	Idem.		
			Cirage	Boîte.		
			Cire à cacheter les bouteilles	Kilogr.		
			Colle forte	Idem.		
			Corde	Idem.		
			Cordeaux	Idem.		
			Eau de cuivre	Litre.		
			— de javel	Idem.		
			Essences	Idem.		
			Éponges	Kilogr.		
			Graisse pour voiture	Idem.		
			Huile de lin	Litre.		
			— à machine	Idem.		
			Lessive de potasse ou de soude	Kilogr.		
			Linoléum	Mètre.		
			Mine de plomb	Kilogr.		
			Ocres divers	Idem.		
			Peintures diverses	Idem.		
			Pierre ponce	Nombre.		
			Pinceaux divers	Idem.		
			Plâtre	Sac.		
			Plombagine	Kilogr.		
			Potasse	Idem.		
			Savon	Idem.		
			Savonnette	Idem.		
			Siccatif en poudre	Idem.		
			— liquide	Litre.		
			Suif	Kilogr.		
			Tripoli	Idem.		
			Verres à vitres, divers	Mille.		

20.

| DÉNOMINATION ET CLASSIFICATION DES MATIÈRES ET OBJETS. | | | | ESPÈCE des UNITÉS. | PRIX MINISTÉRIELS. | OBSERVATIONS. |
| PAR UNITÉ SOMMAIRE. | | PAR SUBDIVISION. | | | | |
Numéro et libellé.	Subdivision.	Numéros.	Dénominations.			
	A BIBLIOTHÈQUE SCIENTIFIQUE.			.....		
15 Ouvrages de bibliothèques, de sciences et art, matériel d'enseignement et fournitures diverses.	**B** BIBLIOTHÈQUE DES MALADES.			.....		
	C FOURNITURES DE BUREAU, IMPRIMÉS DIVERS.		Attaches dites «parisiennes»	Boîte.		
			Cire à cacheter (bâton)	Idem.		
			Colle à bouche (bâton)	Idem.		
			Colle liquide	Flacon.		
			Craie	Boîte.		
			Crayon noir	Douzaine.		
			— de couleur	Nombre.		
			Encre noire	Litre.		
			— rouge	Flacon.		
			— à polycopie	Idem.		
			Enveloppes grandes	Le cent.		
			— moyennes	Idem.		
			— petites	Idem.		
			Épingles ordinaires	Kilogr.		
			Ficelle blanche	Pelote.		
			— rouge	Idem.		
			Imprimés divers, 1/4 de feuille	Le cent.		
			— — 1/2 feuille	Idem.		
			— — feuille double	Idem.		
			— — feuille double	Idem.		
			Gomme élastique	Nombre.		
			Pains à cacheter	Boîte.		
			Papier écolier blanc	Rame.		
			— — quadrillé	Idem.		
			— — réglé	Idem.		

DÉNOMINATION ET CLASSIFICATION DES MATIÈRES ET OBJETS.				ESPÈCE des UNITÉS.	PRIX MINISTÉRIELS.	OBSERVA- TIONS.
PAR UNITÉ SOMMAIRE.		PAR SUBDIVISION.				
Numéro et libellé.	Subdivision.	Nu- méros.	Dénominations.			
			Papier bulle...............................	Rame.		
			Plumes métalliques........................	Boîte.		
	C		Registres, grand format, 20 feuilles...........	Nombre.		
			— — 50 —	Idem.		
	FOURNITURES		— — 100 —	Idem.		
	DE BUREAU,		— — 200 —	Idem.		
	IMPRIMÉS DIVERS.		— petit format, 20 —	Idem.		
	(Fin.)		— — 50 —	Idem.		
			— — 100 —	Idem.		
15			— — 200 —	Idem.		
Ouvrages de biblio- théques, de sciences et art, matériel d'ensei- gnement et fourni- tures diverses.			Boîte à tampon, avec accesoires..............	Idem.		
			Cachet de médecin-chef.....................	Idem.		
			Canif....................................	Idem.		
			Carton de bureau, en bois...................	Idem.		
			— — en carton de couleur.........	Idem.		
			Encrier	Idem.		
			Grattoir.................................	Idem.		
			Gibecière-portefeuille	Idem.		
			Panier de bureau..........................	Idem.		
			Poinçon..................................	Idem.		
			Planchette de visite, garnie d'un encrier........	Idem.		
			Presse à copier	Idem.		
	D		Presse dite «autocopiste»....................	Idem.		
			Pupitre de bureau.........................	Idem.		
	OBJETS DE BUREAU.		Timbre humide pour dater les billets d'hôpital, avec accessoires...............................	Idem.		
			Timbres divers, en cuivre....................	Idem.		
			— en caoutchouc...................	Idem.		
			.....	Idem.		
			.....	Idem.		
			.....	Idem.		
			.....	Idem.		
			.....	Idem.		
			.....	Idem.		
			.....	Idem.		
			.....	Idem.		
			.....	Idem.		
			.....	Idem.		

DÉNOMINATION ET CLASSIFICATION DES MATIÈRES ET OBJETS.				ESPÈCE des UNITÉS.	PRIX MINISTÉRIELS.	OBSERVA- TIONS.
PAR UNITÉ SOMMAIRE.		PAR SUBDIVISION.				
Numéro et libellé.	Subdivision.	Nu- méros.	Dénominations.			
	A ANIMAUX DE BASSE-COUR.	1 2 3 4 5 6 7	Canard............................. Dinde............................. Lapin............................. Oie............................. Pigeon............................. Pintade............................. Poule.............................	Nombre. *Idem.* *Idem.* *Idem.* *Idem.* *Idem.* *Idem.*		
	B ANIMAUX DE BOUCHERIE.	1 2 3 4 5 6 7	Agneau............................. Bœuf............................. Chèvre............................. Chevreau............................. Mouton............................. Porc............................. Veau.............................	Nombre. *Idem.* *Idem.* *Idem.* *Idem.* *Idem.* *Idem.*		
16 Animaux vivants.	**C** ANIMAUX DE TRAIT ET DE BÂT.	1 2 3 4 5 6 7	Ane ou ânesse............................. Bœuf porteur............................. Buffle............................. Chameau............................. Cheval ou jument............................. Dromadaire............................. Mule ou mulet.............................	Nombre. *Idem.* *Idem.* *Idem.* *Idem.* *Idem.* *Idem.*		
	D ANIMAUX DE LABORATOIRE.	1 2 3 4 5 6 7 8	Annélides............................. Cobaye............................. Chien............................. Génisse............................. Lapin............................. Rat............................. Singe............................. Souris.............................	Nombre. *Idem.* *Idem.* *Idem.* *Idem.* *Idem.* *Idem.* *Idem.*		

DÉNOMINATION ET CLASSIFICATION DES MATIÈRES ET OBJETS.				ESPÈCE des UNITÉS.	PRIX MINISTÉRIELS.	OBSERVA-TIONS.
PAR UNITÉ SOMMAIRE.		PAR SUBDIVISION.				
Numéro et libellé.	Subdivision.	Nu-méros.	Dénominations.			
	A GRAINES POTAGÈRES ET PLANTS.		Aubergines...................................			
			Betteraves...................................			
			Carottes.....................................			
			Céleri.......................................			
			Cerfeuil.....................................			
			Choux..			
			Choux-fleurs.................................			
			Concombres...................................			
			Épinards.....................................			
			Haricots.....................................			
			Navets.......................................			
			Oignons......................................			
			Oseille......................................			
			Petits pois..................................			
			Persil.......................................			
			Poireau......................................			
			Pommes de terre..............................			
			Radis..			
			Salades......................................			
			Salsifis.....................................			
			Tomates......................................			
17 **Tabacs, se-mences et plans.**	**B** GRAINES À FLEURS ET PLANTS.					
	C TABACS.		Tabac à chiquer..............................			
			Tabac à fumer................................			
			Tabac à priser..............................			

DÉNOMINATION ET CLASSIFICATION DES MATIÈRES ET OBJETS.					ESPÈCE des UNITÉS.	PRIX MINISTÉRIELS.	OBSERVATIONS.
PAR UNITÉ SOMMAIRE.			PAR SUBDIVISION.				
Numéro et libellé.	Subdivision.	Numéros.	Dénominations.				
						fr. c.	
		1	Bidons en fer-blanc étamés avec anses de 1 kilogr.		Nombre.	0 60	
		2	Bidons de fer-blanc étamés avec anses de 1 kil. 500		Idem.	0 70	
		3	Bidons de fer-blanc étamés avec anses de 2 kilogr.		Idem.	0 80	
		4	Bidons de fer-blanc étamés avec anses de 2 à 5 kilogr.		Idem.	1 00	
		5	Bidons de fer-blanc étamés avec anses de 6 à 10 kilogr.		Idem.	1 50	
		6	Bidons de fer-blanc étamés avec anses de 11 kilogr. et au-dessus.		Idem.	3 00	
		7	.....				
		8	.....				
		9	Boîtes en fer-blanc, étamées et soudées, carrées ou rondes, de 250 grammes.		Idem.	0 25	
19		10	Boîtes en fer-blanc, étamées et soudées, carrées ou rondes, de 500 grammes.		Idem.	0 40	
Caisses d'emballage, récipients, cadeaux et objets d'échange et objets non classés précédemment.	A BOÎTES, CAISSES, BIDONS, FÛTS, ETC., POUR EMBALLAGE.	11	Boîtes en fer-blanc, étamées et soudées, carrées ou rondes, de 1 à 2 litres.		Idem.	0 60	
		12	Boîtes en fer-blanc, étamées et soudées, carrées ou rondes, de 2 à 5 litres.		Idem.	0 70	
		13	Boîtes en fer-blanc, étamées et soudées, carrées ou rondes, de 6 à 10 litres.		Idem.	1 80	
		14	Boîtes en fer-blanc, étamées et soudées, carrées ou rondes, de 11 litres et au-dessus.		Idem.	3 00	
		15	.....				
		16	.....				
		17	Boîtes de calinage, contenance 1 litre.		Idem.	0 25	
		18	Boîtes de calinage, contenance 2 litres.		Idem.	0 40	
		19	Boîtes de calinage, contenance 2 à 5 litres.		Idem.	0 70	
		20	Boîtes de calinage, contenance 6 à 10 litres.		Idem.	2 00	
		21	Boîtes de calinage, contenance 11 litres et au-dessus.		Idem.	3 00	
		22	.....				
		23	Bidons en zinc, contenance 1 litre.		Idem.	0 65	
		24	Bidons en zinc, contenance 2 litres.		Idem.	0 75	
		25	Bidons en zinc, contenance 2 à 5 litres.		Idem.	1 60	
		26	Bidons en zinc, contenance 6 à 10 litres.		Idem.	3 20	
		27	Bidons en zinc, contenance 11 litres et au-dessus.		Idem.	5 00	
		28	Bidons en tôle galvanisée, à goulot, contenance 5 litres.		Idem.	3 40	
		29	Bidons en tôle galvanisée, à goulot, contenance 6 à 10 litres.		Idem.	4 60	
		30	Bidons en tôle galvanisée, à goulot, contenance 11 à 15 litres.		Idem.	5 90	
		31	Bidons en tôle galvanisée, à goulot, contenance 16 à 20 litres.		Idem.	8 10	
		32	Bidons en tôle galvanisée, à goulot, contenance 21 à 25 litres.		Idem.	10 00	
		33	Bonbonnes en verre vert, clissées en osier, avec poignées, contenance 10 litres.		Idem.	2 00	
		34	Bonbonne en verre vert, clissées en osier, avec poignées, contenances 15 litres.		Idem.	2 85	
		35	Bonbonne en verre vert, clissées en osier, avec poignées, contenance 20 litres.		Idem.	3 45	
		36	Fûts en chêne ou en châtaignier, cerclés fer et bois, contenance 50 litres.		Idem.	7 50	
		37	Fûts en chêne ou en châtaignier, cerclés fer et bois, contenance 75 litres.		Idem.	8 25	
		38	Fûts en chêne ou en châtaignier, cerclés fer et bois, contenance 100 litres.		Idem.	8 75	

Dénomination et classification des matières et objets.				Espèce des unités.	Prix ministériels.	Observa-tions.
Par unité sommaire.		**Par subdivision.**				
Numéro et libellé.	Subdivision.	Numéros.	Dénominations.		fr. c.	
		39	Fûts en chêne ou en châtaignier, cerclés fer et bois, contenance 120 litres	Nombre.	9 65	
		40	Caisses en bois blanc peuplier, barrées à l'anglaise, grandes	Idem.	7 50	
		41	Caisses en bois blanc peuplier, barrées à l'anglaise, moyennes	Idem.	6 25	
		42	Caisses en bois blanc peuplier, barrées à l'anglaise, petites	Idem.	5 00	
		43	Caisses dites à toit, grandes	Idem.	7 50	
		44	Caisses dites à toit, moyennes	Idem.	4 50	
		45	Caisses dites à toit, petites	Idem.	3 00	
		46	.....			
		47	.....			
		48	.....			
	A	49	Quarts de touries en grès, en panier	Idem.	4 50	
		50	Quarts de touries recouvertes d'un capuchon en plomb..	Idem.	6 50	
	Boîtes, caisses,	51	Bouteilles en grès, contenance 0 kil. 500 grammes	Idem.	0 25	
	bidons, fûts,	52	Bouteilles en grès, contenance 1 à 2 kilogrammes	Idem.	0 50	
	etc.,	53	Bouteilles en grès, contenance 3 à 5 kilogrammes	Idem.	0 75	
	pour emballage.	54	Bouteilles en grès, contenance 6 à 10 kilogrammes	Idem.	1 25	
	(Suite.)	55	Fûts en tôle galvanisée et rivée, contenance 25 litres	Idem.	8 75	
		56	Fûts en tôle galvanisée et rivée, contenance 50 litres	Idem.	14 75	
10		57	Fûts en tôle galvanisée et rivée, contenance 70 litres	Idem.	17 00	
Caisses d'emballage, récipients, cadeaux et objets d'échange et objets non classés précédemment.		58	Fûts en tôle galvanisée et rivée, contenance 100 litres	Idem.	20 00	
		59	Fûts en tôle galvanisée et rivée, contenance 130 litres	Idem.	22 50	
		60	Caisses en fer-blanc soudées, pour doublage, contenance 50 litres	Idem.	3 45	
		61	Caisses en fer-blanc soudées, pour doublage, contenance 51 à 100 litres	Idem.	5 60	
		62	Caisses en fer-blanc soudées, pour doublage, contenance 101 à 150 litres	Idem.	6 85	
		63	Caisses en fer-blanc soudées, pour doublage, contenance 151 à 200 litres	Idem.	8 00	
		64	.....			
		65	.....			
		66	.....			
		67	.....			
		68	.....			
		69	.....			
		70	.....			
		1	Jeu de boules	Nombre.		
		2	Jeu de croquet	Idem.		
		3	Jeu de dames	Idem.		
	B	4	Jeu de dominos	Idem.		
		5	Jeu d'échecs avec damier	Idem.		
	Jeux.	6	Jeu de quilles	Idem.		
		7	Jeu de tonneau	Idem.		
		8	Jeu de trictrac	Idem.		
		9	.....			
		10	.....			

DÉNOMINATION ET CLASSIFICATION DES MATIÈRES ET OBJETS.				ESPÈCE des UNITÉS.	PRIX MINISTÉRIELS.	OBSERVA- TIONS.
PAR UNITÉ SOMMAIRE.		PAR SUBDIVISION.				
Numéro et libellé.	Subdivision.	Nu- méros.	Dénominations.			
			Balais en chiendent..............................	Nombre.		
			Balais en crin..................................	Idem.		
			Balais de sorgho................................	Idem.		
			Balais de garde-robe............................	Idem.		
			Balayette.......................................	Idem.		
			Brosses à dents.................................	Idem.		
			Brosses à habits................................	Idem.		
			Brosses à laver le linge........................	Idem.		
			Brosses à ongles................................	Idem.		
			Brosses à parquet...............................	Idem.		
			Cercueils.......................................	Idem.		
			Chiffons..	Kilogr.		
19			Chiffres à marquer..............................	Nombre.		
			Échelles..	Idem.		
Caisses d'em- ballage, réci- pients, cadeaux et objets d'é- change et objets non classés pré- cédem- ment.	**C** MATÉRIEL DIVERS. (Suite.)		Éponges...	Idem.		
			Ficelle forte d'emballage.......................	Idem.		
			Lettres à marquer...............................	Idem.		
			Linge vieux.....................................	Kilogr.		
			Papier d'emballage..............................	Idem.		
			Plumeaux..	Nombre.		
			Pointes...	Kilogr.		
			Tête de loup....................................	Nombre.		

DÉNOMINATION ET CLASSIFICATION DES MATIÈRES ET OBJETS.				ESPÈCE des UNITÉS.	PRIX MINISTÉRIELS.	OBSERVA-TIONS.
PAR UNITÉ SOMMAIRE.		PAR SUBDIVISION.				
Numéro et libellé.	Subdivision.	Nu-méros.	Dénominations.			

| DÉNOMINATION ET CLASSIFICATION DES MATIÈRES ET OBJETS. | | | | ESPÈCE des UNITÉS. | PRIX MINISTÉRIELS. | OBSERVA-TIONS. |
| PAR UNITÉ SOMMAIRE. | | PAR SUBDIVISION. | | | | |
Numéro et libellé.	Subdivision.	Nu-méros.	Dénominations.			

DÉNOMINATION ET CLASSIFICATION DES MATIÈRES ET OBJETS.				ESPÈCE des UNITÉS.	PRIX MINISTÉRIELS.	OBSERVA-TIONS.
PAR UNITÉ SOMMAIRE.		PAR SUBDIVISION.				
Numéro et libellé.	Subdivision.	Nu-méros.	Dénominations.			

DÉNOMINATION ET CLASSIFICATION DES MATIÈRES ET OBJETS.				ESPÈCE des UNITÉS.	PRIX MINISTÉRIELS.	OBSERVA-TIONS.
PAR UNITÉ SOMMAIRE.		PAR SUBDIVISION.				
Numéro et libellé.	Subdivision.	Nu-méros.	Dénominations.			
Numéro et libellé.	Subdivision.	Nu-méros.	Dénominations.	ESPÈCE des UNITÉS.	PRIX MINISTÉRIELS.	OBSERVA-TIONS.

DÉNOMINATION ET CLASSIFICATION DES MATIÈRES ET OBJETS.				ESPÈCE des UNITÉS.	PRIX MINISTÉRIELS.	OBSERVA-TIONS.
PAR UNITÉ SOMMAIRE.		PAR SUBDIVISION.				
Numéro et libellé.	Subdivision.	Nu-méros.	Dénominations.			

DÉNOMINATION ET CLASSIFICATION DES MATIÈRES ET OBJETS.				ESPÈCE des UNITÉS.	PRIX MINISTÉRIELS.	OBSERVA-TIONS.
PAR UNITÉ SOMMAIRE.		PAR SUBDIVISION.				
Numéro et libellé.	Subdivision.	Nu-méros.	Dénominations.			
Numéro et libellé.	Subdivision.	Nu-méros.	Dénominations.	ESPÈCE des UNITÉS.	PRIX MINISTÉRIELS.	OBSERVA-TIONS.

DÉNOMINATION ET CLASSIFICATION DES MATIÈRES ET OBJETS.				ESPÈCE des UNITÉS.	PRIX MINISTÉRIELS.	OBSERVA- TIONS.
PAR UNITÉ SOMMAIRE.		PAR SUBDIVISION.				
Numéro et libellé.	Subdivision.	Nu- méros.	Dénominations.			

DÉNOMINATION ET CLASSIFICATION DES MATIÈRES ET OBJETS.				ESPÈCE des UNITÉS.	PRIX MINISTÉRIELS.	OBSERVATIONS.
PAR UNITÉ SOMMAIRE.		PAR SUBDIVISION.				
Numéro et libellé.	Subdivision.	Numéros.	Dénominations.			

DÉNOMINATION ET CLASSIFICATION DES MATIÈRES ET OBJETS.				ESPÈCE des UNITÉS.	PRIX MINISTÉRIELS.	OBSERVA-TIONS.
PAR UNITÉ SOMMAIRE.		PAR SUBDIVISION.				
Numéro et libellé.	Subdivision.	Nu-méros.	Dénominations.			

DÉNOMINATION ET CLASSIFICATION DES MATIÈRES ET OBJETS.				ESPÈCE des UNITÉS.	PRIX MINISTÉRIELS.	OBSERVATIONS.
PAR UNITÉ SOMMAIRE.		PAR SUBDIVISION.				
Numéro et libellé.	Subdivision.	Numéros.	Dénominations.			
PAR UNITÉ SOMMAIRE.		PAR SUBDIVISION.		ESPÈCE des UNITÉS.	PRIX MINISTÉRIELS.	OBSERVATIONS.
Numéro et libellé.	Subdivision.	Numéros.	Dénominations.			

DÉNOMINATION ET CLASSIFICATION DES MATIÈRES ET OBJETS.				ESPÈCE des UNITÉS.	PRIX MINISTÉRIELS.	OBSERVA- TIONS.
PAR UNITÉ SOMMAIRE.		PAR SUBDIVISION.				
Numéro et libellé.	Subdivision.	Nu- méros.	Dénominations.			

DÉNOMINATION ET CLASSIFICATION DES MATIÈRES ET OBJETS.				ESPÈCE des UNITÉS.	PRIX MINISTÉRIELS.	OBSERVATIONS.
PAR UNITÉ SOMMAIRE.		PAR SUBDIVISION.				
Numéro et libellé.	Subdivision.	Numéros.	Dénominations.			

DÉNOMINATION ET CLASSIFICATION DES MATIÈRES ET OBJETS.				ESPÈCE des UNITÉS.	PRIX MINISTÉRIELS.	OBSERVA-TIONS.
PAR UNITÉ SOMMAIRE.		PAR SUBDIVISION.				
Numéro et libellé.	Subdivision.	Nu-méros.	Dénominations.			

DÉNOMINATION ET CLASSIFICATION DES MATIÈRES ET OBJETS.				ESPÈCE des UNITÉS.	PRIX MINISTÉRIELS.	OBSERVA- TIONS.
PAR UNITÉ SOMMAIRE.		PAR SUBDIVISION.				
Numéro et libellé.	Subdivision.	Nu- méros.	Dénominations.			

DÉNOMINATION ET CLASSIFICATION DES MATIÈRES ET OBJETS.				ESPÈCE des UNITÉS.	PRIX MINISTÉRIELS.	OBSERVA- TIONS.
PAR UNITÉ SOMMAIRE.		PAR SUBDIVISION.				
Numéro et libellé.	Subdivision.	Nu- méros.	Dénominations.			

23

DÉNOMINATION ET CLASSIFICATION DES MATIÈRES ET OBJETS.				ESPÈCE des UNITÉS.	PRIX MINISTÉRIELS.	OBSERVA-TIONS.
PAR UNITÉ SOMMAIRE.		PAR SUBDIVISION.				
Numéro et libellé.	Subdivision.	Nu-méros.	Dénominations.			
Numéro et libellé.	Subdivision.	Nu-méros.	Dénominations.	ESPÈCE des UNITÉS.	PRIX MINISTÉRIELS.	OBSERVA-TIONS.

DÉNOMINATION ET CLASSIFICATION DES MATIÈRES ET OBJETS.				ESPÈCE des UNITÉS.	PRIX MINISTÉRIELS.	OBSERVA- TIONS.
PAR UNITÉ SOMMAIRE.		PAR SUBDIVISION.				
Numéra et libellé.	Subdivision.	Nu- méros.	Dénominations.			

23.

DÉNOMINATION ET CLASSIFICATION DES MATIÈRES ET OBJETS.				ESPÈCE des UNITÉS.	PRIX MINISTÉRIELS.	OBSERVA-TIONS.
PAR UNITÉ SOMMAIRE.		PAR SUBDIVISION.				
Numéro et libellé.	Subdivision.	Nu-méros.	Dénominations.			

DÉNOMINATION ET CLASSIFICATION DES MATIÈRES ET OBJETS.				ESPÈCE des UNITÉS.	PRIX MINISTÉRIELS.	OBSERVA- TIONS.
PAR UNITÉ SOMMAIRE.		PAR SUBDIVISION.				
Numéro et libellé.	Subdivision.	Nu- méros.	Dénominations.			

DÉNOMINATION ET CLASSIFICATION DES MATIÈRES ET OBJETS.				ESPÈCE des UNITÉS.	PRIX MINISTÉRIELS.	OBSERVA- TIONS.
PAR UNITÉ SOMMAIRE.		PAR SUBDIVISION.				
Numéro et libellé.	Subdivision.	Nu- méros.	Dénominations.			
Numéro et libellé.	Subdivision.	Nu- méros.	Dénominations.	UNITÉS.	MINISTÉRIELS.	TIONS.

| DÉNOMINATION ET CLASSIFICATION DES MATIÈRES ET OBJETS. | | | | ESPÈCE des UNITÉS. | PRIX MINISTÉRIELS. | OBSERVA-TIONS. |
| PAR UNITÉ SOMMAIRE. | | PAR SUBDIVISION. | | | | |
Numéro et libellé.	Subdivision.	Nu-méros.	Dénominations.			

DÉNOMINATION ET CLASSIFICATION DES MATIÈRES ET OBJETS.				ESPÈCE des UNITÉS.	PRIX MINISTÉRIELS.	OBSERVA-TIONS.
PAR UNITÉ SOMMAIRE.		PAR SUBDIVISION.				
Numéro et libellé.	Subdivision.	Nu-méros.	Dénominations.			

DÉNOMINATION ET CLASSIFICATION DES MATIÈRES ET OBJETS.				ESPÈCE des UNITÉS.	PRIX MINISTÉRIELS.	OBSERVATIONS.
PAR UNITÉ SOMMAIRE.		PAR SUBDIVISION.				
Numéro et libellé.	Subdivision.	Numéros.	Dénominations.			
Numéro et libellé.	Subdivision.	Numéros.	Dénominations.	ESPÈCE des UNITÉS.	PRIX MINISTÉRIELS.	OBSERVATIONS.

DÉNOMINATION ET CLASSIFICATION DES MATIÈRES ET OBJETS.				ESPÈCE	PRIX	OBSERVA-
PAR UNITÉ SOMMAIRE.		PAR SUBDIVISION.		nos		TIONS.
Numéro et libellé.	Subdivision.	Nu-méros.	Dénominations.	UNITÉS.	MINISTÉRIELS.	
Numéro et libellé.	Subdivision.	Nu-méros.	Dénominations.	ESPÈCE nos UNITÉS.	PRIX MINISTÉRIELS.	OBSERVA-TIONS.

DÉNOMINATION ET CLASSIFICATION DES MATIÈRES ET OBJETS.				ESPÈCE des UNITÉS.	PRIX MINISTÉRIELS.	OBSERVA- TIONS.
PAR UNITÉ SOMMAIRE.		PAR SUBDIVISION.				
Numéro et libellé.	Subdivision.	Nu- méros.	Dénominations.			
				ESPÈCE des UNITÉS.	MINISTÉRIELS.	TIONS.

24.

DÉNOMINATION ET CLASSIFICATION DES MATIÈRES ET OBJETS.				ESPÈCE des UNITÉS.	PRIX MINISTÉRIELS.	OBSERVATIONS.
PAR UNITÉ SOMMAIRE.		PAR SUBDIVISION.				
Numéro et libellé.	Subdivision.	Numéros.	Dénominations.			

DÉNOMINATION ET CLASSIFICATION DES MATIÈRES ET OBJETS.				ESPÈCE des UNITÉS.	PRIX MINISTÉRIELS.	OBSERVATIONS.
PAR UNITÉ SOMMAIRE.		PAR SUBDIVISION.				
Numéro et libellé.	Subdivision. .	Nu-méros.	Dénominations.			

DÉNOMINATION ET CLASSIFICATION DES MATIÈRES ET OBJETS.				ESPÈCE des UNITÉS.	PRIX MINISTÉRIELS.	OBSERVA- TIONS.
PAR UNITÉ SOMMAIRE.		PAR SUBDIVISION.				
Numéro et libellé.	Subdivision.	Nu- méros.	Dénominations.			

Numéro et libellé.	Subdivision.	Nu- méros.	Dénominations.	ESPÈCE des UNITÉS.	PRIX MINISTÉRIELS.	OBSERVA- TIONS.

DÉNOMINATION ET CLASSIFICATION DES MATIÈRES ET OBJETS.				ESPÈCE des UNITÉS.	PRIX MINISTÉRIELS.	OBSERVA-TIONS.
PAR UNITÉ SOMMAIRE.		PAR SUBDIVISION.				
Numérs et libellé.	Subdivision.	Nu-méros.	Dénominations.			

DÉNOMINATION ET CLASSIFICATION DES MATIÈRES ET OBJETS.				ESPÈCE des UNITÉS.	PRIX MINISTÉRIELS.	OBSERVA- TIONS.
PAR UNITÉ SOMMAIRE.		PAR SUBDIVISION.				
Numéro et libellé.	Subdivision.	Nu- méros.	Dénominations.			
Numéro et libellé.	Subdivision.	Nu- méros.	Dénominations.	ESPÈCE des UNITÉS.	PRIX MINISTÉRIELS.	OBSERVA- TIONS.

DÉNOMINATION ET CLASSIFICATION DES MATIÈRES ET OBJETS.				ESPÈCE des UNITÉS.	PRIX MINISTÉRIELS.	OBSERVATIONS.
PAR UNITÉ SOMMAIRE.		PAR SUBDIVISION.				
Numéro et libellé.	Subdivision.	Numéros.	Dénominations.			

DÉNOMINATION ET CLASSIFICATION DES MATIÈRES ET OBJETS.				ESPÈCE des UNITÉS.	PRIX MINISTÉRIELS.	OBSERVA-TIONS.
PAR UNITÉ SOMMAIRE.		PAR SUBDIVISION.				
Numéro et libellé.	Subdivision.	Nu-méros.	Dénominations.			

Numéro et libellé.	Subdivision.	Nu-méros.	Dénominations.	ESPÈCE des UNITÉS.	PRIX MINISTÉRIELS.	OBSERVA-TIONS.

DÉNOMINATION ET CLASSIFICATION DES MATIÈRES ET OBJETS.				ESPÈCE des UNITÉS.	PRIX MINISTÉRIELS.	OBSERVA-TIONS.
PAR UNITÉ SOMMAIRE.		PAR SUBDIVISION.				
Numéro et libellé.	Subdivision.	Nu-méros.	Dénominations.			

DÉNOMINATION ET CLASSIFICATION DES MATIÈRES ET OBJETS.				ESPÈCE des UNITÉS.	PRIX MINISTÉRIELS.	OBSERVA-TIONS.
PAR UNITÉ SOMMAIRE.		PAR SUBDIVISION.				
Numéro et libellé.	Subdivision.	Nu-méros.	Dénominations.			

DÉNOMINATION ET CLASSIFICATION DES MATIÈRES ET OBJETS.				ESPÈCE des UNITÉS.	PRIX MINISTÉRIELS.	OBSERVA-TIONS.
PAR UNITÉ SOMMAIRE.		PAR SUBDIVISION.				
Numéro et libellé.	Subdivision.	Nu-méros.	Dénominations.			

DÉNOMINATION ET CLASSIFICATION DES MATIÈRES ET OBJETS.				ESPÈCE des UNITÉS.	PRIX MINISTÉRIELS.	OBSERVA-TIONS.
PAR UNITÉ SOMMAIRE.		PAR SUBDIVISION.				
Numéro et libellé.	Subdivision.	Nu-méros.	Dénominations.			

DÉNOMINATION ET CLASSIFICATION DES MATIÈRES ET OBJETS.				ESPÈCE des UNITÉS.	PRIX MINISTÉRIELS.	OBSERVA- TIONS.
PAR UNITÉ SOMMAIRE.		PAR SUBDIVISION.				
Numéro et libellé.	Subdivision.	Nu- méros.	Dénominations.			

DÉNOMINATION ET CLASSIFICATION DES MATIÈRES ET OBJETS.				ESPÈCE des UNITÉS.	PRIX MINISTÉRIELS.	OBSERVA-TIONS.
PAR UNITÉ SOMMAIRE.		PAR SUBDIVISION.				
Numéro et libellé.	Subdivision.	Nu-méros.	Dénominations.			

DÉNOMINATION ET CLASSIFICATION DES MATIÈRES ET OBJETS.				ESPÈCE des UNITÉS.	PRIX MINISTÉRIELS.	OBSERVA- TIONS.
PAR UNITÉ SOMMAIRE.		PAR SUBDIVISION.				
Numéro et libellé.	Subdivision.	Nu- méros.	Dénominations.			

DÉNOMINATION ET CLASSIFICATION DES MATIÈRES ET OBJETS.				ESPÈCE des UNITÉS.	PRIX MINISTÉRIELS.	OBSERVA-TIONS.
PAR UNITÉ SOMMAIRE.		PAR SUBDIVISION.				
Numéro et libellé.	Subdivision.	Nu-méros.	Dénominations.			

DÉNOMINATION ET CLASSIFICATION DES MATIÈRES ET OBJETS.				ESPÈCE des UNITÉS.	PRIX MINISTÉRIELS.	OBSERVA- TIONS.
PAR UNITÉ SOMMAIRE.		PAR SUBDIVISION.				
Numéro et libellé.	Subdivision.	Nu- méros.	Dénominations.			
Numéro et libellé.	Subdivision.	Nu- méros.	Dénominations.	ESPÈCE des UNITÉS.	PRIX MINISTÉRIELS.	OBSERVA- TIONS.

DÉNOMINATION ET CLASSIFICATION DES MATIÈRES ET OBJETS.				ESPÈCE des UNITÉS.	PRIX MINISTÉRIELS.	OBSERVA-TIONS.
PAR UNITÉ SOMMAIRE.		PÁR SUBDIVISION.				
Numéro et libellé.	Subdivision.	Nu-méros.	Dénominations.			

26.

DÉNOMINATION ET CLASSIFICATION DES MATIÈRES ET OBJETS.				ESPÈCE des UNITÉS.	PRIX MINISTÉRIELS.	OBSERVA-TIONS.
PAR UNITÉ SOMMAIRE.		PAR SUBDIVISION.				
Numéro et libellé.	Subdivision.	Nu-méros.	Dénominations.			

DÉNOMINATION ET CLASSIFICATION DES MATIÈRES ET OBJETS.				ESPÈCE des UNITÉS.	PRIX MINISTÉRIELS.	OBSERVA-TIONS.
PAR UNITÉ SOMMAIRE.		PAR SUBDIVISION.				
Numéro et libellé.	Subdivision.	Nu-méros.	Dénominations.			

DÉNOMINATION ET CLASSIFICATION DES MATIÈRES ET OBJETS.				ESPÈCE des UNITÉS.	PRIX MINISTÉRIELS.	OBSERVA-TIONS.
PAR UNITÉ SOMMAIRE.		PAR SUBDIVISION.				
Numéro et libellé.	Subdivision.	Nu-méros.	Dénominations.			
Numéro et libellé.	Subdivision.	Nu-méros.	Dénominations.	ESPÈCE des UNITÉS.	PRIX MINISTÉRIELS.	OBSERVA-TIONS.

DÉNOMINATION ET CLASSIFICATION DES MATIÈRES ET OBJETS.				ESPÈCE des UNITÉS.	PRIX MINISTÉRIELS.	OBSERVA-TIONS.
PAR UNITÉ SOMMAIRE.		PAR SUBDIVISION.				
Numéro et libellé.	Subdivision.	Nu-méros,	Dénominations.			

DÉNOMINATION ET CLASSIFICATION DES MATIÈRES ET OBJETS.				ESPÈCE des UNITÉS.	PRIX MINISTÉRIELS.	OBSERVA- TIONS.
PAR UNITÉ SOMMAIRE.		PAR SUBDIVISION.				
Numéro et libellé.	Subdivision.	Nu- méros.	Dénominations.			

DÉNOMINATION ET CLASSIFICATION DES MATIÈRES ET OBJETS.				ESPÈCE des UNITÉS.	PRIX MINISTÉRIELS.	OBSERVA-TIONS.
PAR UNITÉ SOMMAIRE.		PAR SUBDIVISION.				
Numéro et libellé.	Subdivision.	Nu-méros.	Dénominations.			

DÉNOMINATION ET CLASSIFICATION DES MATIÈRES ET OBJETS.				ESPÈCE des UNITÉS.	PRIX MINISTÉRIELS.	OBSERVA-TIONS.
PAR UNITÉ SOMMAIRE.		PAR SUBDIVISION.				
Numéro et libellé.	Subdivision.	Nú-méros.	Dénominations.			

DÉNOMINATION ET CLASSIFICATION DES MATIÈRES ET OBJETS.				ESPÈCE des UNITÉS.	PRIX MINISTÉRIELS.	OBSERVA-TIONS.
PAR UNITÉ SOMMAIRE.		PAR SUBDIVISION.				
Numéro et libellé.	Subdivision.	Nu-méros.	Dénominations.			

DÉNOMINATION ET CLASSIFICATION DES MATIÈRES ET OBJETS.				ESPÈCE des UNITÉS.	PRIX MINISTÉRIELS.	OBSERVA-TIONS.
PAR UNITÉ SOMMAIRE.		PAR SUBDIVISION.				
Numéro et libellé.	Subdivision.	Nu-méros.	Dénominations.			
Numéro et libellé.	Subdivision.	Nu-méros.	Dénominations.	ESPÈCE des UNITÉS.	PRIX MINISTÉRIELS.	OBSERVA-TIONS.

| DÉNOMINATION ET CLASSIFICATION DES MATIÈRES ET OBJETS. | | | | ESPÈCE des UNITÉS. | PRIX MINISTÉRIELS. | OBSERVA-TIONS. |
| PAR UNITÉ SOMMAIRE. | | PAR SUBDIVISION. | | | | |
Numéro et libellé.	Subdivision.	Nu-méros.	Dénominations.			

DÉNOMINATION ET CLASSIFICATION DES MATIÈRES ET OBJETS.				ESPÈCE des UNITÉS.	PRIX MINISTÉRIELS.	OBSERVA-TIONS.
PAR UNITÉ SOMMAIRE.		PAR SUBDIVISION.				
Numéro et libellé.	Subdivision.	Nu-méros.	Dénominations.			
Numéro et libellé.	Subdivision.	Nu-méros.	Dénominations.	ESPÈCE des UNITÉS.	PRIX MINISTÉRIELS.	OBSERVA-TIONS.

DÉNOMINATION ET CLASSIFICATION DES MATIÈRES ET OBJETS.				ESPÈCE des UNITÉS.	PRIX MINISTÉRIELS.	OBSERVA-TIONS.
PAR UNITÉ SOMMAIRE.		PAR SUBDIVISION.				
Numéro et libellé.	Subdivision.	Nu-méros.	Dénominations.			

DÉNOMINATION ET CLASSIFICATION DES MATIÈRES ET OBJETS.				ESPÈCE des UNITÉS.	PRIX MINISTÉRIELS.	OBSERVA-TIONS.
PAR UNITÉ SOMMAIRE.		PAR SUBDIVISION.				
Numéro et libellé.	Subdivision.	Nu-méros.	Dénominations.			

9 782019 634094